千古人物 清世宗

雍正传

中国历史上的勤勉皇帝

张恩台◎编著

内蒙古出版集团

内蒙古文化出版社

图书在版编目(CIP)数据

清世宗雍正传 / 张恩台编著 .-- 呼伦贝尔 : 内蒙
古文化出版社，2016.6
（古代帝王传记丛书）
ISBN 978-7-5521-1115-6

Ⅰ.①清… Ⅱ.①张… Ⅲ.①雍正帝（1678-1735）
—传记Ⅳ.① K827=49

中国版本图书馆 CIP 数据核字 (2016) 第 146723 号

清世宗雍正传
QINGSHIZONG YONGZHENG ZHUAN
张恩台　编著

责任编辑　王　春
装帧设计　鸿儒文轩

出版发行　内蒙古文化出版社
地　　址　呼伦贝尔市海拉尔区河东新春街4 - 3号
直销热线　0470 - 8241422　　邮编　021008

排版制作　大华文苑（北京）图书有限公司
印刷装订　三河市华东印刷有限公司
开　　本　710mm×1000mm　1/16
字　　数　280千
印　　张　20
版　　次　2016年6月第1版
印　　次　2022年4月第2次印刷
印　　数　8001—13000 册
书　　号　ISBN 978-7-5521-1115-6
定　　价　39.80元

前言

　　浩浩五千年的中华历史长河，涌现出了许多帝王，他们曾经煊赫一时，有的是历史长河中的顺风船，有的是中流石，有的似春汛，有的如冬凌，有的是与水俱下的泥沙，有的是顺流而漂的朽木……总之，浩浩历史千百载，滚滚红尘万古名，史海钩沉，各领风骚，薪火相传，承继着悠久的中华历史。

　　在我国，帝王是皇帝和君王统称，是封建王朝最高的统治者，拥有至高无上的权力。在周朝之前，"帝"与"王"字义相近。而在秦朝以前，帝王是至尊君主，等同"天子"。自秦嬴政称"皇帝"后，"王"与"皇"有了区别，"王"成为地位仅次天子而掌控一方之诸侯的称呼了。

　　在我国历史上，"皇帝"这个名称是由秦嬴政最先确定的，也是他最先使用的。"皇帝"取"德兼三皇、功盖五帝"之意。秦始皇创建了皇帝制度，并自称第一个皇帝，称为"始皇帝"。皇帝拥有法律制定权、行政决策权和军事指挥权。自此，我国开始了长达两千多年的封建皇帝制度。

　　我国从公元前221年秦始皇称帝起，到1911年宣统帝退位止，在2131年的时间里，共产生了230位皇帝。第一个皇帝是秦始皇，最末皇帝是清朝宣统帝。其中在位时间最长的皇帝是清朝康熙帝，在位61年；在位时间最短的皇帝是明朝明光宗，在位仅1个月。当然，关于皇帝数量还存在多种说法。

　　这么多帝王，我们细细思量他们在历史上的价值和分量，还是有轻有重的。他们有的文韬武略兼备，建有盖世奇功，开创了辉煌历史，书写了宏伟的英雄史诗，成为了民族的自豪，十分值得千古赞颂；有的奸猾狡诈，就是混世枭雄，糟蹋了乾坤历史，留下了千古骂名永远被人们口诛笔伐；有的资质平平，没有任何建树，在历史上暗淡无光，如过眼云烟，不值一提……

但是，无论怎样，帝王是我国古代中央政权的突出代表，是最高的当权者，是政府和社会的核心，享有最高的权力和荣誉。作为历史的重要角色之一，帝王是当时左右和影响国家、民族命运的关键人物。因此，有人忠从，有人利用，有人艳美，有人嫉妒，有人觊觎，有人怒斥。他们充满了谜一般的神奇诱惑力，我们能够从他们身上，集中感受到历史的丰富内涵与时代的沧桑变化。特别是历朝皇帝的贤愚仁暴、国运的兴衰更迭、政治的清浊荣枯、民生的安乐艰辛，都能给后世以镜鉴。至于帝王本人的成长修养、家庭的维系安顿、处世的进退取予、行事的韬略谋断等，我们都可以从中受到震撼，获得巨大的启示。

为此，我们根据最新研究资料，在有关专家指导下，特别推出了本套书系，主要精选了我国历史上十大著名帝王——他们都有运筹帷幄的雄才伟略，曾经叱咤风云，纵横天地，创造着世界，书写着历史，不断开创中华民族的辉煌篇章，不断推动我国历史的飞速发展，为我们留下了许多宝贵的精神财富和物质财富。

当然，这些帝王作为历史杰出人物也难免具有历史局限性，在他们身上也有许多封建、腐朽、落后、残酷等糟粕，这些都需要广大读者扬弃。而我们在讲述他们的人生事迹时，综合参考了大量史料，尽量挖掘他们优秀、积极、阳光、励志的正能量。因此，我们取其精华，去其糟粕。这样难免会出现挂一漏万等现象，也请广大读者理解。

总之，我们主要以这些帝王的人生轨迹为线索，并以真实历史事件贯穿，尽量避免冗长的对日常琐事的叙述和演绎戏说，而是采用富于启发性的历史故事来传达他们的人生与时代，尤其着重描写他们所处时代的生活特征和他们建功立业的艰难过程，以便广大读者产生共鸣并有所启迪。

目录

夺储大战

　　康熙召集满朝文武商议，他说："我近来虽然生活照常，但渐渐觉得虚弱。人生难料，托付无人，如果有不测的话，大清基业并不是我所建立，关系甚大，因踌躇无代朕打理之人，乃至心气不宁、精神恍惚……你们都是我所信任的人，荐举大臣，行兵打仗，你们尚能听命，今令你们满汉大臣等会同详议，于诸阿哥中举奏一人。大阿哥所行邪恶不堪，虐戾残忍，除他之外，于诸阿哥中众议属谁，我就听你们的。但商议的时候不要互相打听串通，否则我可绝不轻饶。"

面对皇位争夺战

　　大清国自从纵兵入关、定鼎中原建立王朝后，历经短暂的顺治时代，进入到了康熙的清平盛世。但是，即使皇帝也无法阻止自然的规律，随着康熙的年纪越来越大了，虽然身体和精神都很好，但有时他也不免考虑起将来皇位的继承问题。

　　这的确是一个颇让康熙帝费脑筋的难题。在中国历代皇帝中，康熙帝的子女是最多的，共有三十五个儿子和二十个女儿。在康熙三十五个皇子中，有几个非凡人物。

　　这其中最有威望的当属大阿哥胤褆、二阿哥皇太子胤礽、三阿哥胤祉、四阿哥胤禛、八阿哥胤禩和十四阿哥胤禵等。康熙两次废立太子，这几个皇子都有问鼎皇位可能，直接导致了最复杂的储位之争。

　　大阿哥胤褆是康熙十一年生，起初在康熙帝诸子中排行第五，因为前面四个皇子均早殇。按封建礼法，在成年皇子中他的年龄最大，所以被列为皇长子。

　　但是，他的生母惠妃那拉氏只是一位庶妃，远不及皇二子胤礽生母皇后的身份高贵，胤礽因是嫡出而被立为了皇太子。胤禔表面上遵从父命，内心里对太子的地位却十分觊觎。

　　胤禔在诸皇子中是比较聪明能干的。据传教士白晋说："皇上特别宠爱这个皇子，这个皇子确实很可爱。他是个美男子，才华横溢，并具有其他种种美德。"由于他在皇子中年龄居长，替父皇处事最多。曾三次随康熙帝出征和巡视，都有所作为。

　　第一次康熙二十九年，年仅十八岁的胤禔奉命随伯父抚远大将军福全出征，任副将军，参与指挥战事；第二次是康熙三十五年随康熙帝亲征噶尔丹，他与内阁大臣索额图领御营前锋营，参赞军机。这年三月，二十六岁的胤禔被封为直郡王；第三次是康熙三十九年随同父皇巡视永定河河堤，任总管，还衔命祭华山。胤禔三次都取得了康熙帝的信任。

　　三阿哥胤祉，是康熙的第三子，幼时抚养于内大臣绰尔济家中。胤祉年龄比大阿哥胤禔小五岁，比太子胤礽小五岁，比四阿哥胤禛大一岁。康熙三十七年三月，封诚郡王。翌年九月，他在敏妃丧百日中剃头，被降为贝勒。

　　胤祉是个博学之士，厚道安静。他无论是文学还是书法，或是骑射，在众多皇子里面，表现都是极突出的，因此备受康熙喜爱。康熙每当闲暇的时候，常去三阿哥府上走动。康熙三十一年，胤祉陪同康熙出塞围猎时，胤祉曾经和一向善于骑射的康熙比试过，两人不分上下。

　　四阿哥胤禛于康熙十七年十月三十寅时出生于北京紫禁城永和宫，是康熙帝第四子，是德妃乌雅氏所生。由于其生母乌雅氏出身低微，没有抚育的资格。此外，清初时后宫也不允许生母抚育自己的儿子，因此，胤禛满月后由佟贵妃抚养。

　　康熙帝曾评价幼年胤禛"喜怒不定"，后经胤禛请求，于康熙四十一年撤此考语。胤禛因性情急躁，父皇康熙帝用"戒急用忍"训喻他。胤禛早年随康熙巡历四方，于康熙三十七年封为贝勒。胤禛性格坚毅，办事果断，大事、难事，他都会以坚韧不拔的精神努力去完成。

八阿哥胤禩，于康熙二十年二月初十日出生于北京紫禁城，是康熙帝第八子，其母良妃卫氏，为满洲正黄旗人，是宫内管领阿布鼐之女，宫内管领系正五品官。

康熙三十九年，仅有两人被册封为嫔，一位是正在受宠的十七岁少女瓜尔佳氏，另一位则是相对来讲已年老色衰的卫氏，而比她早生皇子的戴佳氏却没有得到册封。这除了因为胤禩很受康熙喜爱，且是康熙三十七年受封爵位的皇子中最年轻的一位，并与卫氏本人也有关系。胤禩自幼聪慧，且十分知晓世故，从小就养成了亲切随和的待人之风。

清朝规定，皇子六岁起入上书房读书，每日以名师大儒教之以满文、蒙古文、汉文等文字，并辅以骑马射箭等功夫。胤禩素有心计、精明干练。特别是他能以仁爱自励，善于笼络人才，收买人心，因此有"礼贤下士的'八贤王'"美名，受到朝野内外许多人的拥护。

十四阿哥胤禵是康熙帝的第十四子，生母为孝恭仁皇后，是雍正帝同胞手足。胤禵从小聪明过人，才能出众，胤禛曾语："十四阿哥聪明绝顶，才德双全，我兄弟皆不如也。"

胤禵为康熙所厚爱，从少年时代起，就频繁地随从其父出巡，日常生活中，也往往被给予一些特殊优待。比如说部分皇子蒙皇帝恩准，享有支取官物的符权，由大内供给其一家的食用物品等。

这种做法通常是以一年为限，期满后由皇帝决定是否沿续，而沿续时间愈长，愈能体现出皇帝的厚爱，康熙诸子中享此殊遇者不只一人，但时间最长的则是胤禵。胤禵聪明、骁勇，擅长领兵打仗，性格耿直，颇有大将之才。康熙晚年曾非常重视胤禵。

二阿哥胤礽生于康熙十三年，在康熙十四年，康熙就册立了还不到两岁的嫡长子胤礽作为皇太子，并倾尽全力教育和培养他。等胤礽长大成人后，还为他设立专门的机构，让他分理一部分政务，在实践中培养他的能力。为树立胤礽的威信，康熙给他的着装、卫队、仪仗、器物，也都非常讲究排场，几乎和自己的差不多了。最重要的是，康熙曾经也非常赏识这个皇太子，觉得他仪表堂堂，人也聪明好学，八岁就能左右

清世宗雍正传

开弓，背诵四书。

又经过十几年的精心教育，文韬武略，是没有哪个皇子能够与胤礽相比的。如果一切就这样顺利发展的话，康熙老了驾崩后，胤礽自然顺顺当当即了位，那么清代第三个皇帝可能就是另外一个人了。而四阿哥也许就会像众多皇子一样，度过富贵平安的一生，且默默无闻地死去。

但以后的事实是，康熙皇帝虽然越来越老，但是总也死不了。皇太子胤礽虽然看着皇帝的位子整日垂涎三尺，可就是一步之遥，但也无可奈何。据传康熙也曾有过禅让退隐的想法，但这又是一个没有成为事实的猜想。所以时间一长，即位心切的老太子胤礽免不了表现出对老皇帝的不满和不敬来，对兄弟们和底下的臣僚更是无礼，有时一不高兴张口就骂，抬手就打。

有一次，胤礽的老师徐元梦多说了几句，他一发怒，抬腿就把徐老头给踢到水池里去了。可怜一个六七十岁的老先生，想必从水里爬上来的时候一定十分狼狈。

其时康熙就在身边，看得一清二楚。但是，太子地位不一般，康熙不想在众人面前给他难堪，就忍住了没有处罚他。康熙一向主张君主应该仁慈，思想品德和修养要高。所以对胤礽的失德行为，康熙十分不满意，但是还是千方百计教育他注意修养。

但是，太子胤礽越来越不像话，类似的事情后来接二连三地发生，康熙是隐忍不发，希望胤礽悔过自新。作为未来一朝天子的胤礽，并没有理会康熙那一套，他不仅仍然我行我素，同时还悄悄地和攀附他的贵族、大臣们组成小集团，密谋尽快登上大位。

"老不死"的康熙可并不是个"老糊涂"。他就像一只闭着眼睛睡觉的老虎，一边容忍着胤礽的放肆和无礼，一边密切注意着太子党的行动。忍耐总是有限度的，但是权力的摩擦却没有停止。这就是皇帝和太子之间的一个永远也解不开的结。

康熙三十六年，康熙帝第三次亲征噶尔丹得胜，回到京城，立即着手处置了一批在皇太子处活动的内廷人员，并给太子派了一名总管太监以加强监督。因为康熙感觉到留在京城监国的太子胤礽身边有许多心怀不轨的小人。但是这个警告的信号并没有使胤礽和太子党收敛。

康熙四十二年，康熙觉察太子党有发动政变的可能，于是决定先下手为强，当机立断将太子党的首脑人物、就是胤礽的叔外公、大学士索额图以"议论国事，结党妄行"的罪名囚禁，不久他死在监狱中。

索额图系满洲人氏，曾出任大学士，后改任领侍卫大臣，又是胤礽的生母孝诚仁皇后的叔叔，当时权倾朝野。康熙处死索额图的意思，就是想削弱太子党，让太子汲取必要的教训。然而太子非但没有汲取教训，反而更加激烈地进行活动。

太子党的未遂政变就这样被粉碎了。但是康熙把这次未遂政变主要归罪于太子党中的权臣，对于胤礽，还是想观其后效。但是胤礽依然不买老皇帝的账，非但恶行一点不见收敛，甚至传出话来去要为索额图复仇。于是老皇帝和老太子之间的矛盾越来越深，关系紧张得一触即发。

康熙四十七年，康熙和太子胤礽的矛盾终于火山般大爆发了。这年夏天，康熙和以前一样，带着皇太子胤礽、长子胤禔、十三子胤祥和几个小皇子到塞外打猎、避暑。在宿营的晚上，康熙发现有人总是在自己的营帐外鬼鬼祟祟，就命令手下人秘密调查，发现是胤礽干的。康熙顿时戒心大起。

后来皇十八子生了病，虽经百般治疗，仍不见起色，康熙心里十分焦急。但胤礽对这些和他争位的小兄弟素来没有好感，因此不仅表现得无所谓，甚至有些喜形于色，令康熙十分生气，免不了教训他。

谁知胤礽不但不听，反而顶嘴，康熙狂怒，一下子看清了胤礽冷酷无情的本来面目，于是等不及回京，连夜就召开紧急会议，康熙在忍无可忍的情况下，在木兰围场的布尔哈苏台行宫，召集诸大臣和诸皇子一起，郑重宣布废黜皇太子。在当时，康熙对胤礽说了四句话、十七个字：

不法祖德，不遵朕训，惟肆恶虐众，暴戾淫乱。

但是，康熙在当众宣布他这个谕旨的时候，一边宣谕，一边伤心痛哭了。康熙当时沿用汉族朝廷的皇位由嫡长子继承的制度，所以虽然废除了胤礽，但因为胤礽是嫡长子，又考虑到诸皇子争夺储位的斗争愈加激烈等多方原因，又勉强将胤礽复立为了太子。

而胤礽非但不知悔改，反而变本加厉，与众兄弟作对。这些导致他最终被孤立了起来，成为众人攻击的目标。康熙在亲征噶尔丹时，因日理万机，积劳成疾，在途中生重病了。当时，他非常惦记在京理政的太子胤礽，就派人传旨太子急往前方探视。当时，胤礽见到重病的康熙却面无忧色。

康熙见到胤礽这般情状，非常失望伤心。到了后来，康熙仍然忍受不了胤礽的恶劣品行，意识到了如果让胤礽继承皇位，必然会导致江山不稳、群臣攻之的局面。于是，他痛下决心，于康熙五十一年将胤礽永久废除了。

当了三十三年太子的胤礽，一下子就被废掉了，这真像晴天一个霹雳，大部分人都震惊了。接着，朝廷内外传闻四起，议论纷纷，因为废太子可不是一件小事。从诸位皇子到满朝文武，谁都知道意味着什么：储位空缺，法定接班人的位子空了。

但是看着康熙盛怒的样子，谁敢说半句多余的话？每个人只是在心里问着一样的问题：谁会成为新的太子？什么是机遇，对诸皇子来说，这就是前所未有的机遇、天上掉下来的大馅饼。

在太子胤礽被废前后，诸阿哥为了夺储而斗争得非常激烈，以大阿哥胤禔、八阿哥胤禩为首众皇子纷纷登台亮相。他们一方面攻讦诋毁胤礽，另一方面又公开培植党羽，积极谋取太子位，以至于发展到手足相残的程度。

八阿哥胤禩在兄弟们中堪称才智第一，特别是他礼贤下士、谦恭仁慈的作风，颇受朝中诸大臣的拥护，因此他的势力非常庞大。胤禩虽然颇有作为，但其生母却是奴隶贱籍。在等级森严的封建社会里，胤禩的这种出身无疑会给他争夺皇位带来极坏的影响。

由于胤禩是胤禔的生母惠妃一手带大的，两人兄弟情深。他起初采取了支持大阿哥胤禔的策略。有了八阿哥胤禩这个强有力的支持者，大阿哥胤禔便越发明目张胆起来。

胤禔当时都已经三十六岁了，但因为不是正宫娘娘所生，没有当上太子，所以一直耿耿于怀，暗中和胤礽作对。在康熙早年，胤禔也有一个强大的后盾，那就是大学士明珠。

明珠是胤禔的母亲惠妃的哥哥，也就是胤禔的舅舅，他看到索额图的外孙当了太子，心里自然不服气，就联合大学士余国柱和几个部里的尚书，同太子党对着干。

哪知道康熙发现得很快，在康熙二十七年，以朋党罪把明珠一伙人都给罢了官。胤禔因此倒了这个大后台，也失去了康熙对他的赏识和信任。但是，胤禔并不善罢甘休，后来又看到八阿哥胤禩的势力越来越大，就逐渐向胤禩的集团中靠拢，和老八联合起来围攻太子。

胤礽被废之后，康熙在归途中指定胤禔护驾。拘禁胤礽以后又叫胤禔监管胤礽的所做所为。也许是这些安排使胤禔误以为自己已经时来运转。所以在胤礽被废后，回京的路上，他悄悄向康熙表示："假如父皇想让胤礽死掉，又怕天下人说闲话，下不了手，我可以出面动手，这样父皇就可以不用承担任何责任了。"

康熙听罢大为震惊，为之不寒而栗，他指斥胤禔："似此不谙君臣大义，不念父子至情之人，实为乱臣贼子，天理国法皆不能容！"

但是，胤禔并不死心，回到北京后，派手下太监、侍卫到处打探消息，又私设刑堂，把废太子胤礽手下工匠捉来，严刑拷打，收集罪证。

然后胤禔在父皇面前絮絮叨叨，不断地说胤礽的坏话，看到父皇不喜欢自己，就极力推荐和他一贯不错的八阿哥胤禩做太子，满希望帮着胤禩当了太子，做了皇帝，自己好当个亲王。谁知胤禔越帮越忙，这更让康熙觉得他卑鄙之极，进而担心他会加害胤礽，为了以防万一，于是加派胤禛和他共同看守胤礽。

就在胤禔上窜下跳、图谋不轨的时候，康熙的第三子胤祉也不甘寂寞，跳了出来。本来胤祉同胤禔平常关系还可以，但那是胤礽当太子的时候，两个人当然同一条心，在一条战壕里攻击胤礽。

现在胤祉看到胤禔已经被康熙定了性，当皇帝肯定是没什么希望了，就倒打一耙，揭发胤禔同他马场的一个蒙古喇嘛巴汉格隆相互勾结，说胤禔知道这个喇嘛会一些咒人的邪门歪道，就让他暗中诅咒胤礽。

康熙一听，立刻派人把这个喇嘛捉拿归案，突击审讯。巴汉格隆不敢和康熙皇帝耍心眼，就把事情全部说出，承认他是受胤禔的指派，在小木人的身上插满针，背后写上胤礽的名字，施以咒语，最后，连埋小木人的地点也说出了。

人赃俱获，胤禔无法狡辩，只能俯首就擒。谋害太子，又是亲兄弟，这还得了？康熙当即决定，将其革去王爵，终身囚禁，连他府里的人和财物也全部没收。真是"出头的椽子先烂"，第一个跳出来的胤禔偷鸡不成，反蚀了一把米，第一个倒在了储位之争的角斗场上。

和胤禔一起受到打击的还有八阿哥胤禩。但胤禩和胤禔不同。他比较有心眼，自知出身不好，所以效仿西汉王莽，谦恭做人，广收人心。而且胤禩自小精明能干，在诸皇子、宗室、外戚、朝臣中都十分有威望，拥护他的人不少。就连皇长子胤禔，弟弟胤禟，也常找他拿主意。

胤禩这套装谦饰贤的功夫还挺奏效，迷惑收买了不少人。康熙有一次曾经问他的哥哥福全哪个孩子可以继承皇位，福全极力推荐胤禩，说他有才有德，又不骄傲，是好样的。

还有一次康熙在南巡时，招来当时著名的学者何焯，让他做胤禩的侍读老师，胤禩对他千方照顾，还托他弟弟在江南到处买书，一副求知不懈、求贤若渴的姿态，使不少江南文人都称赞他好学。

尽管如此，胤禩却不太讨康熙的喜欢。因为康熙觉得他虽然有才干，可是太有野心，心计又多，阴险无比。曾经有一回，胤禩小时候乳母的丈夫雅齐布和一个御史不和，胤禩擅自叫人痛打了这个御史一通，然后跑到康熙面前想方设法诡辩，最后康熙查明了真相，把雅齐布充军发配，胤禩又悄悄瞒着康熙把他藏在了京城里。

康熙为人坦诚，有大政治家的胸怀，对胤禩的这些所作所为渐渐有了防备，父子感情也就慢慢变坏。但是最让康熙担心的还是胤禩的很有威望，他的周围支持者甚至不亚于废太子胤礽，这让他十分自然地联想起权臣鳌拜、明珠、索额图等人，要是再有这些类似的人和阴险狡诈的胤禩勾搭在一起，那后果真是无法想象。

所以康熙对胤禩的态度是可用而不可信。虽然废了胤礽之后，让他接管内务府的工作，好像委以重任，但是心里面早已经开始防着他了。果不其然，当太子胤礽被废以后，胤禩便开始加紧活动。

他一面让胤禵在父皇面前替他说好话，一面利用查办前任内务府总管凌普的机会，和宗室、贵族、百官拉关系，套近乎，继续施展他的收买人心的手段，捞取政治资本。

这一切都被康熙看在眼里、烦在心上。更坏的是，胤禔在和康熙一次谈话时无意中提到了胤禩找一个叫张明德的术士看相的事。张说胤禩以后必然"大贵"，这事引起了康熙的警惕。

他把张明德抓来严审，把胤禩隔离起来。最后发现张明德是个四处招摇撞骗的家伙，他谎称手下有一批武林好汉，可以刺杀太子，实际上只是想多骗一点钱罢了。而胤禩反复声称自己找他看相是因为没有孩子，不是为了谋害太子。

所以审了半天，康熙一时也找不到谋反的真正证据。末了，康熙没办法，只好命令将张明德凌迟处死，给胤禩安了个"知情不报，妄蓄大志"的罪名，夺了他的爵位，叫人看管起来。

这时胤禩的铁哥们胤禵和胤禔都跑到康熙面前给胤禩讲情，康熙盛怒之下，给了胤禵两个耳光，打了胤禔二十大板。以后康熙对胤禩更加难以信任了。

因为废太子，诸皇子搞起党争，接连不断出了这么多问题。康熙帝既感伤心，又有担心。几十天时间里，愤怒、焦虑、失望、担忧、悲

清世宗雍正传

伤，纷至沓来，急火攻心，康熙终于忧愤成疾，大病一场。

于是，康熙召集满朝文武商议，他说："我近来虽然生活照常，但渐渐觉得虚弱。人生难料，托付无人，如果有不测的话，大清基业并不是我所建立，关系甚大，因踌躇无代朕打理之人，乃至心气不宁、精神恍惚……你们都是我所信任的人，荐举大臣，行军打仗，你们尚能听命，今令你们满汉大臣等会同详议，于诸阿哥中举奏一人。大阿哥所行邪恶不堪，虐戾残忍，除他之外，于诸阿哥中众议属谁，我就听你们的。但商议的时候不要互相打听串通，否则我可绝不轻饶。"

在这样的情况下，八阿哥胤禩及其党羽没有及时收敛，反而变本加厉，暗中串联，公然悖逆康熙的指示。胤禩的死党阿灵阿、鄂伦岱、揆叙、王鸿绪等私相密议，并与诸大臣暗通消息，在手心里写"八"字互相传看。至此，所有的大臣就尽皆公推胤禩为皇太子了。

八阿哥胤禩的确有过人之处，那就是他善于笼络人心。他不但结交了朝中一大部分文武官员，而且还与九阿哥胤禟、十四阿哥胤禵、大阿哥胤禔等人结成了死党。表面上他们这一帮人气势极大，但骨子里却犯了一个最大的错误。

在废太子事件前后，康熙已经清醒地看到皇子拉帮结派产生的恶果。他看到众人皆推举胤禩，当时非常震惊，他没想到在太子胤礽之外，八阿哥胤禩居然也有庞大势力。而皇子结党，必然会对他的皇权造成威胁。胤禩的积极谋求储位，恰恰触动了康熙的龙须，招致康熙的抵触情绪。

另外，饱读诗书、为人宽仁的三皇子胤祉，因其许多思想和政见与康熙较为相近，也深得康熙的宠爱，康熙经常邀胤祉一起读书谈话。而且胤祉也不太喜欢搞党派，争夺储位也表现得不很积极，这反而让康熙非常赏识。但是后来，康熙发现胤祉对手下人管教不力，没有威慑力，手下人甚至瞒着他去外面索要钱财，因而康熙对于胤祉也失去了信心。

胤禛在众多皇子中并不是最具有实力的一个，然而，他在这系列皇子争储的事件中能够高瞻远瞩，凡事从全盘考虑，既不踌躇不前，又能把握住一个"度"字，做到适可而止。

因此，胤禛在皇帝、皇兄及自己亲信面前都掩饰得很好，仿佛他是对皇位无所谓的人。他表面上只顾努力做事，勤勉政务，积极为康熙分担忧心的事，渐渐赢得了康熙关注、信任的目光。

胤禛的幼年，不是由生母抚养长大。此乃清代宫里的习惯，常常是把皇子交给皇室的家奴或者别的妃嫔代养。如康熙皇帝，小时候就是由顺治的家奴，曹雪芹的祖上曹寅养育的。

胤禛生母出身平凡，但是他养母佟佳氏身份却十分不一般，这对后来胤禛的成长和政治地位很有作用。佟佳氏出生于清初十分显赫的佟氏大家庭，她的姑母是康熙皇帝的生母，清朝的开国元勋佟图赖的女儿。

佟佳氏的父亲佟国维官至一等公，又是康熙的舅舅，亲上加亲。因此后来康熙也很宠信佟佳氏和他的父亲佟国维，将佟佳氏从贵妃一直封到皇贵妃，康熙二十八年佟佳氏去世的前一天，又册封为皇后。

佟氏家族在清前四朝显赫到了顶点。全家人在这四朝出了两个皇后、一个贵妃和两个驸马，在朝为官人更是数不胜数，以至于当时人送给一个外号"佟半朝"。佟氏家族真可以说是满庭高干、代代富贵。

这样家族同胤禛生母的家族相比，真是无法比的，但是，佟佳氏没能给康熙生个儿子，所以也很高兴收养胤禛，对胤禛自小也非常疼爱。所以无论从感情还是从利益上出发，胤禛都更亲近他的养母。以至于做了皇帝后，不承认自家的亲娘舅，而把佟国维的次子隆科多封为舅舅。

胤禛在少年时期所受的教育是十分好的。因为康熙皇帝不仅很重视皇子的教育，给他们配备高水平的教师，还建立了一套科学而严密的皇子教育制度，时常亲自打听皇子们特别是太子的学习成长情况。皇子学前教育的内容主要是各种礼节。胤禛上学之前，就由专人负责，教导他宫内的各种礼节规范。

六岁的时候，胤禛开始正式上学。每天清早黎明之前，当大臣们还在睡梦里时，太监就把胤禛叫起来，打着白纱灯，送到上书房上早课。胤禛的课程表和其他皇子一样，也是每天排得满满的。

早上开始上课，主要是四书五经、二十四史，然后练习书法、作文、填写诗词；下午还要学习满文满语、蒙文蒙语；下了语言课，到操场上练习骑马、射箭、使用火器。

夏天还要学习游泳，直到太阳西下才胤许放学。每年除了元旦、端午、中秋、皇帝万寿节和自己的生日外，天天不停课。康熙为胤禛挑选的老师也都是著名的学者或大臣。比如教四书五经的大学士张英，人称理学名臣。而满语教师徐元梦，则号称是满人中的第一学问家。

胤禛最喜欢的老师是顾八代。胤禛一入学起就给他启蒙，教他读书认字、背诵名篇，以后胤禛回忆起他时还十分怀念，自称同顾八代"与共朝夕，讲论忠孝大义，研究经书至理，肫诚周至，获益良多"。

康熙皇帝自己也经常过问皇子的教育，有时朝政不忙，康熙帝自己亲自为皇子们讲课。每隔一段时间，还要对他们进行测验或考试，有背诵，有骑射，因为他要求皇子们文武双全，不许偏废。

看一下明代的皇室教育，就更能看出清代教育的成功。明朝的皇子往往十几岁才进书房学习，每天也就听老师讲一会儿课，然后就放学回宫，同太监宫女们嬉戏玩乐，许多皇子后来当了皇帝，都像傻瓜一样，一问三不知，更不用说自己亲自教育皇子了。

胤禛在这种严格而全面的教育指导下，知识日渐丰富，学问日渐精深。他不仅通晓诸子百家、历朝典故，还写得一手好字。登基以后，他亲自书写朱批谕旨，教育臣僚，议论政事，动辄就会引经据典，有时洋洋洒洒，一口气可以写几千字，见解深刻周详，思考全面具体，这都受益于早年的教育。

除此以外，胤禛还练了一身武功，当然不可能有传说中的那么传奇，更称不上是武林高手，但是能说明他不是个文弱的皇帝。待到皇子渐渐长大，一天天懂事以后，康熙就时常把皇子们带出深宫，让他们陪同自己四处游历，以便让他们广泛地了解社会，了解民生民情，增长他们的见识，丰富他们的阅历，而不是像明代的皇子那样，整天在深宫中和太监宫女为伴，一点都不知国情民生、百姓疾苦。

胤禛九岁的时候，第一次随康熙出宫，到塞外打猎，此后几乎每年陪同康熙出巡。三十岁之前，他的足迹已经遍及大江南北。通过这种活动，胤禛不仅开阔了视野，了解了各地的风土人情、山河形势、水陆交通、地方吏治，还通过观摩，学习了康熙的为政之道，治国之术，积累了丰富的政治经验。

巡游之外，胤禛年轻时代参加的政务活动主要有：打猎，祭祀，朝佛，治河，领军以及稍长之后康熙委派的一些临时事务。他少年时曾在一首《热河闲咏》的诗中写到：

一人临塞北，万里息边烽。

这句诗表面上是赞颂父皇康熙，实际上也抒发了胤禛本人君临天下的野心与抱负。尤其值得一提的是胤禛十九岁时，康熙亲自率兵再次征讨蒙古准噶尔部叛首噶尔丹。

这次军事行动，成年的皇子差不多都参加了。胤禛负责统领八旗中的正红旗。但是刚刚出师，就因为从前方传来了清军在昭莫多大获全胜的好消息，只好班师回朝。虽然并没有真正指挥作战，但这次军事行动对于年轻的胤禛也是一次有益的锻炼。

皇子长大了，就不能老在宫里生活，按规矩，要封个爵位，让他自立门户，这就是开府。开府不光意味着已经长大成人，可以更自由一些，同时也表明可以娶妻生子、参与政务。

胤禛是二十二岁开府的，据传他开府以后，就广泛结交绿林豪杰、侠客高僧，密谋夺储，还发明了一种叫"血滴子"的杀人凶器，这种圆形的利器内藏尖刀，可以用机关控制，乘人不备，兜头罩住，更能把人头割下，然后用化骨火毁尸灭迹。传奇传奇，总是越传越奇，很难置信，姑妄说之、姑妄听之罢了。

总体看来，即位以前的胤禛过的是和其他皇子一样富贵逍遥的生活，主要是读书学习、游历四方。

赢得父亲的信任

胤禛在面对纷繁复杂的皇位之争时，心里抱定一种策略："大智若愚，大贤若怯。"当胤礽被废时，胤禛并未像大阿哥胤禔、八阿哥胤禩一样急于跳出来争夺储位。

因为在当时的情况下，大阿哥胤禔夺储呼声高涨，此后八阿哥胤禩离储位也似乎只有一步之遥。在这样的情况下，胤禛既没做牵制老大、老八的势力的事，也不对胤礽落井下石。他知道自己既没有大阿哥那样多的支持者，也没有八阿哥那样高的声望。假如他跳出来与老大、老八争夺，无异于以卵击石。

胤禛与八阿哥胤禩不同，他表现出一副与世无争的样子，终日里大谈禅定虚无。因为从以前的一次次斗争中，胤禛发现，储位虽贵，但不是可以硬抢的，因为父皇康熙过于精明，稍有风吹草动，必会疑心大起。胤禔和胤禩的教训深刻。

既然不能霸王硬上弓，那只有攻心为上。胤禛的主要策略是以退为进、韬光养晦。受封雍亲王时，胤禛就向康熙禀奏说："我现在的爵位已经很高，现在又封亲王，可是弟弟胤禩、胤禵他们都还只是个贝子。同是兄弟，这样厚此薄彼，恐怕会有人说闲话。还是请父皇降低我的爵位和赏赐，分给兄弟们，以提高他们的地位，我的心里会好受一些。"

康熙本来正被储位的事情弄得焦头烂额，后来大病一场，看到儿子们仍然明争暗抢，心里正不是滋味。而胤禛这番话，无疑是针对康熙心病的一剂良药，正好符合康熙的心意。所以康熙表扬了他一番，不但没有把胤禛的爵位降低，反而更加重用他了。

胤禛的这种策略，不但让康熙心里大喜，同时还避免了其他皇子的攻击诋毁。在韬光养晦的日子里，胤禛一方面写着《园居》《山居偶成》《一世歌》和《题布袋和尚》等或陶情沉性、或愤世嫉俗、或嬉笑怒骂的诗文，一方面却在悄悄培植着羽翼。

其间，《园居》写道：

> 懒问沉浮事，间娱花柳朝。
> 吴儿掉风曲，越女按鸾箫。
> 道许山僧访，棋将野叟招。
> 漆园非所慕，适志即逍遥。

从这首诗里，胤禛巧妙地隐藏了他的雄心大志，倒像是一个没有志向、贪图享乐的人。隐藏了他的目的，众人就不会把他当竞争对手来打击和落井下石了。其《山居偶成》则颇有陶潜诗风格：

> 山居且喜远纷华，俯仰乾坤野兴赊。
> 千载勋名身外影，百年荣辱镜中花。
> 金樽潋倒春将暮，蕙径葳蕤日又斜。
> 闻道五湖烟景好，何缘蓑笠钓汀沙。

其实，胤禛世事洞明、人情练达，他努力表现出一种姿态：既然千秋功名都如身外影，百年荣辱都像镜中花，那世间还有什么更值得追求的呢？恬淡自然、与世无争的心境也在里面表达得十分明白。谁也不会猜想到胤禛也是在深思熟虑谋取皇位且更技高一筹的人。

康熙五十六年，就是1717年，明十三陵墓群发生盗墓事件，康熙得知后命胤祉和胤禛前去调查处理，并让他们进行祭拜。同年，孝惠皇太后去世，由于康熙病重，皇太后的丧务大都是胤祉和胤禛两人在康熙的指示下安排处理。

第二年，皇太后的棺材要安放进顺治的地宫时，康熙病重不能前往，也是由胤禛负责整个事务，并在陵前代为宣读祭文。康熙六十年，正值康熙登基六十年大庆，胤禛被派往关外盛京祖陵大祭。

胤禛回来后，又奉命代祭太庙。同年冬至，胤祉代表康子圜丘祀天。同年三月，因为会试没有中第的举子们认为判卷不公而闹事，胤禛奉命带人前去复查试卷。

康熙六十一年十月，也就是康熙驾崩前的一个月，通仓、京仓亏空之事泄露，康熙命胤禛带领大队人马前去清查，其中包括隆科多、延信等人，同年十一月初九，也就是康熙驾崩的前四天，冬至将到，胤禛被派去南郊天坛行祭天大礼。

按常例，祭天这样的大礼都是由皇帝亲自来主持的，康熙也从没有委以他人。康熙委派胤禛去祭天，也许已经能看出端倪了。要是康熙真的有意传位给胤禛的话，那这次胤禛祭天，也就成了上苍对这位未来之君的审查。也许冥冥之中的确是有天数的。

正如戴铎所说："处英明之父子也，不露其长，恐其见弃；过露其长，恐其见疑。"应该说胤禛很好地把握了处事的尺度，勤勉敬业，凡是康熙交代的，他都竭尽能力去办好，而且每次总能让康熙感到满意。

胤禛与众皇子争夺中，一直都是暗争，就是采取中立立场。其实，胤禛不仅在动，而且八方活动，左右逢源，一方面哪派都不介入，一方面谁也不得罪，另一方面又表现得替他们考虑，处处关心他们，使得他们觉得四阿哥既不是对手，又对自己非常有利，所以谁都没在乎他。

首先，胤禛对家人至亲至孝。康熙是父皇，对父皇的亲孝能赢得他对自己的好感。康熙在亲征噶尔丹取胜之后，因为疲劳过度而伤风感冒，到五台山去疗养。胤禛正好跟在身边，他对康熙照顾有加，让康熙非常感动。在太子胤礽被废后，诸王的争斗非常激烈，以至于发展到手足相残的程度。当时，康熙面对这种情形，急痛攻心，一病不起。而且病倒后，拒不服药，只求速死。

这时，胤禛和三阿哥胤祉再次表现出他们的过人之处。两人来到康熙的病榻前，苦苦相劝："父皇已经瘦成这副模样，还不让医生来诊视、进用汤药，这样不好好照顾自己，大清国以后将何所依赖。"

之后，两人又进一步说："我们虽然不通医术，却愿意冒着被杀的危险要请求您看病，这病你看也得看，不看也得看！"

当然，儿子的这种强制是康熙最乐于接受的，因为他从中看到了胤禛、胤祉的一番孝心。康熙病好后，立即为胤禛和胤祉加官晋爵，并当着满朝文武表扬了他们。

胤禛不仅对康熙亲孝，对其他尊长也是如此。他对皇太后和母亲懿皇后也特别好，博得太后和皇后的喜欢，也等于给自己撑了腰。胤禛面对兄弟，他明处不落井下石，还极力打抱不平，为兄弟求情，赢得了康熙的首肯，认为他念及手足亲情，可褒可嘉。

其次，胤禛能不计前嫌，还暗中帮助皇太子胤礽。胤礽第一次被废时，大阿哥胤禔、八阿哥胤禩是夺储实力派人物。在当时的情况下，胤禛根本无力与老大、老八抗衡。同时，假如老大、老八中任何一人被立为太子，对胤禛都是不利的。因为他们一旦被立为太子后，就再难被扳倒了。因此，胤禛暗中采取了支持胤礽的立场。支持胤礽有两方面的好处：一是康熙是在盛怒之下废除胤礽的。因此，废除胤礽不久，康熙就有了反悔之意。胤禛摸透了康熙的心思，采取了支持胤礽的策略。这样，他就再次不露痕迹地获得了康熙的好感。

二是胤禛支持胤礽，必然会使胤礽感激倍至。如果胤礽今后再被立为太子的话，对胤禛就会有绝对的好处。胤禛敏锐地意识到，事情真相没出来之前，千万别把事情做得太绝。

康熙在囚禁胤礽之后，开始着手起草"废太子告天文书"，并将告天文书给被拘禁的胤礽观看。胤礽看后说："我的太子位是父皇给的，父皇要废，何必告天？"

此时，大阿哥胤禔、九阿哥胤禟以及雍正负责看押胤礽，急于夺取储位的胤禔当即就把胤礽的话回报给了康熙。康熙听后大怒，并传口谕："做皇帝乃是受天之命，如此大事，岂不有告天之理。胤礽悖逆，以后他的话不必奏闻了。"

于是，胤禔又将康熙谕旨传达给了胤礽。胤礽担心被诸兄弟陷害，因此再三求告："父皇若说我别样不是，事事皆有；只是想杀父皇一事，我实无此心，请必须代我奏明。"

众皇子对胤礽的求告多半无动于衷，唯独胤禛力排众议，极力坚持替胤礽回奏。康熙听了回奏，非但没怪罪胤禛，反而认为他这样做是顾念父子手足亲情，因此对胤禛加深了一层好感。

事实上，康熙帝的心思，很多臣僚们一开始都没有弄清。通过这次废太子事件，康熙用武力手段解散了对他的权力构成直接威胁的太子党。胤禔和胤禛以为有机可乘，于是蠢蠢欲动。哪里知道康熙心里对他们俩一个也看不上，他心中的理想接班人仍然是胤礽。

表面上看来，康熙严厉指责胤礽，但是，主要憎恨的是胤礽的党羽，康熙觉得正是这些唆人作恶的家伙们把自己的好儿子给教坏了。这种心情可以理解，子不教，父之过，康熙觉得自己也有责任再给胤礽一个机会。以后，当胤祉找喇嘛巴汉格隆施法术诅咒太子的行为被证实之后，康熙已经开始产生了复立胤礽的念头。在废斥胤礽的一个月以后，康熙两次秘密召见胤礽，康熙的态度从此开始有一个根本的大转弯。

当天，康熙就传旨："自从见了胤礽以后，朕的病一下子好了许多。从此以后，对以往的事情统统既往不咎。"

随后，康熙命令释放太子以便自己可以随时见到他。看来胤礽和康熙父子关系重归于好，康熙开始"原谅"胤礽了。但是，因为距离废太子的公告发布仅仅有一个月，康熙照顾面子，就下令让胤礽继续治疗，以观后效。随后的日子里，康熙一边不断斥责胤禔和胤禩的结党拉派，一边不断传出话来，暗示胤礽的狂疾失德都是对胤礽的诅咒和索额图党人的唆使所导致的，现在胤礽正在康复之中。

康熙怕群臣不知道他的想法，他还召见大学士李光地，因为他懂医术，就问他胤礽的病该怎么治。李光地十分精明，知道康熙的意思，就顺着说慢慢调养，总会好的。但是，李光地不想介入这么复杂的斗争中去，回去以后，在群臣中半点口风也没漏。所以许多人也是稀里糊涂，不知道康熙到底是什么意思。

后来，终于有一个叫劳之辨的老御史揣摩到了康熙的意图，抢先上书保荐废太子，意图将来向胤礽索要拥立的功劳。康熙本希望有些德高望重的大臣出来圆场，谁知道跑出来这么一个心怀叵测的家伙，就打了他四十大板，把他遣回了老家。

接着，康熙召见群臣，正式摊牌。他命令群臣举荐太子，但是把胤礽的资格明确废掉。于是原先支持胤礽的康熙的舅舅佟国维，转向支持胤禩，权高望重的大学士马齐也拥护胤禩，在他们的示意下，朝臣最后以投票的形式一致选举八阿哥胤禩。

这更进一步证实了康熙认为胤禩结党已久的想法。于是他决定来个冷处理：先放下复立胤礽的计划，同时坚决不同意立胤禩为太子。实际上，康熙不听群臣的意见也有他的道理。

早年立了胤礽之后，趋附他的人就越来越多，太子嘛，法定接班人，众望所归，将来大伙儿都要靠他吃饭、升官、发财，看他的脸色行事，能不讨好着点嘛？时间一长，太子党的势力当然就大得可怕，现在胤礽连老子也不放在眼里了，真是"小子无所畏，得势就猖狂"。

因此这次废了胤礽，处理了他身边的一些人，给他点颜色看看就行了。让康熙没想到的是，又蹦出来一个八阿哥胤禩，到处拉拢人心，勾结权贵，要是让他当了太子，那可如何是好？没准哪天早上一觉醒来，

清世宗雍正传

就被他掀翻马下、赶下帝位，别的儿子肯定跟着倒霉。

康熙爱看古书，这些宫廷政变的事情知道得实在不少。他更知道当皇帝的就得唯我独尊、大权独揽，关键时候不能没有主见，何况立不立太子，立谁不立谁，是帝王的家事，老子一个人说了算。这次大臣们公然不理会他的暗示，推荐胤禩，说明这小子颇得人心，以后得防范着点。但是，康熙当了几十年皇帝，也是见多识广，知道大臣们公推胤禩，也不一定全是他的死党。于是想了一个缓兵之计，要等到查处胤禩的背后支持者再说。实际他正在考虑反击的策略。

康熙对群臣的反击开始于次年正月。过完上元节，他又召集满汉大臣，出人意料地放出一支冷箭。他说，因为上次投票的结果十分一致，他感到一定是背后有人唆使、捣鬼。命令就是不退朝今天也要把这个问题查出来。紧接着，康熙挨个儿轮流审问满汉大臣。大臣们一开始还互相推诿，最后满族大臣踢来踢去，踢给了汉族大臣。其实清朝是满族人的天下，立太子这件事，汉族大臣们躲都躲不及呢，谁会拿主意？

但是球踢到了脚下，不能不踢，于是汉大臣张玉书最后说："那天我来得晚，也不知道皇上宣召有什么事。进门时碰上了大学士马齐，问他干什么，他说是皇上让推荐太子，我就问推出谁来了，他说正讨论着呢，大家觉得八阿哥胤禩可以。后来我们就一起写了胤禩的名字。"

康熙一听就火了，大骂马齐，说："我不叫你投票，就是因为你是胤禩的死党，你竟然还敢多嘴。"

马齐赶紧为自己辩护说："臣当时是先到了一步，但是皇上下旨不让臣参与此事，臣马上就退出来了，张玉书问我时，我只是顺口说了一句还没定呢，听说有人要推荐八阿哥胤禩，张玉书和我是同事，他问我话我当然要回答，根本没有干预朝政的意思。"

第二天，康熙又把国舅佟国维叫到百官面前，当面训斥了他上奏折请求速立太子的不良打算。挖出了马齐，教训了舅舅，康熙的目的也基本上达到了。最后，康熙命令将马齐收监审问，并将他和一帮胤禩的死党王鸿绪、李振裕等人全部罢官回家。至此结束了六个月的明争暗斗，为胤礽的复立扫清了道路。康熙四十八年三月，胤礽被第二次正式册封为皇太子。同时给各个皇子封爵或进爵。

胤禛虽然支持太子，但并不得罪众兄弟，立场持中。这样，他既不攻击对方，也不会遭到对方的攻击，还有，众兄弟都想拉拢他，因而对他都有好感，想方设法让胤禛对自己有所帮助。这就是胤禛采取此措施的目的所在，他巴不得有这样的结果。

胤禛的过人之处，就在于他既不像大阿哥胤禔、八阿哥胤禩那样公然谋取储位，同时也不像三阿哥胤祉那样釜底抽薪拆老大、老八的台。相反，他表面上曾一度向大阿哥、八阿哥集团靠拢。另外，他也知道八阿哥胤禩等人企图行刺太子之事，但他并没向康熙揭发这个阴谋。

胤禛不揭露老八胤禩阴谋，就被胤禩等人看作了友善。而老三胤祉虽然因揭发兄弟而取得了康熙信任，同时却在兄弟中树立了强敌。正所谓螳螂捕蝉，黄雀在后。胤禛这种不温不火的持中立场，远胜于老大、老八的急于求成，更为老谋深算。胤禛的这种持中立场，使他能够居高临下，坐山观虎斗，达到了不战而屈人之兵、坐收渔翁之利的目的。

胤禛非但不揭露老大、老八的阴谋，相反，在老大、老八事发后，他还极力在康熙面前替他们求情。在当时诸子争位互不相让的气氛中，胤禛的这种大度作风，再次让康熙感觉到胤禛是个深明大义、性量过人、注重手足亲情的皇子。

在人情关系上，胤禛赢得了父亲康熙和所有兄弟的信任，他一直掩饰得很好。康熙对他最为信任，表扬胤禛说："惟四阿哥性量过人，最像我的脾性，以此居心行事，可以成为伟人。"

胤禛在众皇子中地位不是很高，应当说处于弱势处境，但是，胤禛能韬光养晦，能在纷繁复杂的太子之争中，处变不惊、慎重行事，不趋利而行，不争风吃醋，而是采取以退为进、以静制动的策略，从而赢得了康熙的赏识。

在众皇子中，只有胤禛做到了这一点，所以胤禛也就当之无愧地成为康熙眼中最为看重的一个。

暗中培植自己力量

胤禛在面对皇位之争时，表面上容忍胤礽、胤祉、胤禩，内中却在相机行事，暗中培植对自己有利的力量。胤禛认为"若非深知灼见，不可草率行事"，就是凡是做事都应深思熟虑，而不应草率行之。在力量和条件有限时，不轻举妄动，而是暗寻途径、借机而动。

胤礽复立之后，照旧纠集党羽，扩充势力，不久在他的周围聚集了一批亲贵大臣，这中间有步军统领托合齐、兵部尚书耿额、刑部尚书齐世武、都统鄂缮、迓图、副都统悟礼等人。

胤礽不知接受先前教训，尊崇父皇，自我抑损，仍摆太子派头，饮食服御陈设等物，与皇帝相比，"殆有倍之"。骄奢淫侈，贪黩货财，一样也没有改。常派家奴到各省富饶地区，勒索贡物和美女，假如稍微不能满足他的心意，就向皇帝诬告，给以惩罚。

太子这样作威作福，使官员不知如何是好：若屈从太子，皇帝不乐意，立时可以带来灾祸；若只奉承皇帝，不理会太子，储君嗣位之后会遭到惩罚，因此产生"两处总是一死"的不安情绪。因此太子的胡作非为，不仅影响了皇帝的权威，还带来政令不一，产生政治的混乱和不安定。

胤礽实在昏暴，不会审时度势，没有自知之明，其实，他的地位十分不巩固。康熙是不得已再立的他，这是许多人都明白的，被罢黜回江南家乡的王鸿绪说："京中常有密信来，东宫目下虽然复位，圣心犹在未定。"

曾在陕西作过道员的程兆麟、丁忧回原籍苏州的原东平州知州范溥在苏州、扬州等地预言："东宫虽复，将来恐也难定。"

首都及江南的舆论都是这样，胤礽有什么值得这样？康熙对胤礽的乍废乍立，也感到不妥，再立之后，希望他能转好，不再出现废黜的事情，所以对太子的不法行为极力容忍。

胤礽要责备的官员就替他责备，要处分的就处分，要驱逐的就驱逐，以满足他的愿望。只是对他不放心，不让他单独活动，每有巡游，必令其随从，"使不得须臾离侧"，防止发生事变。

胤礽的弟兄可不顾及自己父亲的心情，对胤礽的复立，恨之入骨，非要攻倒他而后快。胤礽复位时，胤禩党人十分失望，阿灵阿甚至不想活了，但他们很快清醒过来，继续与胤礽斗争。

到康熙五十年十月，康熙再也不能容忍了，召集诸王文武大臣，说现今"诸大臣有为皇太子而援结朋党者"，兵部尚书耿额是索额图家奴，欲为主人报仇，是索额图之党还未根绝，因此将鄂缮、耿额、齐世武捉拿审问。

这时有人告发托合齐不守法纪，康熙命胤祉、胤禛、领侍卫内大臣阿灵阿、署内务府总管马齐等会同宗人府审讯。胤禩党人参加了对太子党人的审讯。

一年后，康熙宣布胤礽罪状，加以废除。上谕说：胤礽"是非莫辨，大失人心"；"秉性凶恶，与恶劣小人结党"，不可不防这些小人的谋害；鉴于他的过错"断非能改"，不得不再次废黜。

清世宗雍正传

同时告诫各位臣子，不许为胤礽保奏，"后若有奏请皇太子已经改过从善应当释放者，朕即诛之"。对太子党人也作了处分，托合齐死于狱中，焚尸扬灰，伊子舒起绞监候。

康熙的再废太子，当机立断，使胤礽不能兴乱，减少他对政治的影响是好的。他对太子防范很严，也是必要的。但对太子的穷奢极欲和暴虐无道，不采取有力的制止措施，反而顺着他，以为这样可以"感化他"。只能事与愿违，说明康熙对胤礽的认识并不透彻。

胤礽的再废，如前一次一样，是皇帝与储君、太子与皇子间的矛盾的结果，是一场权位之争。这场斗争使康熙再一次遭到打击，用他的话说是"心思用尽，容颜清减"。

太子胤礽被废之后，便引起了新一轮的太子争夺战。有一个人数众多的党派支持八阿哥胤禩，朝廷内外的许多官员都向康熙皇帝保举胤禩，有的甚至还向皇帝施压。

康熙看到胤禩的身后竟然有如此庞大的集团，他感到了威胁，不但没有让胤禩为太子，还将其革去爵位，令其反省。康熙对此更加敏感了，他意识到了皇储之争的可怕性，并不断告诫皇子们不许结党营私，他说道："诸阿哥中如有钻营谋为皇太子者，即国之贼，法断不容。"

看到皇八子胤禩如此的下场，胤禛十分冷静，认为只有韬光养晦、脚踏实地，才能有取胜的把握，风光太足反而会败落得越快。因此，胤禛处处注意自己的言行，谨小慎微，从不曾表露出有争储之心，即使是他身边的人，他也对其隐藏自己的心事。

胤禛亲眼目睹胤禩聚集了众多党羽，非常难斗，而且势力遍布各处。但胤禩太明目张胆，他广交朋友，笼络人心，四处贿赂，正好犯了康熙的大忌。且胤禩的目标也过于明确，其最后的结果是欲速而不达。

在当时众皇子争夺储位中，胤禛明白不能硬夺，只能智取。因为众皇子都非常有作为，而且有些人比他有优势，先跳出来的必定会首先遭到打击。

胤禛是个城府很深的人，他很少做表面文章，更不会像八阿哥胤禩那样轻易暴露自己的实力。因为他明白，父皇康熙是个睿智的君主，稍有不慎，露出破绽，就有可能招致康熙的打击。所以他采用了"暗度陈仓，巧中取胜"的策略，外表柔和，内里却暗自动作。

胤禛的这种暗度陈仓的智谋，在他与心腹戴铎的通信中便可见一斑。戴铎的意见，首先分析政治形势，明确奋斗目标。深知胤礽再黜储位未定之时，诸皇子争夺激烈，谁活动有力，谁就有可能获胜，所以这时是"利害之关，终身荣辱"之时，因此一定要参加竞争，争取不世之荣。

方针既定，要有行之有效的办法。戴铎提出的是：一要千方百计，取得康熙的宠爱；二要以废太子凌虐昆季为戒，妥善处理好弟兄关系；三要加意联络朝廷百官，尤其是康熙亲信重臣，对地位较低的近侍和汉人官僚也不要放过，用他们为自己造舆论，把胤禛所有的好名声争取过来，对皇帝考虑继承人施以影响，以利对胤禛的选择；四要大力培植雍邸人才，作为建立江山的根基；放他们出门，谋求朝内外的要职，为夺取江山打下基础。

戴铎的书信，向胤禛全面提出争取储位的纲领、策略和措施。胤禛在给戴铎的回信中却写道："虽然你是金玉良言，但对我而言没什么用。我若有此心，就不会这样行事了。"

事实上，胤禛对于戴铎的话是非常首肯而愿意接受的，但是由于他的戒备之心，使他故意如此回复戴铎。因为此时的他，只有处处隐忍、不露风头，才不会被击败。

在众多强大的竞争对手之中，胤禛的优势并不明显，胤祉以其年长、有学识，深得康熙的重视和宠爱；十四阿哥胤禵身居要职，握有兵权，并且曾立下大功。因此胤禛从不敢胆大妄想，认为康熙会将皇位传给他。

当胤禛听到外面流传说皇位将可能传给八阿哥胤禩、十四阿哥胤禵时，心中有说不出的苦恼与不快，但是，他终究不敢明斗。他所采取的是另一种手段，即外松内紧的策略。

从表面上看，胤禛在激烈的争储中处于超脱的位置，他经常与僧衲往来，建设寺宇，把自己打扮成"天下第一闲人"，并写了《悦心集》一书，书中尽述其愿与僧侣为伍，过一种清静无争的恬淡生活。例如书中的《隐居词》《知足歌》等等，都是一些向往田野生活、教人与世无争之词。

胤禛在此时所写的这些诗词，一方面起到了蒙蔽对手及皇帝的作用，标榜自己的清纯，使别人不对自己起疑心，另一方面也是其在权力争夺中失意的表现。而实质上，胤禛是决不会甘于寂寞、放弃争储的大好机会的。

戴铎曾对雍正说过，做英明的父亲的儿子难，露长也不是，不露长也不是。那怎么办呢？胤禛根据自己的理念，根据兄弟之间争夺皇位斗争的教训，根据幕僚们对他参谋的意见，实施多种方法，扩大自己的力量，赢得更多的机会。

首先，要想方设法取得康熙的宠爱。取得皇帝的宠爱是争夺储君至关重要的一步。胤禛深知此中利害，并且他对康熙的性格脾气摸得极熟，不能太显露自己的争储之心，更不可操之过急，只能慢慢地建立自己的形象。因此胤禛在康熙面前总是非常小心，从不露出任何急躁、争权的痕迹。

其次，胤禛一定要谨慎地处理好与其他皇兄弟之间的关系。在其他的皇兄皇弟面前，胤禛从不显露自己，虽然大家心中也都是十分清楚谁都有夺位的欲望，但是，胤禛却处处表现出自己的亲切和善，以便麻痹他们。

例如，当皇位的强有力竞争对手胤禩在康熙五十三年遭到皇帝谴责时，胤禛多次上奏折，为胤禩说好话，希望康熙不要追究胤禩的过错。康熙五十五年时，胤禩得病，此时胤禛正陪同康熙在外巡视，但是他却向皇帝请示，要求回京探视胤禩。

对于以前的皇太子胤礽，胤禛也是一样表示对其拥戴和尊敬，甚至被认为是太子党，当胤礽再次被废时，胤禛也曾上奏请求皇帝复立胤礽为太子。胤禛在兄弟面前的种种假象，起到了很好的隐藏作用，为自己赢得了时间也扩大了自身的实力。

另外，胤禛还加强联络文武百官，无论其权位高低都进行笼络，以便在朝野内造成一种舆论：胤禛是首选皇储；同时又大力培养自身的党羽，并将这些人安放在各种职位上，为自己夺取皇权打好基础。

暗中培植党羽，是其中最厉害的。胤禛就是按照这个策略做的。比如年羹尧，此前曾是胤禛府邸的下人，因胤禛的举荐而步步高升，位至晋川陕三省总督，手握重兵。

再比如戴铎，原是胤禛府中的一个奴才，因得到了胤禛的赏识而成为福建知府。此后，胤禛又进一步鼓励他："将来位至督抚，方可扬眉吐气，不能老是久居于别人之下。"

胤禛这种暗中许官的做法，恰到好处地利用了人类的贪婪心理，将戴铎更加牢固地拴在自己这驾夺储的马车上。戴铎在几年之后荣升四川布政使，其兄戴锦则位至河南开封道台。他手下的另外几个得力干将，如沈廷正升为兰州知府，哈尔齐哈任清江理事同知、博尔多官至内阁中书侍郎……

胤禛在这一系列的斗争中，做的最重要、最关键的一件事便是培养心腹、控制人才。在胤禛身边有个小集团，这帮人不仅帮他出谋划策，还四处为他卖命。

控制这么一个小集团，不仅表现出胤禛善于识人用人，更重要的是这些人控制了从中央到地方的政权和兵权，为胤禛的夺储奠定了坚实的基础，而这是其他皇子所不具备的。

胤禛按照暗中培植党羽，为自己的亲信出钱捐官，使他们占据国家要职。更重要的是，这些人是由胤禛一手栽培出来的，因此他们多对胤禛忠心耿耿。而胤禛在施行这些手段时，表面上丝毫不露声色。

胤禛在多年的小心经营下，到康熙末年，已经形成了一个自己的小集团。其主要成员有：

年羹尧，自幼读书，颇有才识。康熙三十九年中进士，不久授职翰林院检讨。翰林院号称"玉堂清望之地"，庶吉士和院中各官一向绝大多数由汉族士子中的佼佼者充任，年羹尧能够跻身其中，也算是非同凡响了。

康熙四十八年，年羹尧迁内阁学士，不久升任四川巡抚，成为封疆大吏。据清人萧奭所著的《永宪录》记载，这时的年羹尧还不到三十岁。对于康熙的格外赏识和破格提拔，年羹尧感激涕零，在奏折中表示自己"以一介庸愚，三世受恩"，一定要"竭力图报"。

到任之后，年羹尧很快就熟悉了四川通省的大概情形，提出了很多兴利除弊的措施。而他自己也带头做出表率，拒收节礼，"甘心淡泊，以绝徇庇"。康熙对他在四川的作为非常赞赏，并寄以厚望，希望他"始终固守，做一好官"。

年羹尧也没有辜负康熙帝的厚望，在击败准噶尔部首领策妄阿拉布坦入侵西藏的战争中，为保障清军的后勤供给，再次显示出卓越才干。

康熙五十七年，即1718年，年羹尧被任命为四川总督，兼管巡抚事，统领军政和民事。康熙六十年，年羹尧进京入觐，康熙御赐弓矢，并升为川陕总督，成为西陲的重臣要员。

这年九月，青海郭罗克地方叛乱，在正面进攻的同时，年羹尧又利用当地部落土司之间的矛盾，辅之以"以番攻番"之策，迅速平定了这场叛乱。

康熙六十一年十一月，抚远大将军、贝子胤被召回京，年羹尧受命与管理抚远大将军印务的延信共同执掌军务。年羹尧的妹妹嫁给了胤禛，是胤禛的侧福晋，所以胤禛和年羹尧既是郎舅关系，还有主仆之义。到了雍正即位之后，年羹尧更是倍受倚重，和隆科多并称雍正的左膀右臂。

隆科多，满洲镶黄旗人，佟佳氏，康熙末年到雍正初年重臣。字竹筠，与雍正养母佟佳氏一族。太子胤礽第二次被废的时候，担任步军统领，后来又兼任理藩院尚书，掌管北京城内外九门，统率八旗步兵。

隆科多出任步军统领后，康熙通过朱批，语重心长地告诫他："你只须行为端正，勤谨为之。此任得到好名声难，得坏名声易。你的兄弟子侄及家人之言，断不可取。这些人初次靠办一两件好事，换取你的信任，之后必定对你欺诈哄骗。先前的步军统领费扬古、凯音步、托合齐等，都曾为此所累，玷辱声名。须时刻防范。慎之！勉之！"

字里行间中透漏出康熙对隆科多的关爱之情。但是，康熙也同时指出，隆科多必须同自己的家人以及朋友保持距离，不参与结党才可以保住步军统领的位子。朱批中的告诫之语也让隆科多如头上高悬"达摩克利斯之剑"，做事时时谨慎。隆科多的谨慎行事得到了回报。

1720年，康熙皇帝提拔隆科多"擢理藩院尚书，仍管步军统领事"。在步军统领的职责之外，康熙皇帝还交给他秘密的任务，不仅专门委派他秘密监视被圈禁的废太子和大阿哥，随时密奏二人的有关消息，还让他秘密监视京师内的宗室王公和部院重臣的动向。

这个时候的隆科多尽职尽责，表现出色，康熙皇帝生前曾多加赞赏。正是由于康熙皇帝的信任以及自身的办事精明，在康熙皇帝驾崩之时，隆科多是除皇子外在康熙皇帝身边的唯一大臣，在皇位继承时起了关键性的作用。

本来隆科多是胤褆的党羽，胤褆党瓦解后，他一度失意，转而投靠胤禩。到了康熙末年，看到胤禩前途渺茫，又转而投奔胤禛。两人一拍即合，胤禛看中了隆科多的职权，隆科多也把未来赌注压在了胤禛的身上。

胤祥，康熙第十三子。在第一次废太子的事件中遭到打击，但和胤禛关系密切。后来胤禛继位以后，胤祥成为兄弟中他最亲信的一个。

魏经国，康熙末年出任湖广总督；常赉，任官副都统；博尔多，举人出身，后任职内阁中书；傅鼐，藩邸亲信……胤禛为了能多拉拢一些官员，经常邀请官员上府套近乎，并让手下人帮他一起积极与官员们联系，唯恐漏过一个。

有一次，胤禛想拉拢礼部侍郎蔡珽，就派手下人去请他来自己府上。蔡珽是一个极其小心谨慎的人，担心卷入夺位之争中，并且康熙也

清世宗雍正传

曾下过命令，不许结党营私。于是蔡珽便以自己身份不便与王府来往为理由回绝了。

过了一段时间，胤禛又派年羹尧去邀请蔡珽，可是蔡珽仍然十分固执地不接受。胤禛在几次碰壁之后，仍然不放弃，继续寻找机会见蔡珽。终于，在一次蔡珽去热河行宫向皇帝辞行的机会中，胤禛见到了蔡珽。他与蔡珽交谈时，推心置腹，并热情地将左副都御史李绂介绍给他。

从此蔡珽便成为胤禛的心腹，为其争储立下了汗马功劳。在胤禛周围，他精心挑选人才，形成了一个小集团。集团内的成员虽不多，但是，个个精明能干。

就这样，神不知鬼不觉地，胤禛将自己的心腹手下逐渐安插到政府各部门，使他们占据了国家要职，成为胤禛最终夺取皇位的中坚力量。由此可以看到，胤禛虽然韬光养晦，但其集团的人在康熙末年却已经掌握了一些重要的职位。

在外有总督、巡抚、提督，布于四方；在内有内阁官员、御史等，如此势力，虽说不是太大，但也令人不敢轻视。对比其他的阿哥，如三阿哥胤祉势力太小；八阿哥大都是朝中文官，而十四阿哥只有部分兵权，并没有得到朝中的普遍支持。

如此考量下来，胤禛集团在综合实力上显然处于上风。

对手下恩威并施

胤禛虽然广结羽翼，却既不像胤禩那样明目张胆，也不像胤禵那样约束不严。他能知人善任，发挥每个人的特长，还不时恩宠有加、关心备至，许诺厚禄让他们为自己死心塌地地卖命。

同时，他又用国家大法和严肃的家法来统驭他们，使他们完全听命于自己的指挥。即使这样，胤禛仍然时时提醒自己："出其不意，攻其不备，这既是兵法中的原则，也是政治斗争的原则。"

胤礽被废后，胤禛在韬光养晦时，已经悄悄开始动作。只不过他并不像其他皇子那样大张旗鼓，而是积极而秘密为自己做着准备。因为只有这样才不被康熙觉察，只有这样才能够保全自己，不为兄弟们攻击。

皇太子胤礽被废，大阿哥胤禔因为密谋杀害皇太子也同样倒台，八阿哥胤禩本来非常看好，但因为搞朋党和耍阴谋犯了康熙的大忌。而胤禛就不同，他暗中积攒力量，其手下的人也完全服从他的命令。

胤禛虽然也向人施恩，但同时他还懂得如何对手下人施威。这样，在胤禛身边，才聚集起了一个以他为核心的小集体，而这样的小集体才是最有凝聚力的。胤禛的手下戴铎曾拿胤禛与胤禩做了个比较，称："胤禩柔弱无为，不及我主聪明天纵，才德兼全，恩威并进，大有作为。"

纵观当时争位情形，八阿哥胤禩原本是占尽先机的。首先，朝野上下一致看好胤禩；其次，康熙也认为胤禩堪当重任，在胤礽被废后，立即命胤禩署理内务府事务。由此可见，康熙当时曾对胤禩寄予了厚望。

胤禩错就错在太明目张胆和急功近利了，被康熙利用朋党和迷信之事扳倒。随着时间的流逝，大阿哥胤褆、太子胤礽、八阿哥胤禩在激烈的夺储斗争中相继落败，三阿哥胤祉成为胤禛的又一个强劲对手。

与大阿哥胤褆、太子胤礽、八阿哥胤禩相比，胤祉不仅有年长的优势，而且为人颇为老成持重，自始至终没被康熙抓住过把柄，因此颇受康熙喜爱。而且胤祉喜欢读书和钻研学问，学识非常渊博。

同时，在储位斗争中，三阿哥又表现得相对中立，因此被封为诚亲王。康熙是个非常有作为皇帝，学识非常广博，又极力主张仁政爱民，因此，他与三阿哥胤祉在许多方面见解相似，这就使父子较为融洽。

特别是到了康熙晚年，众阿哥争取储位的斗争把康熙搞得焦头烂额，他与众阿哥之间的关系自然非常紧张。在这样的情况下，渐至老迈的康熙便自然而然地把目光投向胤祉了。

而胤祉恰恰能投其所好，他多次请康熙到诚亲王府做客，使年老的康熙有幸享受到了父慈子孝的天伦之乐。时间一久，胤祉与康熙的关系就更加亲密无间了。至此，康熙开始委以胤祉重任，每次巡游，他都将胤祉带在身边。于是，胤祉的大红大紫成了胤禛的又一威胁。

胤礽被废太子后，他想争取大将一职表现自己，以求重新夺回太子位。岂料他弄巧成拙，被康熙发现了这一企图，于是所有参与此事的人都一律被治罪，而揭发这件事的人是三阿哥胤祉。

胤祉的好处是得到了康熙的信任，但也成为了其他兄弟的众矢之的。胤禛虽然没有出面活动，但他怂恿胤祉去做，以此把事情搞浑、搞大、搞砸，最后对双方当事人都不利，而胤禛却没有受到打击。

同时，胤祉有他不可避免的性格缺陷，那就是他虽以和善博学著称，但他却缺乏驭下能力，不能保证他手下心腹不犯错误。而胤禛则不同，他不但可以严格要求自己，而且也能从严约束自己的部下。因此，虽然当时胤禛身边已形成了一个以年羹尧、隆科多为首的小集团，但这个小集团的活动却非常缜密，而且已暗中控制住了京城内外的兵权。

在与胤祉斗法的这段时期里，胤禛一方面勤于政务，将康熙分派给他的任务处理得井井有条。另一方面，他也开始注意学习三阿哥胤祉的怀柔政策，不断请康熙去王府里做客，以使康熙尽享天伦之乐。

为了取悦康熙，胤禛还抛出了一张王牌，这就是爱子弘历。这张牌在历史中的分量，没有人能够估得清。弘历生于康熙五十年，自幼聪颖过人，而且颇有勇谋，人又俊逸。把弘历介绍给康熙，是雍亲王精心策划的一个步骤。不过康熙并没有察觉到这一点。在父子闲聊之际，胤禛闲闲地提起："您的两个孙子打生下来还没机会见到圣颜呢。"

老皇帝随口答道："好啊！上次我听侍卫说你有个儿子书读得很好。把他们俩叫出来我看看。"

长到十多岁，孙子才有机会见到祖父，这在爱新觉罗家中并不是什么奇怪事情。因为康熙孙子太多了，一共九十七名，政务缠身的老皇帝只见过不到一半。老人总是喜欢孩子，康熙也不例外。一见到这两个孩子，他不觉放下了手中酒杯。弟弟弘昼并没有给皇帝留下太深印象，但是哥哥弘历却让康熙过目难忘。当他第一次见到弘历时，就喜欢上了。

这孩子相当与众不同。他身材颀长，容貌清秀。特别是两只秋水般澄澈的眼睛里流动着不同寻常的灵气与沉静。刚才行礼的时候，皇帝注意到他一举一动既敏捷得体，又不慌不忙，一点也没有这个年龄段孩子常有的紧张局促。跟在他身后的同岁的弟弟弘昼就明显拘束很多。凭着丰富的阅人经验，老皇帝确信这个孩子与众不同。他慈爱地招招手，让弘历站到自己面前，询问起他的功课。

弘历落落大方地背了几段经书，从头到尾清晰地讲解了一遍。一阵喜悦攫住了康熙的心脏。同时，弘历的聪明灵异也使康熙感到后继有人了。他见过的所有孙子当中，弘历无疑是最出色的。

过了几天，老皇帝派太监来到圆明园，命雍亲王写下弘历的"八字"，呈皇帝亲阅。又过了几天，康熙再次驾临圆明园，吃了一顿饭后，宣布了一个不同寻常的决定：要将弘历带回宫中养育。

曾经有一次，康熙带弘历去打猎，在永安莽喀围场，康熙用火枪击中一熊，大熊倒地良久，毫无动静，康熙以为熊已经毫无威胁，于是就命弘历上前补射一箭，以让这个孩子博得"初围获熊"的美名。

弘历答应一声，跳下马来向熊走去。但还未等走到熊跟前，不料，倒地的黑熊突然跃起，向弘历扑来。随驾的众武将都被这一幕吓得胆战心惊。

谁知，在这危急时刻，十二岁的弘历却面不改色，拔出剑来和熊搏斗。那熊本来就中了枪，再加之弘历的武艺高超，几个回合便被弘历刺得鲜血直流。最后，弘历灵活地躲开了黑熊的一击，撤身几步拉开距离，并立即搭箭向熊连珠猛射几箭，大熊倒地而死。

康熙看见弘历面对如此险情竟然面不改色、镇定自若，忙来夸赞道："好好好，大敌当前面不改色，真不愧为朕的好孙儿，颇有朕年轻时候的风范啊！"

胤禛采取"抛玉引玉"，这张"王牌"打得极其到位正确，是一智招。不但借此拉近了与康熙的关系，同时还等于向康熙暗示了大清王朝后继有人。让康熙看好弘历，也必然会看好自己。

也就是说，只要胤禛能继承皇位，那么，弘历有一天也会坐上宝座。在这场夺储大战中，胤禛的胜利正是因为他能够在变化多端的局面中，分清主次，把握重心，外弛内张，以柔克刚，使得八面玲珑。

事实果真如胤禛所想的那样，太子胤礽、大阿哥胤禔、三阿哥胤祉、八阿哥胤禩一个个倒台，剩下就是他和十四阿弟胤禵了。既保证了自己不受打击，又扩大增强了实力，在这场斗争中，胤禛稳稳地把住了自己的舵，以逸待劳，非常轻松地就使对方自行削弱了。

终于取得皇位

胤禛在众阿哥纷纷倒台之后，才算遭遇到十四弟胤禵这个真正的强手。胤禵排行十四，比雍正小十岁。他与雍正是一母所生。两人虽是同胞兄弟，但是，胤禵却与胤禔、胤禩和胤禟保持着非常密切的交往。

胤禵曾极力保奏八阿哥胤禩，结果遭到康熙的怒斥。但是，康熙其实很欣赏胤禵那种直率的性格，以及胤禵天生神勇，尤其喜欢研究兵法。因此，西北战事一起，康熙就把注意力集中到这个儿子身上，预备授予"大将军"衔。

胤禵在很多方面甚至比胤禛的优势更大，他曾立下许多战功让康熙对其十分喜爱。曾经有一段时间，就有传言说康熙决定将胤禵立为太子。胤禵要获得这个位置的关键就在于，如何击败胤礽，战胜胤禛。

胤禵首先利用胤禩势力，以向康熙告密形式揭穿了胤礽的阴谋，致使胤礽案发后而一败涂地。随后，胤禵又在胤禩、胤禟等人的帮助下，积极联络朝中大臣，以扩大他们的影响和声势，并借此与胤禛抗衡。

康熙五十四年，也就是1715年，策妄阿拉布坦公然派兵抢掠新疆哈密。次年又派遣大将策凌敦多布率领一支六千人的部队奇袭西藏，击败了清朝支持的西藏军队，占领了拉萨，屠城三日，然后扶植傀儡政权，控制了西藏政局。

拉萨失陷的消息传到京城，康熙决定使用武力彻底解决西北问题。他曾一度考虑再次亲征，但是，无奈年岁不饶人，他不能再亲自指挥千军万马。所以康熙一直在考虑从诸皇子中选择一个文武兼备的阿哥替自己挂帅出征，平定策妄阿拉布坦的叛乱，为大清江山打下一个牢固的基础。

胤禛明白，这最后的节骨眼上，夺取大将军之位也就意味着离储位不远了，虽然他也积极向康熙献计献策，谋取大将军这一职，但是，行军打仗毕竟不是儿戏，需要真正能够通晓兵法而又极富韬略的将才。

虽然康熙对胤禛的见解表示赞同，但是，仍然对他的军事才能表示怀疑。在这一点上，胤禵恰恰高出胤禛一筹。因此，康熙五十七年也就是1718年十月，胤禵被正式任命为抚远大将军。十二月，康熙授胤禵为大将军，命他率师西征。

后来，康熙又降下一道圣旨，称："大将军乃朕皇子，确系良将，朕深知其能，故命其掌生杀重任，尔等或军务、或正细事项，均应谨遵大将军指示。"

胤禵到达前线后，果然没辜负康熙的重托。他一方面开始整顿军务，加强战备，另一方面则积极策划对敌方针。此后，在胤禵的率领下，清军分两路出兵西藏，重新夺回了拉萨。接着又挥师北上，采取步步为营的打法，逐渐控制了新疆的局势。

胤禵的节节胜利，对胤禛无疑是个巨大的打击。至此，夺储战线成了双雄对峙之势。胤禛在这场争夺大将军的较量中输给了胤禵，使胤禛夺储的希望变得越来越渺茫了。此后的几年间，胤禛一直没有改变被动的局面。胤禵的崛起曾使胤禛一度心灰意冷，甚至产生了消极退避的情绪。

胤禵在出任大将军一职之后，在战场上取得了节节胜利。但是，胤禵并未因此而自满。相反，他明白自己势单力薄，比不上其他几个兄长多年来结党众多。所以，他一方面要借助胤禩、胤禟等人的势力，另一方面则加紧培植自己的党羽，积极招揽人才，大力收买人心，并派人到京城去拉拢党羽。

同时，胤禵还知道自己以武见长，因此非常注意结交文士，以取长补短。在这段时期里，胤禵一度尝试拉拢康熙手下的宠臣、理学名家李光地，结果却遭到拒绝。此后，胤禵又想方设法结交李光地的门人，并将其门人陈万策拉到自己门下。他对陈毕恭毕敬，见面总要称先生。

胤禵的积极活动，取得了不小的收获，他一时间声名鹊起。加上他在西北战场上取得的一系列胜利，康熙对十四皇子更加刮目相看了。胤禵后来者居上，又是封王又是领兵，以至于当时朝野内外一致盛传胤禵将被立为皇太子。

当此情况之下，胤禛已陷入进退维谷的境地。进，有崛起的胤禵挡道；退，此前所有的努力必将灰飞烟灭！这种两难的选择才是最艰难的。而最艰难的时刻也往往最能考验一个人的信心和毅力。此时此境，两强相遇，勇者胜。

当胤禛的手下多因渺茫的前途而悲观颓废之际，他却重新振作了起来。当时，在福建为官的戴铎曾写密信给胤禛，劝他考虑退路，并称台湾远在海洋中，土地肥沃，政治也安定，是个可以割据为王的好地方。

因此，戴铎请求胤禛帮他活动，以谋求台湾道台一职，以便使胤禛万一在夺储失败之后，可以退身自保。从表面上看，戴铎的这一建议不失为高明。

但是，胤禛比他看得更高，他知道一山不容二虎、一国不容二主的道理。他还知道在当时的情况下，后退只能是一条绝路。因此，他只能下定破釜沉舟、背水一战的决心，即：不是鱼死，就是网破。

胤禵离开京师远征西北边疆，对胤禛来说，既是不幸又是万幸。当时最看好的皇位继承人只剩下他和胤禵了，而且康熙也非常看重胤禵，夺得大将军之位也就意味着继承皇位有望，所以胤禛为此感到惋惜。

但是，胤禛却借此机会掌握了京师局势，以此坐镇京师，并控制了京城内外的军队，还有一大帮心腹在帮他秘密行事，这就是他的最大优势。而胤禛正好掌握了这个优势，利用对手远征的机会掌握了主动权。

胤禛的最佳表现是在与十四弟胤禵争夺西北用兵主帅挫败后的策略。此后，胤禛独辟蹊径，利用隆科多控制京城，利用年羹尧控制西北局势，阻碍胤禵与京师联系，恰恰只有他一个人在京城有实力，可以随时发动政变，夺取皇位。

首先，在胤禛的操纵下，隆科多在康熙病重后，统率八旗营约两万名官兵，顺利地控制了京城的治安和局势，使其他阿哥不能发动政变。此外，为了防止胤禵回归、兴兵作乱，川陕总督年羹尧控制住了重镇西安，扼断了胤禵与内地的联系，使胤禵的部队难于进入关中，更不要说兴兵侵犯北京了。

而戴铎则立即向巡抚蔡珽表示，如果胤禵闹事，四川应该出兵丁钱粮支持胤禛。蔡珽在听到这个建议后，立即向胤禛上书，表示绝对忠于胤禛。这样一来，京中诸皇子被束缚住了手脚，手握重兵的胤禵又被扼断了归路，致使他不敢妄自兴兵。

康熙五十一年，太子二度被废后，在大臣们的压力下，康熙不得不对立储之事做出回应，这就是在康熙五十六年的时候，他做了两件事：一是搞了太子仪制，二是将诸皇子和朝廷中的主要官员全部召集到乾清宫东暖阁，发布了一个长篇谕旨。

在谕旨里，康熙颇为动情地说：

> 我年轻的时候，身体好得不得了，从来就不生病。弹指一挥间，现在我已年近七旬，在位也五十多年了。从黄帝的时候开始，到现在已经有四千三百多年了。
>
> 这期间，少说也有三百多皇帝曾经君临天下，在这些人里面，我应该算是在位时间最长的吧？我当上皇帝二十年的时

候，没想到会活到在位三十年；等我在位三十年的时候，也没有想到会活到在位四十年。可如今，这都已经是在位的第五十七年了。

《尚书》里曾说世上有"五福"：一是高寿；二是富裕；三是健康；四是好德；五是善终。五福当中，最后一个恐怕是最难的。如今我已年近古稀，所有的儿子、孙子，还有曾孙，这些全部加起来，也有一百多个，多子多福，天下也还安定，即使还没有完全达到移风易俗、家给人足的地步，但这也是我几十年如一日，兢兢业业、辛辛苦苦所换来的。

这几十年里，我一刻也不敢懈怠，这不是用"劳苦"二字所能概括的啊！从前很多帝王短命而死，那些后代的史家和书生们往往讽刺他们是贪于酒色，腐化而死，就连一些英明之主，他们也要鸡蛋里面挑骨头，把人家说得一无是处。

我想说的是，这些人大都是站着说话不腰疼，其实很多帝王之所以早死，真正的原因在于国家的事务过于繁重，他们大多都是累死的啊！皇帝不像大臣，他们愿做就做下去；不愿做的话，大不了可以挂冠而去，或者年纪大了申请退休，回家抱子弄孙，逍遥自在，享受天伦之乐。

可我们这些做皇帝的呢，哪有此等福分？！也只能勤苦一生，一天的休息也没有哇！我自从康熙四十七年那次大病之后，就感觉自己精力大不如前。近年来我一直心神恍惚，身体十分疲惫，事情一多，就常常感到心力不济。

我现在就怕自己上了年纪，又经常患病，万一哪天发生意外，自己要想说什么却又说不出来，那真的是太让遗憾了。所以，我趁着自己神志还清醒之际，对自己的一生加以总结，岂不更好？

这世上没有人能够长命百岁，那些帝王们很忌讳谈"死"的事情，弄到最后，连写遗诏的机会都没有。后人读那些已故帝王的遗诏时，总觉得不是他们想说的话。

这都是因为他们在弥留之际，本就已经神智不清，最好让别人代笔写的啊。所以，我不能像他们一样，我要让你们知道我想说的话，这人都是有生有死，又有什么好忌讳和恐惧的呢？

历史上的梁武帝是个英雄，晚年的时候却被侯景所逼，死于台城；隋文帝也是一代英主，因为其儿子隋炀帝的缘故，最后不得善终。历史上那些烛影斧声的弑君先例不少，那都是因为事先没有做好准备所导致的啊。

现在要是有什么奸小之辈企图在我病危的时候，利用自己的权力拥立某个阿哥，以为将来捞取荣华富贵的话，只要我还有一口气在，就决不会姑息容忍！

近来大臣们奏请设立储君，无非是怕我哪天突然死了。死生本是人之常情，我并不忌讳，像立储这样的大事，我哪里会忘记呢？只是君主的责任重大，天下大权统于一人之手，如果能让我放下这副担子，好好休息，当然乐得轻松，可问题是，有什么法子能让我放下这个担子呢？

每次当我看到多年来陪伴我的那些老臣因为年纪到了申请退休，我都舍不得他们走，有时候还忍不住要伤心落泪。你们这些人还有退休之日，可我什么时候才能休息呢？我五十七岁的时候，长了几根白胡子，有人曾向我进献乌须药。

我说，从古到今，这能长出白胡子的帝王有几个啊？到时我要真的头发胡子都白了，那倒真是千秋佳话了！如今我看这朝廷里啊，我刚登基时任职的大臣现在一个都没有了，就连那些后来升迁的大臣，如今也大都两鬓苍苍、老态龙钟了。

看来，我在位时间是够长了，也该知足了。这么多年，我位居天下之首，占有四海之富，在我看来，如今这君位不过弃之若敝，荣华富贵，也就是过眼云烟。在我的有生之年，如果能够天下太平，我就心满意足了。

　　我说这么多，无非希望你们大小臣工，千万不要忘记我反反复复的叮咛，除此之外，我再无他求了。这道谕旨，我已经准备了十年之久，即使将来还有什么遗诏，我想说的也无非就是这些心里话，如今都毫无保留地告诉你们了，以后我也就不再重复了。

在随后的几天里，康熙虽然不看奏折，但还有些事情要交代处理。比如在初九那天，康熙因为自己已经卧病不起，他便让四阿哥胤禛代他前往南郊天坛进行冬至的祭天大礼。

　　祭祀的日子是十一月十五日，康熙很看重祭天大礼这件事情，这次实在是因为自己起不来了，所以才让胤禛代替自己。之所以让胤禛去，也许是因为胤禛在这方面有经验，也许是因为康熙重视胤禛，觉得他代替自己去行礼最合适。为此，康熙还特意叮嘱胤禛先去斋所斋戒，以表示对上天的诚意。

　　估计胤禛当时也看出老父亲这次和以往大不一样，所以他去斋所后，从初十到十二，他每天都派太监和护卫去畅春园问安，估计也是担心康熙在中间会出什么意外。但是，康熙对每次问安的答复都是"朕体稍愈"，用白话来说就是："我今天好点了"。

　　以康熙的性格，这句话恐怕未必是这个含义。一个凡事爱逞强的人，如果不到情况危急的时候，绝对不会说自己病情恶化，因此，"朕体稍愈"这句话，或许应该理解成康熙的病情并没有好转，只不过没有恶化而已。

　　果然，到了十三日的凌晨，康熙的病情急转直下，他感觉到自己这次的确是不行了，所以他在十三日丑时，命人急召当时在斋所的胤禛前来畅春园。

　　在胤禛还没有到来之前，康熙又在寅时将在京城里的阿哥们，包括三阿哥胤祉、七阿哥胤祐、八阿哥胤禩、九阿哥胤禟、十阿哥胤䄉、十二阿哥胤祹、十三阿哥胤祥、十五阿哥胤禑、十六阿哥胤禄、十七阿哥胤礼等，全部召来。

那些阿哥们到齐之后，胤禛大概是在巳刻赶到畅春园，到后便急入寝宫问安。在十三日的白天，胤禛总共进去过三次，康熙跟胤禛说了什么，不得而知。当晚戌时的时候，康熙便告驾崩。

回顾康熙的这不平凡一生，八岁登基，九岁丧母，在祖母孝庄太后的扶持下，才稳固了皇位，打败了鳌拜，平定了三藩，统一了台湾，廓清了漠北，国泰民安，种种功绩，足以青史留名，彪炳千古。康熙一生治国勤勉，完全称得上是数百年难得一见的一代英主。

雍正即位后，大臣们给康熙上谥号曰："合天弘运文武睿哲恭俭宽裕孝敬诚信功德大成仁皇帝"，拟庙号为"圣祖"。雍正为表孝心，刺破自己的中指，用血圈出"圣祖"二字。由此，康熙大帝即成清圣祖。

康熙的安息之地曰景陵，在顺治孝陵的东南约两里之地。雍正元年八月，雍正亲自为景陵书写碑文，同时他又让诚亲王允祉（雍正帝即位后，为避讳，诸皇子名中"胤"字改为"允"字）、惇亲王允祐还有善于书法的翰林们各写一份，让大臣们来评比。那些大臣又不是傻子，当然说雍正写的最好，最后也用他的。

因为皇后赫舍里氏早逝，景陵在康熙十五年便已经破土动工，并于康熙二十年修建完成。康熙的前三个皇后赫舍里氏、钮钴禄氏和佟佳氏，她们的梓宫都早已放进了地宫，地宫的门一直开着，她们已经在那里等待康熙的到来，等了有几十年的时间。

"雁断衡阳声已绝，鱼沉沧海信难期"，康熙大概也没有想到自己的三个皇后都去世如此之早，而自己又活了这么长的时间。一直到雍正元年九月，康熙的梓宫运进景陵后，地宫才最后关闭。

可悲可叹的是，康熙的景陵在民国时期两次被盗，第一次是1928年孙殿英的匪兵曾在清东陵进行过疯狂的盗掘；第二次是在抗战刚结束的时候，一些土匪趁着局势混乱之时再次盗挖清东陵，康熙的景陵也难逃其祸，惨遭破坏。

景陵被盗掘以后，似乎也没有进行过清理，加上景陵的土质多水，每到雨季，景陵的地宫便有一人多深的积水。换句话说，康熙和皇后们的骸骨如今可能还时不时地泡在泥水当中。千古一帝，身后如此下场，这大概也是康熙所没有想到的吧。

胤禛取胜了。这是他智谋的取胜，是他审时度势、巧借时机、反意而行、瞒天过海的胜利。打蛇打七寸，而胤禛就是在最危险的时刻，凭着他过人的胆识和智慧，抓住了对手的要害，从而化被动为主动，一举击溃貌似强大的允禩。

雍正即位的整个过程，并没有出现康熙担心的"束甲相争"的事情，一路过来倒是十分的平静，让当时朝鲜人颇为吃惊。朝鲜人对康熙死后的局势不抱乐观，他们在第一次废太子时就认为"彼国不预建太子，似必有五公子争立之事"，"康熙死后，兵乱可翘足而待"。

但是，康熙驾崩后，并没有出现朝鲜人预测的事情发生。尽管在康熙死后第二天，雍正曾命隆科多封闭京城九门六天，"诸王非传令旨不得入大内"。这两个非常措施估计也是为了防范其他阿哥会有异动才采取的非常举措。

也许，隆科多封闭京城九门的举动起了作用，城内的人无法和外界联系，那些阿哥们即使想搞出点事来，恐怕也是无能为力的。朝鲜人对康熙死后的权力交接问题也很关注，康熙六十一年的《李朝实录》中记载了关于康熙驾崩时的一些情况，倒可以作为雍正继位的旁证。

据他们记载，康熙临终曾有遗言说："第四子雍亲王胤禛最贤，我死后立为嗣皇。胤禛第二子有英雄气象，必封为太子。"

这就是前面所说康熙因宠爱弘历而决定传位于雍正的这件事。

稳定江山

允䄉在雍正的注视下，于母亲的灵柩之前痛哭失声。哭奠完毕后，这两个同胞兄弟依旧是面无表情，谁也不看谁。在一片漠然的空气中，雍正走到皇太后的梓宫前，从袖里掏出一道谕旨，谕曰：

贝子允䄉无知狂悖，气傲心高，但我为了安慰皇太后在天之灵，特意晋封允䄉为郡王。如果他从此能改过自新，我自然会不断地对他施加恩泽；如果他继续作恶，不知改悔，那么为了维护国法，也不得不将他治罪。

令十四阿哥守皇陵

再说那远在西北军中的允禵，当他听到父皇驾崩的消息后，真是五雷轰顶、方寸尽乱。想到半年前自己还曾和父皇共商平定西北之大计，自己也满心希望能够承继大统，可如今却已是斯人已去，换了人间。

三十五岁的允禵捧着谕旨，手不停地颤抖，一个巨大而悲怆的念头向他压来：他失败了，而且是一败涂地，已经没有了任何机会。但是，允禵又是那么的不甘心和不服气，他心想，凭什么我在外面出生入死、浴血疆场，而某个人却安坐京城、君临天下？

此刻的他，心里就像打翻了五味瓶，真是百感交集，是悲，是痛，是怨，是恨？连他自己都说不清。他的脑海里面，只有迷惑，犹如一片乱麻在无尽翻腾。

允禵本来以为自己是承继大统的不二人选，可惜这希望越大，失望也就越大；爬得高，摔得也就越重，如今这天下早已是花落别家，自己也只能徒呼奈何！

也许在这个时候，允禵才看清了自己的这个同母所生的四哥，他是如此的深藏不露，又是如此的缜密可怕。为什么大家在争来吵去的时候，没有人注意他的存在呢？如今回头想来，一切都迟了一步。

有人或许问，既然允禵手握重兵，何不提兵造反？对此，雍正冷冷一笑，说："朕刚即位时，便召允禵来京，当时朕垂泪对近侍大臣说'正值皇考升天之时，允禵却不在跟前，他竟没有这样的福气。应马上降旨宣诏，让他速速回京以尽子臣的孝心'。朕的本意并不是为了防范他。像允禵这样庸劣狂愚、无才无识的人，威不足以服众，德不足以感人；何况在陕西有年羹尧等人在那里震慑。允禵所统之兵，不过几千人，而这些人又大都是满洲子弟，世代皆受朝廷恩惠，他们的家人也都在京城，哪能听从允禵的指使进行反叛呢？"

诚然，允禵接到雍正命其回京奔丧的谕旨后，就立刻返回京城。他本就没有造反之心，即使有这想法，正如雍正所说的，内外皆受钳制，举兵造反，谈何容易？如今风云突变，允禵也只能乖乖地束手就擒，几无还手之力。他的江山，只不过是个美丽的迷梦罢了。

雍正以体谅允禵的名义，将之召回京城奔丧，解除允禵的兵权于不动声色间，还赢得了宽宏大量的赞誉，雍正的这一招儿，的确很高明。于情于理，允禵若胆敢造反，必然落下不孝不忠的骂名，而一旦允禵进入京城，那就成了雍正的囊中之物，只能任由他摆布了。

允禵没当上皇上，他心里憋气，就是不服。激愤之下，他在从西宁回京的路上，不但没有给新皇帝请安，反而扬言说："如今我兄为皇帝，尚指望我叩头耶？我回京不过一觐梓宫，得见太后后，我事即毕矣。"

快到京城的时候，允禵不知是不懂，还是有意挑衅，他命人行文奏事处，询问到京之后见雍正如何行礼，"举朝无不惊骇"。这不明摆着的事情嘛，还用问？分明就是不把雍正放在眼里。

允禵就是要用这种冲动的方式发泄自己的不满和对雍正的蔑视与挑战，虽然这根本就是无济于事的。但是，在雍正的面前，允禵的这种抗议如泥牛入海，丝毫不起作用。

雍正接到奏事处报告后，根本不予回答，只是淡淡地说："让允禵先去拜谒大行皇帝的梓宫吧。"

允禵的挑衅，很快被雍正轻描淡写地消灭于无形间。但是，允禵的怒火迟早要爆发出来。在去康熙灵柩前哭拜的时候，雍正也在场，允禵见了自己的哥哥——这个刚上任的皇帝后，真是仇人相见，分外眼红，却也只能含屈带愤地向雍正远远地叩头，"毫无哀戚亲近之意"，这是当着这么多人的面，故意让雍正难看。

雍正很清楚自己这个弟弟的脾气，但是，在康熙的灵柩之前，他不想发作。他为了表示对弟弟的亲善，还特意上前去扶允禵，但允禵脖子一梗，偏就拒不动弹。一时间空气都似乎凝结，兄弟俩一个拉，一个不动，场面十分尴尬。

这时，雍正的侍卫拉锡看不下去了，他上前拉住允禵，让他赶紧对新皇帝行跪拜之礼，允禵甩手咆哮道："我本恭敬尽礼，拉锡这样下贱的奴才，也敢对我拉拉扯扯！若我有不是，请皇上将我处分；若我没有不是处，请皇上将拉锡正法，以正国体！"

天威不可犯！雍正终于发怒了，他当下就命削去允禵的王爵，只保留允禵最初的贝子身份。雍正元年三月，雍正在送康熙灵柩到遵化景陵行礼完毕后，便命允禵留在遵化守陵，不要再回京城了。

所谓的守陵，明眼人都能看出，不过是将之监禁罢了。不仅如此，雍正还特派自己的亲信副将李如柏在此监视并限制允禵的活动。随后，雍正开始拿允禵的亲随开刀了，他命人传问允禵的家人向雅图和侍卫孙泰、苏伯、常明等人，问："允禵在军中的时候，听说有吃酒行凶的事情，你等从实奏来。"

向雅图等人不知所云，回奏道："并无此事。"

雍正听后大怒，命将这些人送刑部永远枷示，连他们十六岁以上的儿子也一起倒霉，同样被永远枷示。

话说雍正得了皇位，自己的母亲应该高兴才是，但是，他的生母德妃乌雅氏的第一反应，更多的是错愕与惊讶，而不是由衷的喜悦。《清世宗实录》中记载说，乌雅氏得知雍正即位后，她说："钦命吾子继承大统，实非梦想所期。"

此话乃大大的不吉利，哪有自己的儿子做了皇帝，做母亲的第一反应不是高兴，而说自己做梦都没想到的？乌雅氏的话似乎透出两层含义，第一是自己并不看好雍正，有怀疑的意思；第二恐怕是自己觉得应该另有其人，可惜最后大位得非所望。

据一般的猜测，乌雅氏大概是希望自己的小儿子，当时呼声很高的十四阿哥胤禵继位。胤禛的生母乌雅氏生于顺治十七年，比康熙小六岁，她是满洲正黄旗人，其父名叫威武，是正三品的护军参领。护军参领是满洲八旗的军职，每旗有十个名额，正参领是三品。

乌雅氏大概在十四五岁的时候进了宫，应该是在康熙的第一位皇后赫舍里氏去世之后。康熙十六年二月，康熙首次正式册封嫔妃的时候，封了八个主位，乌雅氏榜上无名，当时她大概只处于"常在"或者"贵人"这个级别。

直到康熙十七年，乌雅氏喜得贵子，这就是她的第一个孩子四阿哥胤禛。尽管胤禛在满月后便被贵妃佟佳氏抱去抚养，但"母以子贵"，乌雅氏生子有功，在康熙十八年她便被册封为德嫔。

康熙十九年二月，乌雅氏又生下六阿哥胤祚，因为乌雅氏连得两子，康熙二十年十二月又被晋升为德妃，只可惜六阿哥胤祚这孩子福浅命薄，六岁的时候就夭折了。

此后，乌雅氏再接再厉，于康熙二十一年六月又生了皇七女，这个小女孩更是短命，三个月不到便早疡了。不过，乌雅氏这几年大概颇受康熙的宠爱，她的生育能力也是超级的强，在康熙二十二年九月，乌雅氏又生下皇九女，这个女儿得以顺利成长，在康熙二十一个女儿中被称为"五公主"。

康熙二十五年，乌雅氏生下皇十二女，这也是她的第三个女儿，通常称为"七公主"，可惜这个小公主也只活了十二岁。

康熙二十七年，乌雅氏生下她最后一个孩子，这就是十四阿哥胤禵。在当时看来，乌雅氏的确是个"英雄"母亲，她总共为康熙生了三子三女，在康熙的后妃里面并列第一。

当时能和乌雅氏比拼的只有三阿哥胤祉的母亲荣妃马佳氏，她为康熙生了五子一女，但只有"二公主"和最小的胤祉活了下来，其他都不幸早殇了。

而乌雅氏的六个子女中，除了皇七女早殇、六阿哥胤祚六岁夭折和七公主十二岁夭折外，四阿哥胤禛、五公主和十四阿哥胤禵都顺利长大成人。胤禛出世的时候，乌雅氏还不能亲自抚养自己的儿子，因为清宫规定，只有嫔以上的后宫主位、包括嫔这个级别在内才有资格抚养皇子。由此，胤禛从小便和乌雅氏分开而居，由皇贵妃佟佳氏抚养到她病逝为止。

尽管胤禛和生母乌雅氏有请安或祝寿等固定的见面时间，但是，在宫中的森严制度下，母子间似乎既无法亲近，也缺乏必要的交流和沟通。正如雍正自己所说，"生恩不及养恩大"，或许在当时胤禛的眼中，养母佟佳氏才是一个慈爱的母亲。

由此，雍正和亲生母亲乌雅氏的感情不如养母佟佳氏，这也就很自然了。雍正即位后，对养母佟佳氏家族的封赏也是远胜于生母乌雅氏一家，这大概也是雍正一直想报答佟佳氏的缘故吧。

从乌雅氏这边来看，她除了不能时刻接触到自己的亲生儿子外，由于胤禛养母的地位尊贵，而她自己地位的卑下，这可能也构成了她对胤禛感情的障碍和隔阂。

或许，胤禛也曾因为自己是皇贵妃抚养而在无意间流露出骄傲的神态，这自然会让乌雅氏感到不自在而伤心难过。久而久之，母子关系自然互生隔阂，陷于关系淡漠的尴尬境地。

由于幼年时期缺乏生母的母爱关怀，成年后的胤禛对乌雅氏可能大都浮于礼节性的尊重。这种关系，可能既陌生，又熟悉；既频繁，又冷淡。从某种意义上来说，这是一种被制度戕害而蒙上了阴影的母子关系，既悲哀又伤感。

从母子的性格来说，乌雅氏和胤禛倒是颇有相似的地方，就连一胞所生的十四阿哥胤禵，也都是十分的倔强而情绪化。康熙说小时候的胤禛"喜怒不定"，这种容易情绪化的性格估计也是来于乌雅氏的遗传。

胤禛和胤禵两兄弟本都是性情中人，胤禵可以为保八阿哥胤禩而顶撞盛怒之下的康熙，胤禛虽然在争夺储位的时候韬光养晦，但他即位后性格凸显，写的很多批示也是爽快淋漓，令人拍案叫绝。

乌雅氏也是如此，一样的执拗，一样的感情用事。本来雍正做了皇帝，作为母亲的乌雅氏应当高兴才是，但这皇太后的所作所为实在是让人费解。雍正即位后，乌雅氏说自己不愿接受"天子以四海奉养圣母一人"的威福，居然要以死相殉，随大行皇帝康熙而去。这，实在是太不给雍正面子了。

据雍正自己说："父皇驾崩之时，母后哀痛欲绝，决心随父皇殉葬，不饮不食。朕叩头痛哭，上奏母后说，'皇考以大事托付给我，今母亲执意以死相殉，那儿臣更有何依赖？将何以对天下臣民？那我也只好以身相从了。'经过再三哀求，母后才放弃寻死的念头，勉强进食。自此以后，朕每晚都要亲自到昭仁殿去详细询问值班太监，得知母后一夜安睡后，才放心地回到守灵的地方。"

如此看来，乌雅氏的做法不仅绝情，简直就是添乱。雍正也是被她逼得没有办法，最后只能说："没办法，你死我也死，省得我蒙受不孝之名，没脸去见天下臣民。"

一个要以死相殉，另一个以死相逼，最后乌雅氏只好妥协，放弃了自杀的念头。这对母子的关系也未免滑稽。康熙六十一年十一月二十日，本是雍正登基的喜庆日子，乌雅氏却又弄出不和谐音符。

按照惯例，皇帝登基前，应先到皇太后处行礼，礼部官员按照雍正的旨意，提前一天将登基的程序启奏皇太后，乌雅氏却说："皇帝诞膺大位，理应受贺。与我行礼，有何紧要，概免行礼！"

乌雅氏的意思似乎是肚子里有气，说自己与新皇帝雍正登基没有关

稳定江山

系，不肯接受行礼，这弄得雍正精心准备的登基大典差点泡汤，实在是大煞风景。有上一次事情的教训，雍正知道母亲乌雅氏的脾气的确是不好对付。于是，雍正便派礼部、内务府总管等官员，加上和允禵关系不错的允祹，大家一起去劝说皇太后受礼。

但是，乌雅氏也真是执拗得可以，这么多人劝她都不听，览过仍不受。雍正被弄得焦头烂额，万般无奈之下，只得自己亲自出马，再三恳求，乌雅氏这才不情不愿地说："诸大臣等既援引先帝所行大礼恳切求情，我亦无可奈何。"

好一个"无可奈何"！听乌雅氏的意思，好像是看在先帝的先例分儿上才答应群臣的请求。这词用的，绝了。按照惯例，雍正得给乌雅氏上皇太后的尊号。

当时，内阁翰林院也已将"仁寿"皇太后的尊号拟好，皇太后的表文、册文，还有金册、金宝这些证明文件和仪仗程序的各项准备事宜也都弄好了，钦天监也挑了个黄道吉日，万事俱备，只欠东风，偏偏乌雅氏就是不同意。

清世宗雍正传

乌雅氏说："梓宫大事正在举行，凄切哀衷，何暇他及。但愿予子体先帝之心，永保令名。诸王大臣永体先帝之心，各抒忠悃，则兆民胥赖，海宇蒙休。予躬大有光荣，胜于受尊号远矣。"

乌雅氏以康熙的葬礼未完成为借口，既不接受皇太后的尊号，也不肯从居住多年的永和宫搬出。看来，乌雅氏对那些破落制度是要顽抗到底了。这下，雍正是被弄得头皮发麻，本来他当上这个皇帝就有点不明不白，所以他才在这种仪式上要做得循规蹈矩，尽量完美，免得天下人说他的闲话，谁料得生母乌雅氏却和自己处处不配合，这真是让雍正这个做儿子的心里憋气，却又无可奈何。

没办法，雍正只好又硬着头皮，亲自去"诚敬谆切叩请再三"，但这次，乌雅氏却死活不听，她再次来了个："诸王大臣援引日典，恳切陈辞，皇帝屡次叩请，予亦无可如何。知道了。"

"知道了"，这是中国的权术史上是一个极为经典的词。"知道了"隐含的意思可就太多了，也许是表示未置可否；也许是表示不同意；也许是让请示人看着办，若办好了，说明属下聪明伶俐；若万一办不好，领导也可以推掉自己的责任；总而言之，领导总是能从"知道了"这里把握先机。

乌雅氏的"知道了"，不过是缓兵之计，用这词给勉强搪塞过去，实际上就是不愿意受封号，也不想搬到皇太后该住的宁寿宫去。牛不喝水强按头，乌雅氏就这倔脾气，她是皇帝的生母，雍正能拿她怎么办？没办法，这事也只好拖了下来。

没多久，在雍正元年的三月，正好到了雍正登基后乌雅氏的第一个生日。按理，这皇太后的生日得有个仪式叫"圣寿节"，以表示皇帝孝敬母亲，以"仁孝治天下"。

礼部官员也拟安排雍正带领各王公大臣、文武百官集体去给皇太后庆寿，不料乌雅氏还是不给面子，"奉懿旨，免行礼"。雍正本想利用好这个机会改善和生母的关系，让母亲接受封号，并移居宁寿宫，但乌雅氏似乎早有所料，未及雍正开口便将之拒于门外。

乌雅氏这些举动，似乎是太不近人情了，这到底又是为什么呢？这事恐怕还得从十四阿哥允禵说起。允禵是乌雅氏最小的儿子，父母疼爱小儿子，甚至对小儿子偏心，似乎也是人之常情。

天下的父母，总认为自己对待子女是公正的，所做的一切也是不偏不倚、非常有道理的，但问题就在于，世界上就没有不偏心的父母。感情这东西，根本就不可能做到一碗水端平。

乌雅氏本该是幸福的，她的两个儿子都很有出息，其中必有一个做皇上，但是，问题偏就出在她认为该做皇上的，却没做上，而她又偏爱这个落败的孩子。

允禵从西北回来后，雍正一开始便给了允禵一个下马威，将他的王爵革去，只保留了最初的贝子身份。这做母亲的看着两个孩子，一个天上一个地下，一个不让一个不服，做哥哥的如此露骨地欺负弟弟，心里怎能不伤心难过？

偏偏这三人还都一个脾气，就是死不认输，谁也不肯妥协，结果矛盾越陷越深，几至于无法挣脱。这雍正越打击允禵，乌雅氏便越不配合雍正的工作，两人几乎陷于冷战状态。

也有人猜疑说，乌雅氏本就偏爱小儿子，而且康熙晚年的时候，小儿子的呼声很高，但最终的结果却是小儿子的皇位被大儿子篡位夺去，乌雅氏的失望是可想而知的。本来可以名正言顺、堂堂正正做皇太后，如今却成了"篡位贼子"封的伪太后，这怎能不让她气恼？

雍正元年三月二十七日，雍正即位后第一次出北京城，这也是他做上皇帝后仅有的几次出城之一。他这次要带着王公大臣，还有皇太后及后宫的妃嫔，亲送康熙的梓宫到遵化东陵。

这次送葬活动人员众多，规模浩大，所幸中间没出什么大的乱子。本来送葬的事情进行得挺好，不料就在行完礼后，送葬队伍准备返回北京的时候，雍正却做了一项重大而无情的决定，那就是将允禵留在遵化守陵。这等于就是将允禵软禁于此了。

不仅如此，雍正还拿允禵府上的人向雅图和护卫孙泰、苏伯、常明等人开刀，将他们施以枷示。随后，在允禵被软禁在遵化的时候，雍正又借口有人在奏折里将"大将军"与"皇上"并写，将允禵贝子的禄米革去，以儆示尤。就这事而言，允禵并没有任何过错，雍正明摆着就是在有意整允禵了。雍正这么欺负弟弟，做母亲的当然看不下去。就在允禵革去禄米的第十天，乌雅氏便突然犯病。

根据《清世宗实录》的记载，乌雅氏在雍正元年五月二十三日末刻发病，第二天丑刻便去世了。乌雅氏从发病到死亡，中间不过短短的十几个小时，显系暴卒，这中间到底发生了什么，就不得不让人猜疑了。

《大义觉迷录》记载了这样一段民间传闻：在一个月黑风高的晚上，皇太后乌雅氏居住的永和宫里突然传来吵闹声。原来，雍正听说皇太后生了病，急忙赶来看望，不料还没说上两句话，两人便争吵了起来。

外面宫女和太监们战战兢兢，都不敢进去。只听皇太后在大骂：

"你为何对你弟弟如此绝情！他到底犯了什么弥天大罪，你要如此害他？你到底还想要怎样？是不是把我们母子都整死了，你就高兴了？"

雍正跪在地上磕头说："儿臣不敢，儿臣决无此心！"

皇太后说："那好，我现在就要见允禵，你把他放回来！"

雍正说："先帝的陵墓需要有人看守，允禵心高气傲，经常犯错，让他在那里好好闭门思过也好。"

皇太后气极而笑道："好，好！你是铁了心要把他关死在那里了！你不要以为自己得了这皇上就可以任意妄为，这天下人的眼睛可是雪亮的，人心里头有杆秤的，到时你就不怕后人戳你的脊梁骨？"

雍正似乎也被激怒了，里面传来茶杯摔碎的声音。不一会，宫中突然出"砰"的一声，似乎什么东西撞在了柱上，随后便归于沉寂。雍正走了出来，脸色阴沉，喝道："皇太后病危，还不快传御医！"

但此刻为时已晚，第二天宫中便传出皇太后归天噩耗。当然，永和宫的柱上是没有血的。到底皇太后是不是撞柱而死，这已经无从考证，但从乌雅氏的身体而言，不到一天便宣告死亡，实在出乎人的意料。

据说乌雅氏原本有气管炎和哮喘类疾病，加上康熙的驾崩对她可能打击很大，但是，这可能都不是最主要的。乌雅氏身体状况的恶化，恐怕还是因为胤禛和允禵这两兄弟间的倾轧所导致，特别是雍正对小儿子的不公正待遇，怎不让乌雅氏这个做母亲的伤心欲绝、肝肠寸断？

虽然民间传闻中的"逼母"一说未必成立，但乌雅氏的死，要说和雍正一点关系没有，那也说不过去。由于史料的缺乏，无法知道乌雅氏在允禵被囚后是什么态度，但断然不会是漠不关心、不闻不问。

也许就在那个晚上，乌雅氏爆发了，她可能严厉地责备了雍正，也可能声泪俱下地替允禵求情，求雍正放他回来，让她见上一面，可惜她的愿望终究没能实现。

据官方记载，雍正闻知皇太后病重后，急忙赶到永和宫，昼夜侍奉汤药。也就在当天，雍正派侍卫吴喜和朱兰太去遵化景陵将允禵召回。

但是，意外的事情发生了，当时负责看管允禵的副将李如柏在放走允禵后，心里觉得后怕，生怕是有人矫诏阴谋造反，便又派人以"旨意未明，又无印信"的理由追回了允禵，并将雍正派去的侍卫扣押，然后自己亲自向雍正请旨，问是否要放允禵回京。

等到李如柏得知确属雍正的旨意后，这才将允禵放回北京，但此时已经是二十三日的白天了，乌雅氏早在当天的凌晨崩逝，享年六十四岁。晚了，一切都已经晚了。允禵回到皇宫，见到的只是自己母亲冰冷苍凉的梓宫。不过，李如柏却从中受益了，后来他被赏赐了一千两白银，并被升为总兵官。

乌雅氏死后，雍正也不必再去恳请皇太后接受尊号，也不必再让皇太后从永和宫搬到宁寿宫去住了。但颇为奇怪的是，雍正在乌雅氏死后，却先将她的梓宫移到宁寿宫，停灵三天后才运到帝后停灵的寿皇殿。这其中的含义，实在让人捉摸不透。难道雍正不知道这样做是违背母亲遗愿的？

允禵在雍正的注视下，于母亲的灵柩之前痛哭失声。哭奠完毕后，这两个同胞兄弟依旧是面无表情，谁也不看谁。在一片漠然的空气中，雍正走到皇太后的梓宫前，从袖里掏出一道谕旨，谕曰：

> 贝子允禵无知狂悖，气傲心高，但我为了安慰皇太后在天之灵，特意晋封允禵为郡王。如果他从此能改过自新，我自然会不断地对他施加恩泽；如果他继续作恶，不知改悔，那么为了维护国法，也不得不将他治罪。

当年九月初一，乌雅氏的梓宫随同康熙的梓宫入葬景陵地宫，而允禵被重新送回遵化守陵。雍正知道，允禵已牢牢地掌握在自己手中。雍正对某些兄弟的打击，的确是出于公心，而非出于一己私念。

诸王大臣曾奏请将允禵"即正典刑，一彰国法"！但为了避免落个诛戮兄弟的罪名，雍正还是对自己的同胞兄弟允禵来了个"法外施恩"。雍正称允禵虽是罪人，但只是秉性糊涂，行事狂妄。

逐步削弱八阿哥势力

雍正要巩固自己的统治，必须先稳定和自己多年争斗的兄弟，内无忧才能外无患。雍正采取的是拉拢怀柔政策，使之先归附自己，并且可以利用他们手中的势力去稳定下边，然后一步步分化、瓦解、利诱，最后为自己所用。既化解了敌我矛盾，又笼络了人心。

因而雍正一上台就稳定了政治局面，这又是进一步打击对手的可靠保证。只要稳定，就是他一个人的天下，接下来就是逐个消灭对手了。刚继位不久的雍正并未对允禩本人急于发起实质性的进攻，这主要是因为雍正认为时机还不够成熟。

为了稳定，雍正不能立即采取行动。因为那是不明智的做法，如果不成功的话，反会被众敌围攻，把他拉下马。还有一个原因，毕竟大家都是兄弟，雍正不愿落个"诛杀兄弟"的骂名，因此他还是采取了稳中求进的分化策略，即分而化之、各个击破、拉打结合。

雍正二年五月十四日，雍正以苏努、勒什亨父子顾念旧日同党，祖护允禩等人，扰乱国家之心毫无悔改为由，革去苏努的贝勒爵位，撤回公中佐领，发遣他与其子同往左卫居住。

没隔几天，雍正又下旨斥责允禩及其党羽，指出七十、马尔齐哈、常明等，都是导致廉亲王允禩到现在仍然与皇帝结怨的罪魁，使众心离散，造成国家大乱，以便浑水摸鱼。

雍正在这里用了严重的语气说："古人云，乱臣贼子，人人得而诛之。皇考每引述此语，特指廉亲王言之。"

这又为进一步打击允禩及其朋党制造了舆论。接着，雍正就革掉了七十职务，查抄其家产。六月二十七日，又将七十及其妻子发配到黑龙江依兰去了。

此外，雍正还把矛头指向鄂伦岱，说他与阿灵阿二人是允禩党的首领，罪大恶极。并说："朕即位后，命他为领侍卫内大臣、都统，他也毫无感激报效的念头。朕有朱批谕旨与阿尔松阿，让他转交，他竟在乾清门当着众人把谕旨掷在地上。每当朕召诸王大臣颁发谕旨时，他没有一次颔首心服，有时还低头冷笑。"

就此，雍正将此二人革去了职务。八阿哥允禩是这个集团的领袖，最具有才能和号召力，不容易扳倒，所以在把他外围的人清除之后，接下来就是要解决这个集团的得力干将九阿哥允禟。

康熙死了还不到一个月，雍正首先对允禟的老娘宜太妃郭络罗氏加以惩戒。郭络罗氏一向得到康熙的宠爱，康熙驾崩的时候，当时她也在生病，得知康熙的噩耗后，她便乘坐四人软榻，扶病直奔康熙的灵堂。

不知是过于悲痛，或者是郭络罗氏一向得宠，她一下子跑到了雍正生母乌雅氏的前面，这让雍正十分恼火。后来在处理康熙丧事的时候，郭络罗氏又对雍正摆出母妃的架子，那就别怪雍正对她不客气了。

当年十二月初三，雍正便说郭络罗氏的太监张起用违禁做生意，将之发配到土儿鲁去种田；她儿子允禟的太监李尽忠发配到云南极边去当苦差，那个替允禟到江南买美女的何玉柱则发往三姓给穷披甲人为奴。

雍正在没收了他们的家产后，还恨恨地说："彼等皆属极恶，且极富。如其不肯远去，即令自尽，护送人员报明所在地方官验看烧毁，仍将骸骨送至发遣之处。"

也就是说，要是他们不肯去的话，就令他们自尽，但骸骨依旧要扔到原定的极边之地，以解雍正的心头之恨。就连替允禟打理家务的礼科给事中秦道然也倒了霉，雍正说他一贯助纣为虐，由此挣了不少家当，于是命他缴纳十万两银子充军饷。

很遗憾的是，当两江总督奉命去秦道然的老家无锡清查的时候，却发现秦道然家的全部财产加起来也不满一万两银子。但雍正仍不放过他，依旧将秦道然监禁，什么时候他家里的人交足了银子，就什么时候放人。

说白了，雍正在做阿哥的时候，就看秦道然在帮允禟、允禵等人上蹿下跳、四处奔走，其实那时就想整他了。对于老九允禟，雍正从来就没把他放在眼里。

在雍正的印象里，这个老九才能平庸，在康熙在的时候也从来没有得到过重用，根本就是个"文才武略，一无可取"的废物。但是，就这样一号人物还偏就从来不老实，总是喜欢闹腾点事情出来。

允禟自知承继大统无望，开始是支持老八允禩，后来允禩被康熙打压，又和允禩一起去支持允禵。总之，动机不纯，野心不小，是个刺头。蔑视归蔑视，对付允禟这个家伙还是不能掉以轻心。

首先，允禟很有钱，他通过姻亲关系，搞到了大贪官明珠家的大量财产，还经常派手下的人去做生意，生财有道。在那些兄弟里面，允禟是最有钱的。当初允禩拉允禟入伙儿，也有借助他财力的意思。

其次是允禟这个人为人处事比较直爽，好讲哥们义气。正如雍正骂他的，"外饰淳良，内藏奸狡"，允禟对人也很平和，没有太多的架子。所以，允禟倒也结交了不少人，能量不小，平时的口碑也还不错。

在康熙在的时候，允禟并没有因为母亲受宠而得到康熙的青睐。每次康熙给皇子们发奖金的时候，允禟总是比自己同龄的兄弟要少，在康熙四十八年的那次封爵中，允禟只被封为贝子，而比他还小的老十允䄉却被封为郡王，把他气得要命。

因此，允禟怀恨在心，说起话来经常阴阳怪气，说什么"我倒不如像大哥和二哥一样，关了禁闭倒自在些"！康熙有时候训诫他，他便满腹牢骚，说："大不了革去这贝子爵位吧，有什么了不起的！"

康熙死后，允禟还公然挺身坐在雍正对面，对这个新皇帝极为蔑视。在惩治了允禟的管家和得力太监后，雍正便找允禟算账了。他又以"原大将军允禵回京，西宁没人驻扎"为借口，把允禟派往西宁军前。

允禟一听，便跳了起来，说："你这是在报复我，这是发配！我有什么罪，凭什么把我流放到千里之外？"

雍正冷冷地说道："发配？当年允禵在西北的时候，你不是怕父皇让他建功，不想让他回来的？怎么，现在让你去建功，你不想去了吗？"

允禟被说得哑口无言，但他是个只爱荣华富贵的人，哪里会想去吃什么苦，于是他便推脱道："不行，现在父皇升天还不到一百天，我要为父皇守丧！"

雍正冷笑道："为父皇守丧？父皇升天的时候，你为何没有半颗泪水，也没有任何悲戚之色？"

允禟争执道："怎么没有，我当然流泪了，我当时擦泪的手帕还在呢！"说罢，允禟还真从兜里把手帕掏出来争辩。

看到这个老九耍无赖，雍正有点沉不住气了，他提高声音问："你到底去，还是不去？"

允禟有点慌张，但还是硬着头皮说："至少也要等父皇下葬了再说！"

雍正哼了一声，从鼻孔里挤出几个字："看来，你是要抗旨不遵了，你可知道后果？"

允禟被逼得无路可退，只得凄凄惶惶地上路了。走到西宁，允禟的的心腹葡萄牙传教士穆景远说："万一皇上还让我们往远的地方走，那可怎么办啊？"

允禟赌气说："走得越远越好，免得受他的鸟气！"

不过，他带着一肚子的火，走到西大通后，便死活不肯走了，还向雍正奏请回朝。允禟心想，老子走得也够远了，这里反正山高皇帝远，你雍正再狠，总不能把自家兄弟给逼上绝路吧！

雍正接奏后，批道："知道了"，既不说同意，也不说不同意，就把允禟晾那儿了。随后，雍正又密旨给陕甘总督年羹尧，让他把西大通城内的居民全部迁出，加派人手监视允禟。

允禟接到雍正模棱两可的批示后，哪里敢动！这真是把他气得吐血，心想迟早要被这个老四玩死。自从来到这荒凉的破落地方，吃没得吃，玩没得玩，眼看返京无望，允禟索性抛掉侥幸的念头，破罐子破摔，在那里爱干什么就干什么。

允禟出京的时候，身上带了不少银子。西北这种地方没什么好处，就是物价便宜；可也有个坏处，那就是根本买不到什么好东西。于是允禟便在那里随意花钱，从不讲价，弄得地方上的人高兴得不得了，远远地见到他就喊"九王爷"，允禟也欣然而受，开怀大笑。

后来不知怎么的，有人把这事还有允禟派人去踏看牧草与人相争的事情捅了上去，雍正听后大怒，说允禟不过一小小贝子，竟敢妄称"九王爷"，到处惹是生非，这还了得！

于是便行文陕西督抚及各地方政府，要发现以后仍有人称其为"九王爷"的，从重治罪。不仅如此，雍正还特派都统楚宗带着他的手诏去训诫允禟。

楚宗到后，允禟也不起来接旨，只管自己躺在卧室的床上，等楚宗宣读完了，允禟懒懒地说："你那皇上责备得都对，我有什么好说的？大不了我出家做和尚好了！"

雍正得到回报后，也是气得要命，随后便下令削去允禟的贝子爵位。允禟反正也无所谓，只是觉得在西北这种苦寒之地实在无聊透顶，也没有新鲜资讯可供娱乐，好在自己的心腹穆景远也跟随自己来了青海，两人住处离得不远，允禟还特意将自家后墙开了一个窗户，方便来往。

那穆景远是外国传教士，倒有些新鲜玩意儿，允禟听他宣讲得多了，被他说动，给穆景远出钱建教堂，并命自己的心腹也领洗入教，算是为中外交流做出了一点贡献。更搞笑的是，允禟后来借阅了穆景远的西文书籍后，鼓捣出一种以西洋字母编的密码，他把这套方法教给了他的亲信佟保，佟保回京的时候又教会允禟的儿子弘旸，父子俩玩儿起了暗语游戏。

可惜这游戏也没玩多久，在雍正四年的时候，他们用这种密码写成的书信藏在骡夫衣袜之中，但还是被九门捕役拿获。雍正看到这些诡异的书信时，心想这老九搞的什么鬼，这上面非驴非马，写的什么玩意儿？

后来觉得这有点像西洋字，雍正便把宫中的传教士找来，但那些人也说不认识，雍正没办法，只得斥之为"敌国奸细之行"，又把允禟的儿子弘旸叫来给狠狠责骂了一番。这时，老十允䄉也倒了霉，雍正派人去抄他的家时，查出了一个允禟写给他的帖子，上面写着"事机已失，悔之无及"一语。

本来允禟在家的时候，曾和允䄉约定过，彼此往来的帖子看完后都要烧掉，但允䄉并未烧毁，这下两人又要倒霉了。再说那老十允䄉，他其实只比老九允禟小两个月。

允䄉的生母是贵妃钮祜禄氏，外公是康熙朝初年的四辅臣之一遏必隆，康熙的第二个皇后钮祜禄氏，其实就是他的生母贵妃钮祜禄氏的姐姐。

由此，除了太子允礽外，允䄉生母的品级和外家地位在皇子里面都是最高的，这也是他在康熙四十八年越过老九允禟受封郡王的主要原因了。

如康熙所说的，"十阿哥是一忠厚老实之人，并无能力"，因此对他也只是封以较高的爵位，但并不加以重用。允䄉和允禟一样，在康熙末年的储位之争中并无个人野心，也主要是想依附允禩和允禵，谋求未来的地位和富贵。很不幸的是，他和老九允禟一样，押错了宝，站错了队。

雍正即位不久，也要找允䄉的麻烦了。原来，雍正元年的时候，蒙古喀尔喀部哲布尊丹巴胡土克图听说康熙驾崩，他不顾自己九十高龄，非要前来京师拜谒康熙的梓宫。

不料刚拜谒完，他也"泊然示寂"，与世长辞。雍正非常感动，不但赐以其封号名册，还让允䄉亲自带着印册送其灵龛回喀尔喀。允䄉生性懒惰，一听慌了神，心想那喀尔喀远在几千里之外，路途遥远，这可不是什么好差使。

于是允䄉百般推托，一会说自己有病，一会又说自己没钱买行李，总之就是不想去。雍正大怒，严令他必须去出这趟差，结果允䄉不情不愿地走到了张家口，便停下来不走了，还捏造雍正旨意说皇上让他们在张家口先呆着。

雍正得报后，十分生气，便让总理事务大臣允禩商议处分办法。允禩本就和允禟、允䄉几个人关系交好，雍正怀疑允䄉抗旨和允禩的指使有关，这样做等于是有意为难他们几个人。

允禩有心祖护允䄉，便拟了一个这样的处分决定："行文允䄉，让继续前进，完成这趟差使；将不加谏阻的长史额尔金议处。"

雍正很不以为然，说："既然允䄉不愿意去，何必再让他去？何况他又不会听额尔金的话，责罚额尔金有什么用？"

雍正又命允禩再议。允禩没办法，只好说将允䄉的郡王爵位革去。此刻的允䄉听说雍正要处分他，他也不理不睬，只管在张家口睡大觉。后来雍正的命令下来，让允䄉回京师，允䄉回去后，便被革爵，还被抄了家。

抄家的时候，又发现了允䄉和允禟等人的来往书信，里面还把雍正称为"雍正新君"，结果允䄉被判永远拘禁。允䄉在被监禁了十多年后，在雍正死后才重获自由。

但是，乾隆也只是将他释放，并未给他恢复名誉、发回财产，也没有给他什么实际的职位。一直到乾隆二年，允祄才得了个"奉恩镇国公"的虚衔。

四年后，允祄病死，年五十九岁。乾隆得知后，令以贝子的规格安葬，最后葬于北京西郊，人称"十王坟"。可怜的允祄最后连清东陵的黄花山王爷陵园都没资格进。

雍正之所以狠治允祄，还因为允祄不是允禩、允禟集团的核心人物，对他严厉惩治非但不会引起事端，而且还会起到杀鸡儆猴的震慑作用。这样，那些允禩、允禟集团的核心人物，就再也不敢盲目追随他们的首领了。

孤立主敌、敲山镇虎的策略继续生效。就在允祄被处罚前后，总理正白旗及镶黄旗军务的十二皇子允裪，和总理正蓝旗军务的允祐也先后被剥夺了兵权。

但是，雍正这一回并不拉硬弓，而是又打又抚。在解除此二人军权的同时，为了拉拢他们，曾将允裪由贝子提升为履郡王以示恩宠。但允裪知其有司马昭之心，似乎并不感激雍正，结果不久被雍正以"不知感激效力"而革去了王爵，任命他在固山贝子一职上行走。

雍正考虑到允禩是这个集团的首领，必然先给予宠信，笼络和控制他，以防发生变乱；允禟在朝野上下支持的人较多，性情又强悍，不囚禁不足以制裁；对允禵、允祄等人的打击，实是杀鸡儆猴，令其党羽产生恐惧心理而有所收敛。

对于即位之初的雍正来说，他需要的是时间，把必然会来的动荡尽可能地后推，等坐稳了江山再说。因此，政敌晚一些生事比早一些要好，越晚他就越有力量，越有主动权。

至此，雍正总算把允禵、允祄两个允禩集团的得力干将消灭了，之后雍正又采取拉打结合的办法把允禩周围的人几乎全部清理掉了。这样，允禩即使再有本事，也是孤掌难鸣了，成为雍正下一个重点打击的对象。

处理最大政治障碍

由于雍正正确地运用了打拉结合、戒急用忍的政策，因而三年末至四年初时政局日趋稳定。一方面已经成功地平定了青海罗卜藏丹津的叛乱。另一方面，政局基本稳定下来，尤其是国家财政状况从严重的危机窘境中摆脱出来，这两大心腹之患的缓解，标志着雍正的皇位基本稳固。

而且，多年来允禩一伙的敌对情绪有增无减，使雍正已不能再容忍下去。在这样的情况下，雍正认为对自己的政治对手转守为攻的时机已经到来。

允禩是个有野心的人，面对失败，难免会有抵触情绪；而雍正帝位得来也不容易，康熙在的时候，兄弟们之间还斗得死去活来，何况现在康熙已经不在了。

所以说，即使允禩能够甘心臣服，雍正也未必会放过他。雍正即位后就去过遵化东陵一个地方，别的哪儿都没去过，一来是他政务很忙，二来何尝不是怕他的那些反对派趁他出京发动政变？

雍正虽然登基后表白说："朕之昆弟子侄甚多，惟思一体相关，敦睦罔替，共享升平之福，永图磐石之安。"

但这些话不过是表面文章。雍正将允禩等人尽行遣散，其目的无外乎孤立允禩，敲山震虎。雍正元年三月，雍正先拿允禩老婆乌雅氏的娘家人开刀，他指斥乌雅氏的舅舅吴尔占和表兄色尔图"无知妄乱，不安本分"，下令削夺其属下佐领，撤销安亲王爵，并将他们发遣回盛京思过。就连允禩本人也难逃处罚。

当年九月，雍正去遵化东陵将康熙和四位皇后的神牌升附太庙时，指责允禩监造的列祖神牌"漆流金驳""皇上乘舆法物，以断钉薄板为之；更衣幄次，以污油恶漆涂之"，最后责罚允禩和他手下的工部侍郎、郎中等人跪太庙前一昼夜。

在那个夜色如水的晚上，允禩跪在太庙前，腿都已经麻木了，当时他的心里，又是何等的滋味呢？或许他的心也在流血吧。王权，就是那可以让人生，也可以让人死的东西啊。

不仅如此，雍正还动不动就当众指责允禩，给他难堪。雍正二年，雍正斥责允禩："凡事欲激朕怒以治其罪，加朕以不令之名。"

雍正三年二月，又说允禩："怀挟私心，遇事播弄，希动摇众志，搅扰朕之心思，阻挠朕之政事。"雍正还无端指责说，"先帝的梓宫运往山陵，常例是用夫役二万名，而允禩说要减省一半，又说上驷院养的马太多，要加以裁减，他为什么要这么做？不就是为了暗讽先帝糜费、标榜自己节约吗？此外，他又以破纸写奏章，祭祀的时候也用破损桌案。允禩并不是才力不及或者智虑不到的人，而是要存心这样做，真不明白他到底想干什么？"

雍正三年三月，雍正召集群臣讨论总结四位总理事务王大臣的功过时，允禩被评为"无功有罪"，不但白忙活一场，反而惹祸上身，终究逃不过一个死字。

现在看来，雍正在这期间对允禩的指责颇有不公之处。其实说白了，允裪在负责工部事宜的时候，其目的不过是想节省支出、讲求实效，这本是出于公心，但却被雍正骂为"存心阴险""不忠不敬"，实在是"动辄得罪"、无可奈何之事。

总的说来，雍正在继位之初，还没有对那些原反对他的兄弟们下狠手，原因是他当时地位尚未稳固，加上西北用兵，后来又有年羹尧案和隆科多案夹杂进来，使得雍正无法集中精力对付允裪一伙，但等到前面的那些事情都平息下来了，允裪等人就要真的倒霉了。

雍正元年二月十日，雍正上位不到三个月，便发出警告说："朕即位以来，外间匪类捏造谣言，妄生议论；朝内则佞臣朋比为奸，结党营私，蛊惑人心，扰乱国是。朕发遣一人，就有人说朕是在报复旧怨；擢用一人，又有人说朕的恩典是出于私心。允禟奉命去西宁，屡次推诿，怠慢不肯启程，耽延时日，却有人为之庇护，代为巧饰。朕所交办的事情，则颠倒错谬，以至诸事掣肘。朕惩治一二奸恶的太监，又有人说朕凌逼弟辈，扬言无忌，真是悖乱到了极点！朕即位以来，对那些犯错的弟兄及大臣无不宽宥，但众人并不知感恩。百日之内，扰乱朕心者百端！你们不要以为朕宽仁，不嗜杀人，就可以任意侮慢朕么？你们是不是希望逼朕开启杀人之端呢？"

光说狠话还不行，得拿出点强硬的手腕来。当天，雍正便将允裪死党苏努的儿子勒什亨革职，发往西宁随同允禟效力；苏努的弟弟乌尔陈也被连累，着一并发往。

从雍正二年起，雍正便开始为彻底消灭允裪集团而进行必要的舆论准备。就在这一年，雍正发布了《御制朋党论》，其文洋洋洒洒，阐述了雍正对朋党的独到看法，并严厉指出目前朝廷中还有人搞结党，对抗皇权，其矛头直指允裪等人。

雍正要求各大臣将这篇文章认真学习，自纠自查，和允裪等人划清界限。《御制朋党论》中这样写道：

朕惟天尊地卑。而君臣之分定。为人臣者，义当惟知有君。惟知有君则其情固结不可解，而能与君同好恶。夫是之谓一德一心而上下交乃有，心怀二三不能与君同好恶，以至于上下之情睽，而尊卑之分逆。则皆朋党之习为之害也。

夫人君之好恶，惟求其至公而已矣。凡用舍进退，孰不以其为贤而进之，以其不贤而退之。或恐其所见之，未尽当也，故虚其心以博稽众论，然必众论尽归于至正。而人君从之，方合于大公。若朋党之徒，挟偏私以惑主听，而人君或误用之，则是以至公之心，反成其为至私之事矣。孟子论国君之进贤，退不肖。既合左右诸大夫国人之论，而必加察焉，以亲见其贤否之实。洪范稽疑，以谋及乃心者，求卿士庶民之徒。而皇极敷言，必戒其好恶偏党，以归于王道之荡平正直。若是乎人君之不自用，而必欲尽化天下之偏私，以成大同也。

人臣乃敢溺私心，树朋党，各徇其好恶以为是非，至使人君惩偏听之生奸，谓反不如独见之公也，朋党之罪，可胜诛乎？我圣祖仁皇帝，御权六十年，用人行政。超越千古帝王，而大小臣僚，未能尽矢公忠。往往要结朋党。圣祖戒饬再三，未能尽改。

……

在《御制朋党论》中，雍正逐条指斥朋党之争造成的危害性，并历数了由此而滋生的诸种弊端。雍正还以欧阳修的《朋党论》为靶子，火力甚猛地驳斥了结党营私的小人行为。

雍正引经据典地从理论上宣扬了皇帝绝对专权的必要性和合理性，并指出了朋党的危害性和不法性质。从本质上看，他以君主的身份讲述这些问题，多切中时弊，直指朋党的危害。

由于在雍正二年、三年受到年羹尧案和隆科多案的干扰，雍正这两年对允禩党人多为指斥，并没有对他们下狠手。不过，雍正还是先做了一些扫除外围的工作，譬如将允禩党的骨干贝勒苏努革爵。

雍正三年又将允禟贝子的爵位革除；同年，将允禩死党阿尔松阿和鄂伦岱二人发配到奉天赎罪，两人于次年被诛。更为甚者，雍正连死了的允禩党人也不放过，比如死于康熙五十五年的阿灵阿，雍正特派人去将阿灵阿的墓碑改镌成"不臣不弟暴悍贪庸阿灵阿之墓"。

对另外一个允禩党人的核心人物揆叙，他本卒于康熙五十六年，且被康熙谥为"文端"，但雍正也没有放过他，将之夺官削谥，墓碑改镌成"不忠不孝阴险柔佞揆叙之墓"。

在处理年羹尧和隆科多案的时候，雍正还经常借题发挥，时不时地当众讽刺抨击允禩一下。比如说到祭祀孝道的问题，雍正重提旧事，说当年允禩母亲死的时候，允禩为了沽取孝名，在母亲死后的一百天里假装悲伤，走路还要二人扶掖，匍匐而行；又在定例外加行祭礼，每次祭奠的死后还要焚烧珍珠金银器皿等物，似乎要荡尽产业，以表孝心。

雍正接着又说："我就搞不明白了，你允禩到底要搞什么名堂，你说你悲伤吧，丧事完毕后你不但没瘦，反而长胖了。长胖的原因呢，恐怕是因为允禟、允䄉和允䄶几个同党以送饭为名，百日内轮流馈送，每天猪羊就要杀个二三十头，你们四个人的下人也每日宴筵纷扰，这大家可都是看在眼里的。允禩这样做无非是沽名诡诈，无知的人还以为孝顺，举国哄传，幸好我父皇洞鉴其人，曾在众阿哥会集处降旨切责允禩说，'孝者惟在诚心，欲沽孝名，即为虚伪，即为不孝，人子不尽孝于父母生前，而欲尽孝于殁后乎？'这就好比一个乞丐，你对他说，'你死后，我为你焚祭金银万万两。'人家虽然是乞丐，也是想活着的，死了金银再多有什么用呢？"

雍正的嬉笑怒骂，不但把允禩说得脸红一阵白一阵的，各大臣听后也窃笑不已。等到舆论上造好势了，外围打扫干净，年羹尧也赐令自尽了，隆科多差不多也搞定了，雍正便要向允禩集团发动最后的猛攻了。

雍正四年正月初五，雍正在西暖阁召集亲王、贝勒、贝子、公及满汉文武大臣开会，会上雍正发布了一个措辞严厉的上谕，其中开门见山地宣称："廉亲王允禩狂悖已极。朕若再为隐忍，有实不可以仰对圣祖仁皇帝在天之灵者。"

随后，雍正开始和允禩细细算总账。他从康熙时期开始算起，把当年允禩争夺储位的种种不法行为和对父皇康熙不忠不孝的恶行，从头到尾数落了个遍，什么当年父皇生病的时候不闻不问、擅自烧毁父皇的谕旨等等。

说到这里，雍正话锋一转，说自己嗣位之后，允禩"总以未遂大志，时怀怨恨，诡诈百出，欲以摇惑众心，扰乱国政"。接着，雍正又说自己是如何的百般宽容、谆谆训诫，并对他委以重任，希望他能痛改前非云云。

说到这里，雍正突然提高嗓门道："朕已经是仁至义尽了，但允禩诡诈阴邪，日甚一日！既然允禩要自绝于天、自绝于祖宗、自绝于朕，那宗姓内岂容此不忠不孝、大奸大恶之人？"

雍正先定了个调子，会一开完，允禩便被开除宗籍，其代表皇室的黄带子也被当场收缴，逐出宗室，不再受皇室保护。他的同党，允禟、苏努、吴尔占等人也受到同样处分，一并开除宗籍。

更绝的是，雍正说，允禩之所以犯上作乱，主要是受他的老婆唆使。因此，允禩的老婆乌雅氏也被革去福晋的封号，斥回母家严行看守。乌雅氏被发到她的舅舅们家时，雍正还说："但给她几间房间居住即可，要严加看守，断不可让她同外面互通信息。"

被强迫休妻之后，允禩也是有气没处发。这时，他的贴身婢女恳求他去雍正那里"谢罪奏退"，允禩气呼呼地说："我丈夫也，岂因妻室之故而求人乎？！"

婢女听后，自知无望，当晚便也上吊自尽了。允禩眼看这自己成了孤家寡人，也唯有流涕叹息。允禩被欺负到这个地步，雍正算得上辣手的。不但允禩的老婆被整治，连允禩的养母惠妃都跟着倒霉。

本来康熙死后对自己的那些后妃作了安排，说那些上了年纪的妃子如果愿意的话，可以搬出宫和自己的成年子女居住。惠妃的亲生儿子允禔因为被永远圈禁，当时雍正问她可愿去养子允禩府中颐养天年，惠妃和允禩的关系不错，当下就表示"欣然愿往"。

允禩被开除宗籍后，雍正又让诚亲王允祉和庄亲王允禄将惠妃接回了幽静无边的深宫。允禩在正月初五的会议上被定性之后，雍正四年二月，允禩由宗室亲王降为民王，削去其所属的佐领人员，随即又革除王爵，交宗人府囚禁于高墙之内，身边只留两名老成稳重的太监服侍。

就在这个月底，允禩的老婆被命自尽，雍正还不解恨，命将之焚尸扬灰，彻底消于无形之中。奇怪的是，雍正自己的第三个儿子弘时因从小不学好，当时交与允禩为养子，雍正后来下谕说："弘时为人，断不可留于宫庭，是以令为允禩之子，今允禩缘罪撤去黄带，玉牒内已除其名，弘时岂可不撤黄带？著即撤其黄带，交于允祹，令其约束养赡。"

但是后来乾隆登基后，曾说："从前弘时年少无知，性情放纵，行事不谨，皇考特加严惩，以教导朕兄弟等使知儆戒。"

据说弘时似乎因对父皇不满而参与了允禩的集团，试图夺取储位，大概也是在这个时候被雍正处死的。处死自己的皇子，在清朝似乎也就雍正干过。

允禩被拘禁高墙后，雍正的心理强迫症又发作了，他在三月份的时候强迫允禩改名。允禩接到命令后，无可奈何，只得将自己改名为"阿其那"，儿子弘旺被改名为"菩萨保"。五月，雍正又命诚亲王允祉和允禟的同母哥哥允祺亲自办理允禟的改名一事，结果允禟被改名为"塞思黑"。

由此，在雍正眼里便没有允禩和允禟这两个兄弟，而只有"阿其那"和"塞思黑"两个东西，后来的谕旨里提到这两人的时候，都是用这两个代号。

那"阿其那"和"塞思黑"是什么意思呢？"阿其那"在满语里意思大概是指畜类、狗之类的东西，引申出来大概是骂允禩是个狗东西。"塞思黑"也是满语，意思大概是"可恶的、刺伤人的野猪"，总归不是什么好名字，雍正的意思估计是要把这两人骂成"猪狗不如"。

至于允禩的儿子弘旺改名为"菩萨保"，似乎没有什么恶意，因为

稳定江山

当时也有满人起这个名字的。也有说"阿其那"原义为"去驮着你的罪行吧";还有说轰赶狗的意思。

当年四月,雍正命都统楚宗和侍卫胡什里将允䄉从西宁押解回京师。五月中旬,当他们到达保定的时候,雍正又传来命令让直隶总督李绂将允䄉留在保定关押。

李绂接令后,便将总督衙门前的三间小房收拾出来,四面围以高墙。李绂将允䄉关进去后便将前门封闭,另设转桶传进饮食,院子四周则加派官员和兵役昼夜轮班看守。

六月初一,雍正公布了允禩、允䄉和允䄔三人的罪状,其中主犯允禩罪四十条,从犯甲允䄉罪二十八条,从犯乙允䄔罪十四条。至此,此案铁板钉钉,允禩党人也就此被盖棺定论,至少在雍正朝是不得翻身了。

允禩的罪状主要包括:谋刺允礽,希图储位;暗蓄刺客,谋为不轨;诡孝矫廉,收买人心;擅毁朱批,悖逆不敬;晋封亲王,出言怨诽;办事不公,颠倒是非;挟私怀诈,遇事播弄;庇护私人,益张羽翼;逆理昏乱,擅操赏罚;含刀诅咒,全无恐惧等等。雍正最后还给他加了个评语,称其"凶恶之性,古今罕闻"。

关于"含刀诅咒,全无恐惧"一罪,其实是允禩被圈禁之后的罪名。雍正在上谕里说:"允禩在宗人府拘所的时候还十分嚣张,对看守的太监叫嚷着说,'我向来每餐止饭一碗,今加二碗,我所断不愿全尸,必见杀而后已!'"

此时的允禩,也知道自己这一生是不会有任何希望了,他的话意大概是"我决不自杀,就是要让你雍正来杀我,我头可断,但你雍正也要背上屠戮昆弟之恶名"!

雍正似乎也看出了名堂,他说允禩此举,不过是"欲激怒朕心,务令朕诛之而后已,以玷污朕名誉于万一,以泄其忿"。更可笑的是,雍正派人去宣布允禩和允䄉罪名时,允禩口含小刀,指天发誓说:"我若与塞思黑再来往,一家俱死!"

雍正听后很不舒服，他觉得这一家是指爱新觉罗整个家族，似乎也包括他在内。他这时倒还意识到他们是一家人。再说允禟，他这时的日子可真不好过。

监禁期间，允禟的日用饮食不搞特殊化，全部和普通犯人一样对待，再也不是那个养尊处优的"九王爷"了。过惯了好日子的允禟哪里吃得了这苦？他被关押在保定的时候又正是酷暑季节，可怜的允禟很快便被折磨到奄奄一息。

据说胡什里把允禟押到保定的时候，直隶总督李绂接到人犯后便说："等塞思黑一到，我即便宜行事。"

后来，李绂"便宜行事"的结果便是将允禟囚禁在这个暗无天日、手足难伸的小屋之内，"铁索在身，手足拘挛""屋小墙高，暑气酷烈"，有几次允禟中暑晕死过去，李绂便命用冷水浇醒。

七月二十五日，允禟因为腹泻虚脱，几次不省人事，当时也没有医生来给他诊治。在八月底的酷暑中，可怜的允禟在这闷热难当的黑屋子里，凄凄惨惨地结束了他的一生，时年四十三岁。

允禟病危之时，李绂曾向雍正奏报，雍正说："朕不料其即如此，盖罪恶多端，难逃冥诛之所致。如有至塞思黑灵前门首哭泣叹息者，即便拿问，审究其来历，密以奏闻。"

允禟死后，李绂上奏说："今已逾七日，不但无有哭泣叹息之人，亦绝无一人至塞思黑门前。"

允禟身后如此凄凉，恐怕也是和雍正的"即便拿问"之令有关吧。允禟死后，钦差大臣法海将允禟的妻子和家属从西宁带到保定，雍正跟李绂说："此事你莫管，任法海为之。"

雍正的话不知何意，可能是嫌李绂的手段过于毒辣也很难说。就连押送允禟的人也被连累，都统楚宗和侍卫胡什里等将允禟从西宁押送到保定后，雍正以楚宗、胡什礼先未请旨，却擅用三条锁链将允禟锁拿，然后又故意将锁宽松，任其脱卸，斥其明显是有意欺罔。

另外，有人向允禟投书及允禟与穆经远来往等事均未奏闻等，最后将楚宗和胡什里发往阿尔泰等处军前效力。看来，押解王爷这种事情，也是吃力不讨好的差事。

当年九月初，允禩也在监所中患病，似乎是呕吐之症，九月初五后，便饮食不进，生命垂危。雍正在得知允禟死后，又听说允禩快不行了，似乎也心有不忍，他召集了群臣讨论，想从宽曲宥允禩，并令人"用心调养"。可惜的是，允禩大势已去，没过几天便也跟随允禟魂归西天了。

老八允禩和老九允禟这对难兄难弟，平时关系就很铁，连死法都很像，一个上吐，一个下泄，就连死亡时间也相距不过十天。当然，还有一点未必是巧合，那就是两人的监禁环境想必也都是极为恶劣的。

"天潢贵胄，寿年不永"，雍正说自己在里面一点责任也没有，恐怕是说不过去的。清史专家孟森在《清世宗入承大统考实》里说："屠弟一款，尤为世宗所自称不辩亦不受者。夫不辩是否即受，论者可自得之。"

是的，雍正并没有亲自命令将允禩和允禟处死，是他们自己病死的，正如雍正所说，"自伏冥诛"！允禩和允禟不过是命不好罢了，谁让你生在帝王之家，又屈居人下？

年轻时的雍正，曾经写过这样一首诗，名字叫《七夕》：

> 万里碧空净，仙桥鹊驾成。天孙犹有约，人世那无情？弦月穿针节，花阴滴漏声。夜凉徒倚处，河汉正盈盈。

可惜的是，人间虽有情，权力却无情；本是同根生，相煎何太急？平心而论，雍正和允禩都是有抱负、有能力的人才，他们谁做皇帝都是够格的。但是皇位只有一个，康熙在的时候，允禩不能和他去争；康熙死了，又怎能和皇兄去争呢？

所谓动辄得咎，慨难身免。允禩这辈子，可谓是"一生是才无处用，只恨生在帝王家"，他的德才兼备，群臣爱戴，诸多阿哥爱护，反成了不可饶恕的罪过，这也是一种命运的反讽吧。

值得一提的是，雍正打击允禩等人，除了有报仇雪恨的意思外，他也是利用屡兴大案的方式来树立自己的威信，以强化其君权。雍正通过这些血淋淋的例子，使得大臣们只能惟自己的意志为转移，全无自己的独立思考能力，这也使得全国的臣工日益奴隶化、被动化。

后来随着军机处的设立，更是使皇权的专制程度达到了一个新的历史高度。直到近半个世纪后，乾隆在1778年正月的时候发布了一道谕旨，其中说，就"心术而论"，允禩与允禟"觊觎窥窃，诚所不免，及皇考绍登大宝，怨尤诽谤，亦情事所有"，再次肯定了雍正对允禩和允禟的处理是正确的。

但是，乾隆说到这里的时候，突然口气转缓，说允禩与允禟"特未有显然悖逆之迹，皇考晚年意颇悔之"。因此，"朕今临御四十三年矣，此事重大，朕若不言，后世子孙无敢言者。允禩、允禟仍复原名，收入玉牒，子孙一并叙入。"

乾隆的这句话说得很中肯，"朕若不言，后世子孙无敢言者"。说真的，这么大的一个冤案，乾隆离得最近，威望最高，如果他都不敢平反的话，后代子孙谁敢？由此可见，乾隆对父亲当年骨肉相残的举措，还是颇有微词的。

最终，乾隆将他那可怜的八叔和九叔恢复了原名，其子孙也一并归入宗籍之中，在皇室族谱"玉牒"上载录他们的名字。虽然晚了点，但也算是为允禩和允禟恢复名誉了。

信任重用十三阿哥

对于众兄弟，雍正采用两手策略，打击一批，拉拢一批。允祉与允祺已经是亲王封爵，则赏赐封地。允祐因为腿残不能外出做事，但他对雍正一直友好，也授其淳亲王封号。

尤其是允祥，雍正特殊信任重用，破例直接封他为和硕怡亲王，并且加封世袭罔替，允祥成为大清开国以来第八位铁帽子王。在众兄弟中，雍正始终与十三弟允祥保持着亲密的关系。即使是允祥被康熙圈禁的时候，两人的交往依然密切。

雍正继位，立即重用被圈禁多年的允祥，任命他为总理事务大臣，封怡亲王。元年设立会考府，命允祥全面负责此项事务。允祥同时奉命管理户部，成为雍正朝中的顶梁柱。

雍正之所以如此器重允祥，把财政大权交给他，是因为他深刻了解他这个弟弟的为人。即使允祥权势盖天，他也会忠诚于自己，恪尽为臣之道，他是不会得势嚣张的。

雍正上台后，推行新政，革除旧弊，发号施令的方式多种多样，有时亲自进行，发布口谕，书写朱谕、朱批，有时利用大学士或亲重大臣颁布旨意。能够转传圣旨的人，在朝中都有极不寻常的地位。如雍正二年冬，年羹尧进京拜见，此时他正为雍正宠信，于是雍正让他向官员传达自己的旨意。

允祥就是经常传旨的亲王，雍正不仅让允祥转传旨意，而且特别通知某些官员，有什么事情、有什么不方便直接向皇上说的话，径直向怡亲王说，同怡亲王商量，再由怡亲王报告皇帝，转授旨意。

也就是说允祥经常代表皇帝听取某些官员的报告，又代表皇帝发布命令。奉谕旨出纳王命，是参与处理最高级政务的表现。加之允祥与雍正关系最密切，其他王公大臣不能不注意他的态度。

雍正前期，允祥以相当多的精力从事整顿财政、发展生产的事情，雍正对他非常满意，在赠他的诗中说："经理谋以需赞画，畴咨水土奏丰穰。"并说，"怡亲王之在户部，诺岷之在山西，李卫之在滇省，实在是公忠体国，涤弊清源，劳绩茂著。"充分肯定了允祥在理财方面的功绩。

允祥在整顿国家财政方面起到了重要作用。雍正初期，允祥以亲重大臣的身份主持会考府清查经济。清查涉及吏部所管辖的官员，所以隆科多、朱轼要参加，雍正任命的会考府主管人是允祥、隆科多、大学士白潢、吏部尚书朱轼。

允祥兼管户部，实际是会考府的主持人。雍正对他说："你若不能清查，最后朕要亲自清查。"

这句话既表示了他的决心，同时也表示把这件事交给允祥负责，办不好就要拿允祥是问。会考府查出户部钱粮的亏空，责令有关官员赔补，雍正催逼得很急，恨不得一两年内亏欠官员都能补交欠帑。

允祥认真领会雍正的意图，对实际情况透彻分析后采取了许多灵活多变的做法，向雍正请求延缓赔偿时间。即使这样，由于触犯了贪官和本身并无贪赃而负有主管责任的官员，允祥被攻击是苛刻敛财的人。但是，他还是坚决地执行雍正指令。

在此项事务中，允祥不仅在追查欠款上做得很出色，深得雍正的赞赏，而且体察民情，发现弊端，向雍正提出了许多建议，并为雍正采纳。

允祥提出取消加色、加平等不合理的收费。原来户部收纳地方钱粮时，在规定数量之外，要加征所谓银两成色不足的"加色"费，分量不足的"加平"费。这是巧立名目的多征多要，目的是贪污，它无疑加重了老百姓的负担。

允祥此项建议深得民心，同时雍正又接受允祥在户部增加三库主事、库大使，以增强处理业务能力的建议。"摊丁入亩"是雍正推行新政的一项，允祥在推行中也起到了积极的作用。

允祥为人谦和，身居重位，却从不嫉贤妒能，"为国荐贤之处甚多"，为雍正广求人才。向雍正推荐允礼便是允祥极具胆识的一大表现。康熙第十七子允礼一直被雍正认为是允禩党人，原因是隆科多曾向雍正汇报，康熙去世的那天夜里，隆科多护送大行皇帝遗体，在西直门大街遇见允礼。

隆科多告诉他先帝命雍正继位的事，允礼听了大惊失色，回府之后再也没有出来。雍正继位后，惩罚允礼到遵化守康熙陵。允祥更了解允礼，他向雍正举荐，称允礼"居心端方，乃忠君亲上深明大义之人"。

雍正采纳了允祥的意见。雍正二年册封允礼为果郡王，管理理藩院事务。几年之后因他实心报国，操守清廉，赐给他亲王俸禄，并按亲王编排侍卫。不久晋封他为果亲王。

以后雍正又任允礼常管工部、户部事务，任宗人府宗正，办理苗疆事务。允礼于是成为雍正王朝赫赫有名的凛不可犯的贵族。同时，雍正在宗室中多了一个亲信兄弟，对改变他在兄弟问题上的不利形象很有好处。

雍正之所以有此一举两得的做法，用雍正的话说是："朕之用果亲王者，实赖怡亲王之陈奏也。"

允祥还因推荐李卫而被雍正感念在怀。李卫在康熙末年任户部郎中，雍正不知其人，后来允祥在雍正面前极力推荐李卫，说李卫人品才能俱佳，可以委以重任。雍正这才把李卫提拔为布政使，雍正三年授为浙江巡抚，成为国家栋梁。

经允祥保荐的人很多，像福建总督刘世明等等。允祥忠正不阿又富有远见，当年雍正委任年羹尧为大将军，命他平定青海叛乱，长时间未见成功，隆科多便从中生事，阻挠朝廷对年羹尧重用。

允祥针锋相对，对雍正说："军旅之事，既已委任年羹尧，应听其得尽专闻之道，方能早获成功。"这一建议，坚定了雍正的信心，挽救了西北战事，使年羹尧专心于作战。不久青海便传来捷报。

雍正在推行新政过程中，性情急躁，经常惩治一些官僚，允祥从中分析利害得失，屡加谏阻，避免了雍正的许多错误。追赔户部积欠时，允祥也多次奏请，使雍正作了减免决定。

在政事之外，允祥还主持皇宫和雍亲王府邸遗留事务。雍正三年京畿闹水灾，雍正派允祥和朱轼去了解灾情，十二月命令他们总理京畿水利。

怡亲王认为："水害不去，则田非吾田，尚何营？"因而对此事抱有毅然必行的态度。那是在雍正三年冬，允祥总理水利营田事务，他不避风寒，经过一冬春的实地勘查，从疏通河道、筑堤置闸、开引河、开挖入海直河，到区域田土疆界、开挖沟渠，他都详细规划，制成水利图进呈。

经奏准，允祥还设立了营田水利府，将直隶诸河分为四局管辖。他数次亲临指导，修河造田，辟荒地数千里，募民耕种。因治理京畿水利有功，赐御书"忠敬诚直，勤慎廉明"榜。

允祥还聘请南方农民教种水稻。一年初见成效，数年之后，使京畿灾荒洼涝地区，变成了千里良田。水灾相对减少。雍正五年，直隶水稻丰收，北方民间不习惯吃稻米，允祥奏请政府拨款按价收买，以鼓励农民种水稻的积极性。

与此同时，允祥还注意了解全国各地的情况，当他得知"江南水道，自河淮而外，多致浅塞"，每到雨季，河水泛滥成灾，他又奏请修复江南水利，虽未能亲自前往，他依据属下水利人员提供的资料，指导规划，也收到了可喜的成效，东南数十州县河流疏畅，获灌溉之利。

雍正七年，雍正发动对准噶尔部的军事进攻，设立军机参与军务，任命允祥为军机大臣。雍正对允祥十分信赖，直隶总督李绂因为允祥在督导营办水利事务，上奏请示是否立档。

雍正立即批示说："怡亲王办的事情，哪里用得着你的府衙来设立档案以备查阅。你们这些大臣，朕自管放心任用，但成百上千地加在一起，也不如对怡亲王一人的信赖。你们必须以此勉励自己，效法怡亲王摒弃私心杂念，忠心爱君，才能赢得像朕对怡亲王那样的信任，才能保全为臣一生的名节。"

允祥审案，堪称善辨真伪。他主持审理大案数十次，每次审理，疑犯口供都会牵连到许多人，他总是慎重从事，不轻下断语。他总结审狱的经验说："审案的原则，先观察疑犯的言语表情以洞悉真伪，假如用诚心去打动他，用合理的推断去折服他，没有得不到实情的。如果一概刑讯逼供，刑杖之下，何求不得？但这又使冤案难以平反啊。"

雍正称赞允祥的话是"仁人之言"，命各省有司将此言刻成木榜置于堂署，时时省览。允祥还承办了大量繁杂事务。雍正对允祥极为信任，故委任他的事务也很多。如管领汉侍卫，督领圆明园八旗守卫禁兵，养心殿监理制造，诸皇子事务，雍正旧邸事务，选择雍正陵址等均交给允祥经营。

允祥竭尽全力，事必躬亲，烙尽臣弟之道。雍正夸他办过的事情："无不精祥妥协，符合朕心。"

雍正四年七月，由于允祥政绩卓然，雍正亲自写了一个匾送给他，上面写了八个字："忠敬诚直勤慎廉明"，这八个字的评价不可谓不高。也就在这一年，雍正把所有的对手都基本收拾干净，他的心情大概非常之好。

由于允祥被封为怡亲王后一直没有举行正式的封王庆典，于是在当年十一月的时候，雍正决定给允祥风风光光地搞一次庆典，也借机庆祝他们的胜利。

当日庆典非常隆重，大学士马齐为册封正使，其弟领侍卫内大臣马武为副使，文武百官群集祝贺，雍正亲自宣读表扬信，场面热闹非凡，允祥几乎已经到了人臣荣耀的极致。

面对雍正的恩宠和赏赐的时候，允祥却总是表现得无比的谦抑，比如补给他二十六万银子，他死活不收，最后只收了一半；给他一个郡王的名额，这样的好事，一般人本是求之不得，但允祥却有功不居，有奖不受，一再推辞。

由于政务过于繁重，允祥在辅佐了雍正七年多后，终于在雍正八年的春天一病不起，雍正得知后十分着急，他不但亲自过问允祥的治疗情况，还经常为之祈祷。

后来，允祥自知余日无多，他唯恐自己会被埋入雍正替他选好的那块"中吉之地"，便再次请求将自己的陵墓确定在涞水县的那块"平善之地"，雍正沉吟再三，终于同意。允祥怕雍正反悔，便立刻命手下人去那里取一块土给他，并吞食下去，作为确定陵地的标志。

当年五月初四，允祥病情恶化，雍正得到消息后，急忙赶往怡亲王府看望。还没有等到雍正到达，允祥便永远地闭上了眼睛，走完了他短暂而荣耀的一生，终年四十五岁。

按允祥的年纪，本应该是政治家最黄金的时期，可惜的是，允祥却就此倒下了。这个每日"殚竭心思"的雍正朝总理或许就是累死的。允祥死后，雍正伤心不已。在允祥去世的第二天，雍正亲自到允祥的灵前祭奠，并宣布辍朝三日，并为之素服一月。

这种哀荣是从来没有先例的，这也说明雍正和允祥之间已经超越了一般的君臣和兄弟关系。允祥走了，正如雍正在祭文中说的，

既抱终天之恨，更增同气之悲，含酸茹叹，何能自已？

雍正失去了一个最知心的兄弟和最得力的助手，他也感到了从没有过的孤独和落寞，也许他的一首诗最能体现他当时的心情：

对酒吟诗花劝饮，花前得句自推敲；

九重三殿谁为友，皓月清风作契交。

允祥正因为"纯然忠爱"，才赢得了雍正的百般信赖。他恪尽臣弟之道，忠心不二地为雍正既当大臣又当仆人，在雍正前期的政治生活中起了重要作用，为雍正的全力从政提供了较多方便。允祥还有一个特点是不居功，极其谦抑，"每承恩礼，益加谦畏"。这一点，当然为极端强调君权的雍正所喜欢。因此他能保持宠眷不衰。

允祥的谦抑和清醒，恐怕和两方面因素有关，一是他自幼对雍正的性格作风极其了解，他深知雍正是个好表现的人，决不容许别人抢自己的权力和风头；其次可能也是康熙四十七年的废太子事件对他的打击太大了，由此允祥也谨言慎行，敬恪有加，终其一生。

刷新吏治

殿撰官王云绵早朝后回到家中,与几个朋友作叶子戏,玩了几局,忽然有一片叶子找不到了,于是大家不玩了,重新喝酒。过了几天,王云绵上朝,雍正就问起了王云绵那天做了什么事,王云绵据实以对。

雍正称赞他没有欺瞒,从袖中抽出一片叶子,微笑着交给王云绵,正是那天丢失的叶子。这件事说明了雍正的耳目是果真厉害,无处不有的。雍正八年,就是1730年,雍正派御史严瑞龙和旗人安某到江南、江西办事,又命他们顺路到浙江,密访吏治民风、沿海战船营讯。

打击科甲朋党积弊

　　雍正素以刻薄寡恩、冷面肃杀著称，他做事非常讲究策略，衡重权谋，先思而后行，是一位非常有心机的皇帝。君临天下，威势领先，行不行，先放"三把火"。

　　雍正是改革的急先锋，他上台后大刀阔斧，革除积弊，创新机制，积极有为，真是难能可贵。而且，他更有一套治世的心机，这从整治"科甲党"中，就能看出雍正的良苦用心。

　　在传统社会里，科甲官僚讲究师生、同年，朋比风气尤甚。许多人只知有科甲，而不知皇帝之谕旨；只知有科甲，而不知有"上司之宪檄"。正因为如此，雍正才认为科甲之人居官，一旦作弊，还不如非科甲之人更易查。

　　非科甲者作弊，易于败露，科甲之人作弊巧诈隐秘，互相祖护，往往不易败露，其危害更大。由此雍正认为，打击科甲党，意义即在"科甲彼此祖护之恶心，实有关于国计民生，人心风俗，是以朕极力化导，训饬谆谆，必欲尽革此弊，以为久安长治之计"。

雍正更指出"科甲党"的长远危害："今督抚已将地方事件料理得很清楚了，这些人却贪他人之功以为己利，无耻之甚，为国家臣子怎么可以怀着如此权宜之志以对待君父呢？"

谢济世在参劾田文镜之后，雍正随即就指出谢济世参劾的目的是："不过欲使天下督抚因循苟且，庸碌偷安，邀众人之虚誉，保一己之身家，而不为国家实心效力。"

尔后，雍正又指责杨名时"性喜沽名钓誉，而苟且因循，置国家之事于膜外"。由此可见，雍正之所以惩治他们，是怪他们不务实政、不办实事，只知因循守旧，只看重一己名利。

杨名时，字宾实，江南江阴人，康熙三十年进士，系理学名臣李光地的门生。其入仕时间较雍正朝许多著名官僚如朱轼、张廷玉、史贻直、李绂、魏廷珍等均早，故被科甲文人尊为前辈。而且，杨名时学问精深、品行端方，也深受普通士人推崇。所以他才成了在官僚士人中颇有影响力的领袖人物。

然而，雍正从他的政治需要出发，并不顾忌这些，对杨名时这样身份特殊的官僚心存疑忌，密为防范，进而借机践辱，意欲使之声名扫地而后快。于是，雍正果断拿杨名时第一个开刀，以此来向整个士林示威。

雍正三年，雍正借杨名时被停密奏之机有意刁难，时谕云贵总督高其倬："杨名时前日的奏折，在我看来，他是只知有身而不知有君之人。内制端阳果锭赐你兼有赐杨名时、李卫。杨名时如果具本谢恩，那就罢了；他如果一定再上奏折，则是不欲受恩。那就不必强赐，即不必与他罢。他若有口奏求你转达者，不必应他。大概汉人们着了急，丢了丑，即欲告退，你要着实劝导他可惜朕恩，抑且恐有身家之祸。"

这段话贱辱、刁难、捉弄全都在里边了。身为一国之君，如此授机预谋地整治一个老臣，就是因为他作为大位的继承者，始终有种名不正言不顺的惶恐，总害怕别人小看。尤其对杨名时这类前朝老人怀有恐惧，然而越是恐惧就越要想方设法地予以刁难、贱辱和打击。

雍正责其"明明欲收荐人之功于己，而不肯以用人之柄归之于上""大奸大诈，全无人臣之体"，将其交礼部严加议处。更有甚者，在当年五月四日，鄂尔泰、杨名时各具本章庆贺黄河澄清。

雍正将鄂尔泰免议，却将杨名时议处。并称："鄂尔泰公忠体国，其本章错误之小节，朕不但不忍加以处分，并不忍发与部议……至于杨名时巧诈沽誉，朋比欺蒙，从不实心办事，毫无亲君爱国之心，与鄂尔泰有天壤之别。现在如果以鄂尔泰之事将就推及，宽恕杨名时之过，则赏罚不当，反失公平待下之道。"

很明显，雍正的上述言行的确是有失公允的，特别是从他对鄂尔泰和杨名时的不同态度来看，更让人觉得此举未免过于苛刻。但雍正还是认为若不将其处治，以为众戒，科甲刁气实难消除。

因此雍正才对鄂尔泰说："杨名时五年来，朕以至诚格之，却不料他竟然狼子野性，毫不知感畏。朕整理科甲积习，他却挺身而出，乐于做领袖，即一字一言都是暗藏奸诈，一味讥讽文章。今海内李光地等人已去世，像杨名时这种前辈已经很少了。他仗着他从前的威望，一定会坚持这种科甲朋友党的恶习，抗违我的旨意，即如朱轼、张廷玉现任大学士，也都对他这种人慑服尊重，此人如果不早作处理，反成他千百世的面具不被人知道……此辈假道学，实系真光棍，诚为名教罪人，国家蛊毒，若不惩治，恶习万不能革。"

作为一名君主，雍正知道在政局可能发生意外的情况下，应该防患于未然，对于潜在的政敌要先下手为强，以削弱对方力量，但这也要以能把握机会、争取时间、妥善运筹、绝对控制对方作为前提。雍正城府深、心机重、善权谋，因此总能先发制人，并且最终获得了成功。

清世宗雍正传

建立并完善密折制度

　　雍正初政，最值得重视的一项新举措，就是建立了"密折"制。所谓"密折"，其实就是"密奏"，即在给皇帝的奏折内附奏机密要事，主要是揭发一些贪官污吏的不法行为以及民情动向等等。

　　这些密事只有皇帝一人知道，从而使官员们处于相互监督、彼此牵制的情况，人人自危，严防官欲的恶性膨胀和腐败行为，同时也使政权牢牢控制在皇帝手中。

　　封建君主专制时代，皇帝深居皇宫，与外界联系的途径很少。因此，他们常常担心朝内外大臣为非作歹，把持重权，觊觎皇位。在这样的情况下，历代统治者无不广布耳目眼线，以期周知庶务，通达隐幽，洞悉臣下的一举一动。

　　任何时代的专制政权，都离不开对官员、民众的监控。在这方面，雍正汲取了历代王朝的经验教训，完善了密折制度。以奏折为正式公文的名称，是起用于清代的顺治年间。

在康熙手里，密折作为一种实际的政治工具有了进一步发展。不过，密折有一套完整的运作制度，还得从雍正王朝开始算起。清代君臣之间的"言路系统"大致是这样的：臣子们上的主要是"题本"和"奏本"，后来才添上了"密折"。

凡是弹劾、钱粮、兵马、捕盗、刑名之事，用的都是题本，要加盖公印，才算有效力；凡是到任、升转、代属官谢恩、讲述本人私事的，都用奏本，上面不用盖印。

题本有两个阻碍君臣沟通的缺点：一、手续很繁琐。它规定用宋体字来工工整整地书写，必须备有摘要和副本，必须由内阁先审核。送皇帝看过后，又要用满汉两种文字来誊写清楚。如果有紧急的事情，很容易误事。二、题本要由通政司这个机构来转送内阁，最后才上呈天子，过目的人多，也容易泄密。

明代的权相严嵩，让他的继子赵文华主管通政司，凡有对严氏集团不利的言论事情，他们都能先于皇帝知悉，随后报复仇敌，打击忠臣，销毁作恶证据，无所不用其极。题本的保密性差，并可能使权臣垄断朝政，须加以改革。

奏本比题本稍好些，手续不那么繁琐，不过，它也得过通政司浏览这一关，所以保密性还是不强。密折就不一样了，它不拘格式，可以自由书写，也不用裱褙、提要、副本这些东西，当然快捷很多，而且它可以直接送到皇帝手中，不用通过通政司、内阁，而由皇帝亲自来拆阅，保密度很高。

这一条君臣互动的快速通道，对中国历代繁文缛节的文官政治，无疑带来了巨大的冲击。密折制，实际上不是雍正的发明创造。早在康熙五十一年，已提出"密奏"的办法：要求朝廷内外大臣在各自向皇帝的"请安"折内，附奏机密要事，主要是揭发所见官员的种种不法之事，以及民情、政情的动向等。

密奏之事，只给皇帝一人看，其他任何人不得知道。康熙的本意，是针对那些贪官污吏而行此办法，并使各级官员处于相互监督之下，而权力统归于皇帝之手。

雍正把"密奏"办法进一步具体化，作为一项制度加以推行。他规定：在京的满汉大臣、外省的督抚提镇等中央与地方官员，均实行"密折"制度。尤其是在京的科道监察官员每人每天上一道"密折"，一折只说一件事，不论事之大小，都要据实写明，即或无事可言，在折内亦必声明无事可奏的原因。

密折几乎全有皇帝的朱笔批语，叫作"朱批谕旨"，批过的密折称"朱批奏折"。密折的发展经历了三个摸索阶段：康熙早年上折奏者多为家奴、亲信。密折内容也大致无机密性可言，大多数为气候、作物生长情况，臣下谢赐等内容。康熙中叶时，重点才逐渐转移到这方面来。

康熙曾命令内务府出身、出任江苏织造的李煦："近日闻得南方有许多闲言，无中生有，议论大小事，朕无可以托人打听，尔等受恩深重，但有所闻，可以亲手书折奏闻才好。"作风谨慎的康熙又千叮咛万嘱咐，"此话断不可叫人知道，若有人知，尔即招祸矣。"

到晚年，康熙才把这套办法慢慢发展为监视官场、通报民情的工具，而题奏人也从少数亲信扩大到大批的地方官员，并最后公然命令全体中央级的官吏一体折奏。

康熙五十一年，命令侍内大臣、大学士、都统、尚书、副都统、侍郎、学士、副都御史等，"一体于请安折内，交应奏之事，各罄所见，见列陈奏"。

在康熙末期，加强密折的原因是中央和地方官吏朋比为奸、党同伐异，江南各地又有民众反抗。这些事本应由地方官报告，但地方官据实上奏的很少。康熙认为这种情况是很可怕的。他曾指出，皇帝如果不能事先预见那些微小的征兆，则"渐使滋蔓，其弊不可胜言矣"。

康熙晚年已对密折政治对帝王带来的方便深有体会。他认为这不但能使君王耳聪目明，对四方大事了然于心，而且诸王文武大臣等，知道有了密折，不管说什么话，自然各加警惕，暗自注意。

也就是说，康熙看到了"密折政治"具有一种心理上的威慑力，负面成本不大，能更有效地"御下"。官员们生怕自己的不法举动被人写入密折，直接为最高统治者洞悉，那时无论如何"官官相护"也无济于事了。

当然，康熙也知道密折的实行也有弊端，偶有忽略，就容易被欺骗。但康熙自恃精明，因此"人不能欺朕，亦不敢欺朕，密奏之事，惟朕能行之"。看来，康熙对自己的"圣明"是非常自信的！

不过，就密折制而言，雍正的手段还是青出于蓝的。雍正朝的许多重大改革，都是通过君臣在密折中商议后，决策并付诸实施的。所言正确，他都采纳施行，说得不甚妥当，他就把折子"留中"，不批转朝臣，不使任何人知道。如涉嫌报复、诬陷好人，他也能分辨清楚。

因为密折内容包罗广泛，既涉及政策的制定和执行，也涉及官员的取舍，所以雍正特别强调密折的保密性。雍正一再以此要求具折的人："……密之一字，最为紧要，不可令一人知之……假若借此擅作威福，挟制上司，凌人舞弊，少存私意于其间，岂但非荣事，反为取祸之捷径也……""……至于密折奏闻之事，在朕斟酌，偶一宣露则可，在尔既非露章，惟以审密不泄为要，否则大不利于尔，而亦无益于国事也。其凛遵毋忽……""……地方上风闻事件，从未见尔陈奏一次，此后亦当留心访问；但须慎密。"

保密与密折完全一致，保密是写作密折的前提条件。这是要求具折人不要声张文件内容，同时要求领受朱批谕旨的人保守朱批的机密，不得转告他人，更不能交与他人观看，若私相转述，即使保密性较小的内容，也是非法的。

只有雍正特别指令告诉某有关人员时，才令其阅读，或转传谕旨精神。对于不保守奏折机密的人，雍正采取了必要的惩罚措施。雍正初年，封疆大吏多半派亲属或亲信在京，拆看奏折，为的是他们了解朝中情况，看此奏折是不是合适，以便决定上奏与否。对于皇帝的朱批，他们也先行阅读，以便早作料理和应付。

雍正二年，雍正发现了闽浙总督觉罗满保、山西巡抚诺岷、江苏布政使鄂尔泰、云南巡抚杨名时等人的这种情况，决定停止他们书写奏折的权力，以示惩罚。

杨名时等为此承认错误，请求恢复他们的密奏权，雍正也从政事出发允许了。雍正知道，制裁不能成为主要手段，重要的是制定奏折保密制度。于是，雍正采取了四项措施：

一、收回朱批奏折。奏折人在得到朱批谕旨的一定时期后，应将原折及朱批一并上交，于宫中保存，本人不得抄存留底。奏折中的朱批，也不得写入题本作为奏事的依据。

二、打造奏折专用箱锁。雍正于内廷特制皮匣，配备锁钥，发给具奏官员，凡有奏折，都装在匣子里，差专人送至京城。钥匙备有两份，一份给奏折人，一份掌握在皇帝手中，这样只有具折人和皇帝二人能够开匣，别人不能也不敢私开。

为具折人不断书写奏折的需要，奏匣每官员发数个，一般为四个，它只作传递奏折用，凡所上奏折只能用它封装，否则内廷亦不接受。有一次，广州巡抚常赉的奏匣被贼盗去，只得借用广东将军石礼哈的奏匣，不敢仿制。

三、奏折直送内廷。奏折由地方直接送到北京，不同于题本投递办法，不送通政司转呈。若是督抚的折子，直接送到内廷的乾清门，交内奏事处太监径呈皇帝；其他地方官的奏折不能直送宫门，则交由雍正指定的王公大臣转呈。

雍正说若小臣径赴宫门送折，不成体统，其实他是为具折的小臣保密，不让人知道除了朝廷大员以外有一些什么人能上折子。被指定转传奏折的人，有怡亲王允祥、尚书隆科多、大学士张廷玉、蒋廷锡等人。

边远地区的小臣，还有送交巡抚代呈的，转呈的王公大臣都是雍正的亲信，他们只是代转，亦不得拆看，具折人也不向代呈人说明奏折内容。

四、雍正亲自阅看。折子到了内廷，雍正一人开阅，写朱批，不要任何人员参与此事。他说："各省文武官员之奏折，一日之间，有时二三十件，多或至五六十件不等，都是我亲自览阅批发，从无留滞，也没有人在左右帮我，不但宫中无档可查，亦并无专司其事之人。"

雍正批阅以后，一般折子转回到具折人手中，以便他们遵循朱批谕旨办事，有少量折子所叙问题，雍正一时拿不定主意，就将它们留下，待到有了成熟意见再批发下去。

关于奏折制度的作用，雍正作过说明："我受圣祖仁皇帝的重托，治理天下，只有每天孜孜不倦，勤求治理，力求达到天下太平，但是由于耳目不广，事情不能全面了解，又何以使臣工知道我的心思，从而达到治理天下的目的呢？所以内外臣工，都让他们具折奏事，其中确有可取之处，即见诸施行，而在两可者，则或敕交部议，或密谕督抚酌夺奏闻。"

雍正把朱批奏折的作用归结为两点，一是通上下之情，以便施政；二是启示臣工，以利其从政。雍正每日看几十封奏折，书写千百言批语，对其作用自然清晰，不过有的话他不便明说，故未谈及。

其实奏折制度的作用，主要是利于雍正直接处理庶务，强化其专断权力。事实也证明了这种密折制是行之有效的。雍正将此具体化并推而广之，要求各级官员都应当遵守密折制，鼓励他们每天都要上一道密折，要事无巨细、详略得当，雍正看完后都要在上面作批语，从而有因有果，使事情得以解决。

对所呈密折，雍正是一分为二地看待的：所言正确，他就采纳推广；说得不妥，就把折子扣在自己手中，并不将其转给朝臣，这样就能使官员们放言无忌，不心存疑虑了。

奏折制度，就其密察官员讲，也是一种告密制度。告密，是一般人所反对的，因为这是不正当的。雍正推广秘密奏折制后，就出现反对势力了。雍正在责备杨名时将奏折朱批叙入题本时，说杨犯错的根本原因，是其心中以为不当有密奏密批的事。

关于告密，雍正有时并不忌讳，他本人就曾公开讲过："朕励精图治，耳目甚广。"他所说的耳目不外乎四种人。一是科道言官；二是具

清世宗雍正传

有密奏权的诸官僚；第三种就指他亲自派往各地的侍卫或候补侍卫；第四种就是临时派遣到各地密访的官员。

有一次，殿撰官王云绵早朝后回到家中，与几个朋友作叶子戏，玩儿了几局，忽然有一片叶子找不到了，于是大家不玩儿了，重新喝酒。过了几天，王云绵上朝，雍正就问起了王云绵那天做了什么事，王云绵据实以对。

雍正称赞他没有欺瞒，从袖中抽出一片叶子，微笑着交给王云绵，正是那天丢失的叶子。这件事说明了雍正的耳目是果真厉害、无处不有的。雍正八年，就是1730年，雍正派御史严瑞龙和旗人安某到江南、江西办事，又命他们顺路到浙江，密访吏治民风、沿海战船营讯。

严瑞龙去过浙江后，又托其四川同乡、原任河工通判张鹏飞代为留心暗察。李卫向雍正报告了这件事，雍正避开严瑞龙、安某不谈，说早知道张鹏飞爱招摇生事，已令江苏巡抚尹继善查拿了。又说即位以来，并无一差人密访之事，今后一旦有人称密访者，就可以捉拿。

雍正之所以使用密探，是为了获得真实的情况，使大小官吏不敢做出欺君罔上的事情。但因此也可能导致偏听偏信，甚至误信谣言，因此雍正对耳目的话也并不是绝对相信的。

四川巡抚宪德上任之初，苦于无耳目了解当地实情，曾以此向雍正具折。当时雍正在宪德的折子上批道："耳目见闻的说法，我并不以为然，若能用耳目，即道路之人皆可为我之耳目，否则左右前后无非蔽目塞听之辈。偏用一二人，寄以心腹，并不是好办法。我登基之初，实一人不识，但那时之耳目甚分且确。近数年来股肱心膂大臣多了，但耳目较前似乎有所不及了。访察二字，不被人所愚弄更是难事，至于用耳目，惟宜于求新。辨别真伪，方可以言用耳目也。"

密折之所以被称为奏折或密折，一是因为它的保密，二是因为所奏内容书写要折叠成一定式样，然后密封上呈皇帝，所以才被称为密折。

雍正即位后，为保密起见，立即下令收回前朝康熙帝所有的朱批谕旨，并说："如果有抄写、存留、隐匿、焚弃的，日后发觉，断不宽恕，定行从重治罪。"

此后，雍正为了完善密折制度，又下令就是自己批阅的密折，在当事人捧阅后也要立即交上来，不得私自存留，更不能互相传阅。如有违犯这一命令的必给以重罚。

为了使有题奏密折资格的官吏能妥善利用这一殊荣，雍正还反复强调密折的保密性质，称密折的意义是"慎密"二字最为紧要，"君不密则失臣，臣不密则失身"。

雍正的这番话，既有要求臣下保密的意思，也是在暗示自己对有题奏密折权的臣下的一种信任，这样一来，就强化了他们的责任心。由此看来，密折制首先起到了笼络人心的效果，是雍正驭下有术的又一极佳表现。

既然是密折，自然要以"密"字为最紧要，因为只有行事缜密了，才能收到出其不意、攻其不备的目的。查嗣庭案发后，雍正曾在李卫的奏折中批示，要求李卫和杭州将军鄂弥达火速派可靠亲信去抄查嗣庭的家。

由于这是亟待执行的绝密命令，因此如果用颁布公文的形式，就有可能使被查抄人获知消息，先行做出准备。于是密折制度就显示出它的奇妙作用，即密令行事，使人防不胜防，并以此达到兵贵神速的目的。

在雍正看来，不能保守奏折机密的行为就是非法的。如原甘肃提督路振声将雍正的朱批中赞扬其弟路振扬的话转告了其弟，于是路振扬就上表谢恩。

结果，雍正大为气愤，并就此指责路振扬："我曾经说过，一切密谕，如果不是奉旨通知，不许传告一人，今路振声公然将朕批谕抄录，宣示于你，甚属不合。可见尔等武夫粗率，不达事体也！"

由此可见，雍正对大小臣子保密行为的要求是非常严格的，特别是对小臣，雍正的教导更是不厌其烦，这主要是因他考虑到小臣得此密奏荣宠容易擅作威福，挟制上司和同僚，造成官僚间互相猜忌、政治混乱的现象，会对国家政治生活产生不良的影响。

为了实现密折的保密效果，雍正经过一番深思熟虑后，进一步完善了一套行之有效的保密制度。在雍正的大力推行下，密折人缮折、装匣、传递到批阅、发还和收缴都有条不紊地运行了。

雍正规定了密折所用纸的色泽纸质：素纸，即白纸，用来题写陈奏性质的密折；白绫面白纸是大丧时使用的密折；黄绫面黄纸用于请安或推荐他人为官的密折。这样一来，雍正一看到纸质色泽，就大体知道密折所题奏的性质了。

对密折的套封也就是外包装，雍正也作了严格的规定。如请安折套封规定外用云龙黄绫，内用黄粉笺裱，长六点四寸，宽三点一寸，上下掩首各宽零点五寸；其白折套封大小与黄绫封同。

雍正还规定了折匣的尺寸、颜色、装裱、锁样，这样，密折就不能造假，其他人也很难开启密折，这样也就不会泄密。由此可以看出雍正不但在处理大问题上能雷厉风行，而且在细枝末节上思虑周详，谨慎而睿智。

另外，至于什么人可以直接将密匣交给皇帝本人，雍正都有严格的规定。这样一套完备的密折制度就初步形成了。奏折成为正式官方文书，一切比较重大的事情，官员都先通过奏折请示皇帝，而这种奏折不通过内阁所属的通政司转呈，皇帝的批示完全出自御撰，不需要同内阁大臣商讨，这样奏折文书由皇帝亲自处理，就把内阁抛在了一边。

正如雍正时内阁中书叶凤毛所说："国朝拟旨有定例，内外大臣言官奏折，则直达御前；天子亲笔批答，阁臣不得与闻。"

内阁职能削弱的同时，封疆大吏的职权也有所下降，稍微大一点的地方事情，都要上奏折请示，秉承皇帝旨意办理。他们真的成为皇帝的膀臂，由中枢神经来支配，使中央与地方真正融为一体，在皇帝绝对统治下行使国家机构的职能。

学者章学诚曾就此讲过："彼时以督抚之威严，至不能弹一执法县令，罟误之吏，但使操持可信，大吏虽欲挤之死，而皇览烛其微。愚尝读《朱批御旨》，而叹当时清节孤直之臣遭逢如此，虽使感激杀身，亦不足为报也！"

那时，督府虽威风八面，却不能随意弹劾一个小县令。因为只要小县令为官清廉，就算督府想排挤他，皇帝在御览其弹劾奏折时也能洞彻其中的细枝末节。这充分说明了奏折制对巩固皇权起到了至关重要的作用。奏折制为雍正行使至高无上的权力提供了必要的条件。

密折的制度化，还能起到令官吏互相监督的作用，即此举成了雍正控制各级官吏的一种手段。通过密折，可以在以下三个方面发挥监督作用：

第一，可以借此命令上级监督下级。雍正二年四月，河南巡抚参奏学道王某，称其"声名虽属平常，犹不至坏"。雍正三年六月，新任川陕总督岳钟琪在密折中奏年羹尧被贬赴杭州，说他离陕时，只有数十人出送，都是平日得年羹尧资财的人，并已经全部记下了他们的名字。

第二，可以借此命令下级密参上司。如雍正三年五月，知府高璇密奏年羹尧为大将军时威势赫奕，文武大小官见之无不胆颤，出入用侍卫顶马摆对。雍正三年六月，浙江布政使佟吉图参巡抚法海说皇上坏话："内外所用，俱属小人，只有年羹尧是豪杰。"浙江按察使甘国奎也参法海"轻忽主恩，恣行无忌"。

第三，还可以在互不统辖的官员间进行纠察。就在佟吉图、甘国奎参法海不久，福建巡抚毛文铨即奉密旨访查佟、甘二人居官操守，结果查得佟吉图办理地方事务本事平常，又性情傲慢，待上无礼，所以政令不通，各属节礼查未收受，钱粮平头，以及署印谢仪都是要的。甘国奎则日日做坐功，遇有大案让下属代审的多，故此常有冤枉，又查得甘国奎执拗自大，上司属官关系都处得不好，官民多怨。

密折制其实扮演的角色也即上传下达、准确提供相关信息，为决策层提供依据。为了达到这一效果，雍正还设立了专门转呈接收密折的机构，由专门的奏事官员来接收转呈密折。

这一机构称奏事处，分内奏事处和外奏事处两个职能部门。内奏事处负责接收京师内各类密折；外奏事处则负责接收外任官吏的密折。这

清世宗雍正传

两个奏事处的官吏皆由雍正的亲信御前大臣担任，专门负责接收、发还等一切事宜。

同时，密折制度本身还收到了许多另外的妙用。以前雍正看到封疆大吏在陈奏政务时，因限于题本程式和保密性质的局限，很难如实全面地汇报当地情况。这样，皇帝一来无法彻底了解臣下的隐衷和下边的情况，二来皇帝的指示也因同样的原因而不能尽述。于是就产生了皇帝无从决策，下属无力奉行的怪现象。密折制则能很好地解决此问题。

雍正在位期间，写下了千万余字的奏折批文，堪称世界奇迹。雍正从密折制中锻炼出来的才智和思想影响了历史，使这种帝王文化精神一路沿承下来。

雍正用密折这种公文形式，使臣下和皇帝之间亮明观点，然后双方才能经过讨论，决定对策。从公文形式的层面来说，叙述活泼、内容多样、适应性强的密折具有解放文体的意义。

雍正对密折保密所做的努力，是他勤政的表现，也是政治的需要。雍正正是通过密折这个工具，将百官操于自己股掌之中，实现了对他们的有效管理和监督，更重要的是使专制皇权高高在上，此皆赖密折制之力。

设置指挥机构军机处

雍正七年，就是1729年，他着手成立了军机处，并以此开始全面而直接地管理国家各种事务。雍正经过了几次朋党之争和宫廷政变之后，他深知，要将一个慵懒、多弊的社会纳入有效管理状态，使之政令通畅、令行禁止、有条有序，必须建立一个中央集权与君主专制两者合一的专制体系。

雍正深刻意识到：国家大事，政治举措，皆须有一套缜密的管理机制，循规而行。因此，雍正坚定地扩张皇帝权力，搞中央集权制，在设立"密折"制的同时，他设置了军机处。

这两项措施可谓是雍正最具特色的专政策略。他设置军机处，作为移动的纂述转达指挥机构，代行内阁职权，为建立和发展专制体制铺平了道路。雍正之前，历代王朝都以宰相统辖六部，于是宰相权力过重，使皇帝的权威受到了一定影响。

康熙朝后期，朝廷中党团增多，党争复杂，导致了各自分权、管理混乱的局面。雍正上台之后，为了巩固朝政，推行了一系列的改革，例如，改革赋役、整顿吏治、实行重农抑商等政策。雍正皇帝也因此成为历史上改革较多、较成功的皇帝。

雍正在即位之时，虽然掌管着国家最高权力，但举凡军国大政，都需经过集体讨论，最后由皇帝宣布执行，他感觉皇权受到大大制约，不能随心所欲。雍正设置军机处，正是把自己推向了权力的金字塔顶端。

雍正七年，就是1729年，准噶尔蒙古部落的策妄阿拉布坦发动全面叛乱，雍正决定对其发动平叛战争。为了使这场战争能够取得全面胜利，他采取了许多措施，设立军机处就是其中的一项。当年六月，雍正发布上谕，称："两路军机，我已经计划了很久了。其军需一应事宜，交与怡亲王允祥、大学士张廷玉、蒋廷锡密为办理。"

由此看来，雍正在筹建或办理某些重大事件前，多采取秘而不宣的策略，只在心中暗自筹划，此后才交给个别亲信大臣来办理，这正是雍正为人谨慎的最佳体现。

雍正一手设立的政府中枢机构军机处全称"办理军机事处"。那么军机处的性质究竟是什么呢？当时诸王公大臣并不知晓。因为雍正当时说得明白，即交与三人密为办理。

军机处主要职责是辅助皇帝批复奏折，草拟诏旨。军机处的人员由皇帝从内阁、翰林院、六部、理藩院、议政处中挑选组成。在军机处内设有军机大臣，也称为办理军机大臣。

军机大臣从其性质来说，像是皇帝的"秘书"。每天要时刻地随从于皇帝身边，皇帝可能随时召见他们，让其处理紧急事务。因此军机处就设在乾清宫内，离雍正的寝宫养心殿非常近。每天凌晨三点左右，军机大臣就要开始值班，早上如果有紧急公务，雍正也会召见他们，每天至少会召见一次，有时也会好几次。

军机大臣张廷玉是雍正时期重臣，雍正凡有诏旨，则命他入内，口授大意，或者当着雍正的面就地完成，或隔着门帘听雍正交代，写完之后马上呈给雍正看，每天不下十数次。军机大臣的主要职责有三方面：

一是当皇帝要发诏书或拟复奏折时，由军机大臣执笔书写成文，皇帝当面口述，或者按照皇帝的意思写成文字，再转发下去；

二是军机大臣参与商议国家大事。当皇帝遇到难以决策的事情时，就将其告诉军机处，让大臣们参与讨论，征求他们的意见。当然最后的决策权还在皇帝本人，军机大臣不过是提供意见和建议而已；

三是保存文件。军机处负责将各种奏折以及皇帝处理的批复都复制成副本，并加以保存，这是一项非常枯燥而又庞大的工作。

军机处的设立，巧妙地使内阁的权力、议政处的权力逐步缩小。从表面上看，像是军机处的权力在增大，但实质上是皇权在加强，军机处的大臣只有参加议政的权力，却没有最后的决策权，因而通过这种改革，实质上是加强了皇权，制约了相权。

对雍正来说，军机处的设立一开始即不是临时性的，而是本着长远统治的需要，稳固皇权比西北用兵一事就更为重要。

因为当时雍正虽已将诸兄弟打倒了，但散布于中国上下的他们的势力却仍如百足之虫，死而不僵，他们与传统的官僚机构仍有着千丝万缕的内在联系。内阁、六部及议政诸王大臣中仍可能有允禩等人的同情者或同路人。

雍正本人对此当然非常清楚，但他本人毕竟不能把所有官僚机构统统推倒重来。在经过反复思量后，雍正便只好另起炉灶，重新创建一个可以囊括一切机要权柄又能服从他指挥的由亲信人员组成的新机构。军机处的创设，恰好起到了囊括一切机要权柄的作用。

军机处算不上是一级机构，它无定员，皆由皇帝根据实际需要随时增减。最初只有怡亲王允祥、大学士张廷玉、蒋廷锡。以后又有增加，最多时也未超过十一人。

被选入军机处的官员，都属兼职，不设专职。雍正从阁臣、六部尚书、侍郎等官员中，选取熟悉政务的人，兼职办理，称为"军机大臣"。依他们原有的品级和地位，排定先后次序，以品级高、资历深者为"首席""首揆""揆席"。

如他们中有的失去原职务，或授予京城外的职务，其在军机处的兼职则被取消。军机处的属员，则由各部曹、内阁侍读、中书舍人等充任，名曰军机章京，俗称"小军机"。军机大臣互不统属，即无隶属关系，各自对皇帝负责。

军机大臣地位崇高，却没有六部等官员的实权。他们的职责是书写谕旨，汇综军国要务，每天都准备着皇帝有事叫他们。即使皇帝巡行外地，也是如此。具体规定每天寅时，军机大臣入直，完成当时皇帝交代的事以后，由内奏事太监传旨，这才各自散去。

但是，每天皇帝召见没有定时，或一次，或数次。召见时，皇帝赐座，将等着皇帝批改的各处奏折进呈，等候皇帝钦批，完事之后即退出。凡皇帝的明旨，由军机大臣拟写，下发到内阁；凡不宜公开的密谕，经由军机大臣封交各部后，视事之缓急，或立刻派快马传达，四百里、五百里、六百里不等，传送到各地。

军机大臣的职责概括起来就是"承旨"，不过是上传下达，当面替皇帝起草文件，或记录皇帝的指令，向有关部门传达，实际是充当了皇帝的侍从秘书。

军机章京有满人也有汉人，负责缮写谕旨、记载档案、查改奏议。满人抄写满文，汉人抄写汉字。这也是文墨秘书性质。军机大臣和军机章京身处权力的核心，却无任何决策权，不能作任何决定，一切听命于皇帝，完成皇帝交办的事。

军机大臣的工作具有高度机密性或称为绝密。军机处不属一般的衙署，它需要保密，并时刻同皇帝直接联系，军机大臣要留在离皇帝最近的地方，以便随时而快速地应召入宫。

因此，军机处便设在隆宗门内，靠近内廷，既与外廷隔绝，以杜绝人来人往泄密，又离皇帝居处甚近，召见便捷。另外，军机外为枢密重地，除非有特许，不许擅入，如敢私入，或私自会见军机处官员，会随时被纠劾论处。

军机大臣办公的地点，也随皇帝的行止而定。如皇帝驻跸圆明园，其军机处则设在园内左如意门内；如在西苑，军机处设在西苑门内。如皇帝出京远行巡视，途中暂驻处，称为"行在"，或抵达目的地，其暂居处又称"行宫"，军机大臣都随在皇帝左右，在行宫门"直房"。不管在何处"入直"，都属皇帝的禁区，离皇帝甚近。

军机处没有固定衙署，具有机动性，只有在京城，才有较稳定的办公地点。皇帝召见军机大臣议事，都要求迅速、准确、不得迟误，每件事都有专人秘密行事，发挥高度效率。因此保持了此事的机密性，以致实行了二年有余，各省对此仍然一无所知。

由此可以想见，雍正几乎把军机处看成了自己的一件随身物件，走到哪里带到哪里。也就是说，军机处领值班大臣和章京随时跟随皇上行动。由此，就更可知军机处在雍正心目中的地位了。谨严免出差错，小处才见缜密，为了达到保密的目的，雍正真是下了苦心。

军机处创建初期，既无正式衙门，也无印信。雍正十年春才命大学士等议定军机处印信。议定后，经雍正批准，该印交由礼部铸造成形。该印由内奏处保管，印匙则由领班军机大臣随身携带。

另外，雍正下旨打制了镌有"军机处"三字的金牌，由值日章京佩带。须用军机处印信时，由值日章京凭金牌到内奏处领取印信，之后，再凭金牌向领班军机大臣索取印匙，并在数人的监督下，才能打开印匣取出印信。

印信用完后，金牌要交给领班章京，印匙要重新归还领班军机大臣，印信则要重新归还内奏处。规章制度虽然繁琐，却又是一套极其严密的管理模式。

雍正设立军机处，开始的目的是为了迅速处理军务，之后才发现这种不经过其他官僚机构，而直接由皇帝组织一个小班子处理政务的方法更得心应手、快速有效。后来，军机处的办理内容不断扩展，机构也不断发展完善，直至形成固定的编制。

军机处地位煊赫，手握重权。由于这个机构横空出世，清朝政治格局将为之进行大调整。整个中央政府决策方式将发生根本的改革。

清世宗雍正传

其一，军机处是皇帝的集权工具。从明到清，废除宰相制，皇权得到相应提高。

其二，军机处有高度的机密性。体现为对其印信管理极严。印信贮存初定由军机处自贮，为防止私用印信，加强管理，遂改放他处。印信分程序管理，相互制约，互相监督，无论职位多高、权力多重的大臣，都无法私自动用印信。

其三，雍正对军机处管理得特别严密。他对军政大臣的要求也极为严格，要求他们时刻同自己保持联系，并留在皇帝最近的地方，以便随时应召入宫应付突发事件。皇帝走到哪里，军机处就设在哪里。雍正每次议事，只会分批独自会见一名军机大臣，让他无拘无束地谈自己对工作、对百官的一些看法，以便察言观色、去伪存真地选用人才。

军机处之设立，经历了不断发展和完善的过程。当初是为满足对西北青海用兵的特殊需要而设，其职责是专办军务，以办事迅速而机密收到了显著效果。

然而，让雍正始料不及的是，任用军机大臣，摆脱了朝廷中各官僚机构的牵制，更重要的是，他所发号令可以直接下达到任何地方任何部门，从而把国家机要大权牢牢地控制在自己手里。他可以随意运用权力而不受阻滞。

因此，雍正将军机处专办军务逐渐扩大到国家政务，发挥它在国家政治生活中的指导作用。军机处创设后，中央体制及其运行机制就发生了重大的变化。

原先经由内阁等部承旨、承办的事，改为由雍正亲书谕旨或口授、军机大臣承旨撰拟，直接寄发各地。原为朝廷权力中枢的内阁，自此变成有名无实的机构，大学士位阶甚高，却无事可干。同时，也把清初独创的"议政王大臣会议"制度置于无用之地，无大政可议，有其名而无其实。每日凌晨三至五点，军机大臣及军机章京就要进入值班房。早上如有紧急要务，雍正偶尔也提前接见他们，甚至一日要接见数次。特别是张廷玉，雍正召见的次数就更多，因为张廷玉是专门负责为雍正撰写谕旨的。

军机处创建之后，张廷玉就更成了大忙人儿。特别是在大西北两路用兵时，张廷玉更是从早到晚，甚至到了晚上一、二鼓时仍不能休息。从张廷玉的繁忙情况来看，其他军机大臣之忙碌也就可见一斑了。正因为这些军机大臣公务繁忙，一向驭下极严的雍正才给了他们许多格外的恩典。例如雍正不时将一些绫罗绸缎、应时果脯、各方土贡、鹿肉山珍等赐给张廷玉、鄂尔泰等亲近大员，又命每日入值的军机大臣、军机章京随御膳房吃饭；而满汉章京下班后还被允许去"方略馆"聚餐。如果雍正住在圆明园，那么就让这些人在圆明园外值庐用膳，以示恩典。

军机处成立最初几年，雍正与军机大臣商议军机要务，多以全国尤其西北两路用兵之事为重要内容，主要是处理战争、军政及八旗事务。

雍正九年，就是1731年，雍正认为山东登州是滨海重镇，所辖地域辽阔，却只有六千兵丁，怕不够用。因此命军机大臣详细讨论，看看是否应酌情增添兵额等等，不胜枚举。

雍正十年，宁远大将军岳钟琪参劾副将军石文焯纵敌，雍正对处理石文焯方案举棋不定，于是令军机大臣提出处理意见。

同年，西路军大本营要移驻穆垒，雍正为此选定了六月初四巳时命部队启程，并于四月十三日提前命令军机处通知岳钟琪，"将一应事宜预先留心备办，但军营切宜慎密，以防漏泄"。其他方面的军政和八旗事务，也多由军机大臣办理。后来，雍正才把军机处的范围逐步扩大到各种机要政务。因此军机处的另一项任务就是奉谕旨草拟文书，这也成为此后军机大臣最经常的一项工作。

清代皇帝的诏令有数种，主要的则是"旨""敕""上谕"。其中的"旨"，就是指皇帝批复朝廷内外官员关于一般事务题本中的一种文书。"敕"，是颁给各地将军、总督、巡抚、提督、学政、总兵官的一种公文。这两种公文原来是交由内阁发给六部抄录，并宣示有关衙门和官吏具体执行，无多少机密可言。

审议、誊录、保存公文，是军机处的第三项工作。每天军机入直处后，由各军机章京赴内府领取皇帝下发的奏折，并分送军机大臣审议。审议后再向雍正请旨，由雍正决定处理意见。此后，各军机章京就要将此类奏折及雍正的处理意见誊录出副本，并加以保存。

雍正这样做的目的，一来是为了保存各种档案，二来则是为了便于将来查寻各种资料。无论从哪方面来说，军机处都发挥了特殊作用，尤其是在集权方面，在削弱乃至排除内阁与议政王大臣会议参与国家政务的决策权后，这些大权皆总汇于军机处。

而军机处则牢牢地控制在雍正之手，如"人之使臂，臂之使指"，一切权力皆由雍正自操，军机处官员真正成了他的办事人员，唯雍正之命是从。如雍正所说："生杀之权，都在我自己手中。"

雍正设军机处，建立了君主高度专制的运行机制，保证了中央集权，实行了政治上与思想上的"一元化"统治，特别是最高层的统治集团维持了长期的稳定与统一，避免了由此而引起的政治动乱和社会的骚动，给百姓带来了持久的休养生息，推动社会向着繁荣的方向前进。

因此，在当时的历史条件下，雍正创设军机处不无积极意义。的确，雍正设立"军机处"起到了意想不到的效果，以前每办一件事情，或者有关的奏折，要经过各个部门的周转，最后才能够送达皇上。

其中如扯皮、推诿、拖沓官场陋习使办事效率极为低下，保密性也差。而自从设立军机处，摆脱了官僚机构臃赘，使雍正口令可以畅通无阻地到达每一个职能机构，从而把国家大权牢牢地控制在自己的手里。

比较明清两代的内阁与军机处，很明显，明时内阁，权属于阁臣，对君权尚有很强的约束力。而清代军机处虽为政府权力的"总汇"，但其权属君主，故对君权没有任何约束力，相反，军机大臣处于层层制约与皇帝的严格监视之下，无不小心谨慎、奉公守法。

雍正是一个有作为的君主，他利用"密折制"和"军机处"，巩固了君主独裁的政治体制，把封建专制推向了顶峰。

严格整顿八旗痼疾

雍正即位之初，将整顿旗务与刷新吏治联系在了一起，为了恢复满人往日刻苦奋斗之心，决定整顿八旗。满人入关，经历数十年的安逸生活后，八旗子孙依赖朝廷供养，贪图享乐，不事生产，导致旗务废弛。

雍正早就对此痛恨不已，一旦政局稳定下来，他就开始了大刀阔斧的整顿工作。对于八旗制度的改革，雍正取消王公管辖，由皇帝直接领导。雍正继位后任用自己的亲信兄弟和王公去管理掌握着军政大权的八旗机构，使皇权在八旗中得以行使。

雍正任用康亲王崇安管理正蓝旗的事务，任用皇十七弟果郡王允礼管理镶红旗事务。他以为这样任用亲信兄弟和王公管理八旗事务，就能平安无事。但是，雍正在对八旗旗主的使用中，很快就又发现旗主和自己这个皇帝之间存在着很大的矛盾，而八旗内部官员之间也存在着很大的矛盾。旗主诸王同都统等官员的职权难分，往往互相摩擦，不免要常常耽误公事。

同时管理旗务的诸王因身份崇高，影响自己对旗民直接统治的权力。为了解决这些矛盾，把旗务的控制权掌握在皇帝的手中，雍正又采取了一系列措施，改革旗内的事务。

雍正六年，雍正当机立断，减少八旗旗主，又取消了信郡王德昭、康亲王崇安以及锡保等人管理旗务的权力。之后，雍正又把在八旗中做旗主的王公改名为旗都统。

雍正七年，雍正任命庄亲王允禄管理正红旗满洲都统事务。雍正十年，就是1732年，雍正又任命平郡王福彭管理镶蓝旗满洲都统事务。用庄亲王允禄、平郡王福彭为八旗中的都统。这些都是雍正将旗务的控制权掌握在自己手中的手段，为的就是加强皇帝的权威。

此外，雍正还严禁下五旗诸王勒索外吏。雍正认为，诸王门下人等一旦出任外吏，便成为皇帝手下的政府官员，其身份地位应与原来有所不同。因此，既不许旗主役使其子弟，也不许对其本人肆意盘剥索贿。

雍正即位前夕就降谕宣称："下五旗诸王属下人内，京官自学士、侍郎以上，外官自州牧、县令以上，该王一旦把其子弟挑为包衣佐领下官，及哈哈珠子、执事人，使令者非常多，从此以后当停止挑选。其现在行走入内，如果是他们父兄未任以前挑选者，令其照常行走；但如果是他们父兄既任以后挑选者，都要查明撤回。或有过犯该王特欲挑选之人，着该王将情由奏明再行挑选。"

雍正元年，雍正又指出："凡旗员为外吏者，都被该旗都统、参领等官所制。自司道以至州县，于将选之时，必勒索重贿方肯出结咨部。及得缺后，复遣人往其任所，或称平时受恩，勒令酬报，或称家有喜丧等事，缓急求助；或以旧日私事要挟。下五旗诸王不体恤门下人等，分外勒取，或纵门下管事人员肆意贪求，种种勒索多得数不胜数，以致该员为此而绞尽脑汁，不能洁己自好。凡亏空国库而被罢免的，原因多在于此。"

在这段话中，雍正指出，下五旗诸王不体恤在外省做官的门下，向这些门下过分勒取钱财，或纵容管事人员向他们大肆搜求。为了除此弊端，他一方面允许这些被革职的官员上告，同时为了消除这些官员不敢上告的心理，准予他们封章密参。

一年后，就有人上告八旗贵族星尼勒取属人王承勋几千两银子，雍正得知此事后，在上谕中说："星尼不过一个八旗贵族，而王承勋不过一个州县官，勒取数目便已达数千两之多。如果主人是王爷，属人为地方大员，则不知更要多少了。"

他就此事警告王公，若不悔改，必将旗内王府佐领下人一概裁撤，永不叙用。雍正在削弱旗主权力、改变王公与属下私人关系时，还整顿八旗旗务，对八旗的机构、体制、工作作风等方面的改革，主要有：

一、创设八旗衙门，集体办公。

雍正朝之前，八旗都统等官各自在家里办事，一应行文档案堆贮家中，无人登记、管理，存在很大的积弊。元年九月十五日，雍正下令："现今八旗并无公所衙门，你们可以在官房内，拣皇城附近选择八个地方，立为管旗大人公所，房舍也不用十分宽大。"

二、严格要求当值官员尽职尽责。

雍正发现，有些都统、副都统，凭自己资格老、功劳大，于旗务并不办理，唯以曾经效力作为资本。因而雍正规定："若有人擅自不来办公，必将派人署理，代行旗务。而且八旗轮流，各当值一日，处理日常公务。值日大臣职名，应提前开列具奏。"

三、创制八旗新例。

八旗则例，年久失修，雍正即位后，虽然对旗制多有改革，但并未形成新例，旗员也多不执行，因此没有法律约束力，臣下处理事务散漫无羁、无所遵循。

针对这种情况，雍正三年，就是1725年，令八旗大臣在原来的《现行则例》基础上，根据现实八旗情形，命允禄、鄂尔泰等人分别编写上奏，后编成了《八旗则例》《绿营则例》及《世宗宪皇帝上谕八旗》十三卷、《世宗宪皇帝上谕旗务议复》十二卷，《世宗宪皇帝谕行旗务奏议》十三卷。

雍正十二年，雍正又修订了《户部则例》，新例中的条款对旗民要求甚为严格。例如，条例要求旗民重视有关服饰、用具之定例。雍正谕令八旗大臣、步军统领衙门、都察院衙门严行稽查，如有服饰、用具不按品级、不遵定例者，即行严惩。

四、严厉打击不法旗人。

为惩治不法旗人，于雍正二年，就是1724年，在京城八门各设旗人监狱，犯罪的旗人照例关押、监禁。

雍正五年，雍正谕令："八旗都统及内务府总管等，内府庄头及乡居统一旗人，如果有窝藏逃盗在家者，地方官差役搜捕，有抗拒者，即将窝家一并拿究。"

雍正还于四年八月决定：旗人犯军流等罪者，也按照汉人之例发遣。雍正五年（1727年），又设立重、轻和犯妇三大监牢，足以看出雍正对旗人的管理已经甚为严格。

五、开设宗学。

宗学是民间同一宗族之内为教育本宗族子弟而设立的学校。雍正二年间，雍正下令设立宗学，按八旗的左右两翼各设一所宗学，招收宗室子弟入学学习。宗学学习满文、汉文，演习骑射，由政府按月发放银米纸笔。雍正每年亲派大臣考试，按成绩优劣给予奖惩。雍正七年，由于宗学不能容纳所有爱新觉罗氏子弟，又予各旗设觉罗学，招收觉罗子弟学习文化、骑射。雍正这样做，目的有二：

其一是八旗子弟年深日久享受特权，滋长了骄奢之风气，所以设学教育后代，"鼓舞作兴，循循善诱"，使后代"改过迁善，望其有成"。

其二是宗室中一些人员各怀私心，互相倾轧，把骨肉视为仇敌；更严重的是他们"要结朋党，专事专营"。要改变这种恶习，须从教育开始。

可见，雍正之所以兴办宗学，是为了消除八旗后患，预防宗室朋党的再起。雍正在位期间，为了解决八旗的种种痼疾，逐步对旗务进行了严格的整顿，健全了规章制度，约束了八旗旗民。整顿旗务，既巩固了皇权、打击了朋党，同时，又提高了满人的文化素质。这不仅是政治上的胜利，也是文化上的胜利。

雍正在整顿八旗制度的同时，也加强了对太监的治理。种种历史经验和教训的感染训诲，使得雍正懂得如何制驭太监。他既不宠后妃，又不使用太监，后宫因而有序，不乱朝政，对国家的安定有着一定的帮助。

在继位初年，雍正就嫌太监们多半不懂规矩，从一些小事上找太监们的毛病，要求太监经过御座时要表现出敬畏的样子，对诸王大臣也要恭敬，见了诸王大臣必须起身站立，行走时要给诸王大臣让路，并不许光头脱帽，也不许在椅子上斜坐。

雍正把太监的官职限定在四品之下。雍正元年九月谕令，将清廷专门管理太监的机构敬事房的大总管授四品官职，副总管授六品官职，随侍等处的首领授七品官职，其他宫殿各处的首领授八品官职。

雍正四年六月，对有官职的太监实行加衔制，规定敬事房正四品大总管为宫殿监督领侍衔，从四品大总管为宫殿监正侍衔，六品副总管为宫殿监副侍衔，七品首领为执守侍衔，八品首领为侍监衔。雍正八年六月重新规定：太监官职不分正从。

雍正一方面给太监头目授职加衔，以便安抚使用，另一方面，又把太监的官职严格限定在四品以下，意在防止太监干预朝政，是避免僭越的具体措施。雍正广为宣谕，严禁太监干预外廷事务。

顺治朝，曾命工部铸成"铁牌"一块，立于宫中交泰殿内，上书：

中宫太监以后但有犯法干政、窃权纳贿、嘱托内外衙门、交结满汉官员、超分擅奏外事、上言官吏贤否者，即行凌迟处死，定不姑贷。特立铁牌，世世遵守。

雍正对先祖此谕十分看重，他命人将"铁牌"上的敕谕抄录多份，在宫内各处悬挂。雍正亲自安排张挂的这些"敕谕"，就像一个个警告牌，告诫太监须安分守己、不可越雷池一步。雍正还屡发谕旨，严令外臣不得钻营太监，大小太监不得欺瞒蒙蔽。

雍正三年，有个叫傅国相的扫院太监向奏事太监刘裕打听，有一废官，欲求复职，不知是否保奏的事情。这是违法的，刘裕本应上奏，但他没有这样做，只是告诉了总管太监，总管太监也没有奏闻，就把这件事放在一边了。

但是，世上没有不透风的墙，没有多久，雍正就得知了此事，很是愤怒。他颁布谕旨说："从前内外恶乱钻营之人紊乱法纪，我早就对此很清楚，凡事不得欺瞒隐蔽，有钻营者断不宽恕，若被拿获，务必从重惩戒正法。此案内大小太监，遇事并不奏闻，甚属可恶，将总管太监并奏事太监刘裕问明情由，凡有关涉此案人犯俱行锁拿，查问明白。"

雍正如此严肃地对待和处理这一起不太严重的太监事件，目的在于防微杜渐。雍正还通过法律条文，限定太监的行为规范。他针对太监中发生的问题，制定了许多"治罪条例"，这些"条例"在后来逐步得到了进一步的完善。

其中有《太监犯赌治罪条例》《逃走太监分别治罪条例》《太监和女子自戕自尽分别治罪条例》《太监私藏军器治罪条例》《太监偷窃官物治罪条例》《太监偷钓园庭鱼虾治罪条例》《太监越诉治罪条例》《太监轻生将首领等分别治罪条例》等等。这一系列"条例"，对太监是一种严格的束缚，使其不敢轻举妄动。

雍正认为年纪大些的人拉入宫内充当太监不好管教驯服。为此，于雍正元年二月间，通过副总管太监李成禄传达了一道上谕："以后十七岁以上太监不必收。"对宫内收取太监的年龄的上限作了新的规定。另外，对赏出去的太监，必要时雍正还要收回。

雍正八年，统管西北军务的宁远大将军岳钟琪进京陛见，雍正为鼓励他用心效力，赏给三名太监，让他带回西安军中役使。在这前后，岳钟琪自己也买了几个太监。

到了雍正十年，岳钟琪因用兵不力，被革职囚禁。雍正这时又想起了两年前曾向岳钟琪赏赐太监之事，他传谕理署陕西巡抚史贻直，命他"查明送京"。

史贻直遵旨查验，奏复说："查岳钟琪家内，现有皇上赏给太监三名，又有岳钟琪自己买的太监三名。现一并委员伴送进京。"

这六名太监，于是又成为雍正眼皮底下的仆役。太监作为封建皇权下的畸形附属物，其本身包含着必然的腐朽性。历数各朝各代受到君王赏识的太监，多是宠极奸生。

雍正对这点看得很清楚，他对太监管束严格，做到使用而不宠用，力防太监的骄横。雍正再三重申，太监必须遵守一定的礼节规矩，对主子务需毕恭毕敬，时时处处表现出忠诚。

雍正元年六月雍正发现有的太监不懂规矩，打扫之时，拿着笤帚，从宝座前昂头走过，没有表现出敬畏的意思。在雍正的眼中，奴才就是奴才。为此他谕令："凡有御座的地方，太监要怀恭敬之心，急走而过。"

同年八月十三日，雍正再次申明太监与朝臣见面的礼节：诸王大臣官员入大内，坐着的太监必须起身站立，正在行走的太监要让路。以往，从宫中放出为民的太监，往往潜住京师。为防止其利用特殊身份惹是生非，雍正严谕清理。

雍正四年八月初九日，雍正颁谕说："内务府放出为民的太监，并诸王贝勒等门上放出为民的太监，潜住京师的不少，这些人都是平昔怠惰不守本分之人，既经放出，不许仍留京师居住。"

雍正又明确指令："著九门提督预行出示晓谕，速令他们回原籍。如此晓示后仍潜住京师的，可以视作生事妄为之人，九门提督差役严拿，内务府亦责令番捕查缉，从重治罪。"

针对有的太监犯罪获遣后，到外地仍招摇撞骗，雍正谕令，日后凡有此类太监人犯，即于当地正法。

雍正七年，就是1729年，十月初八，雍正通过内阁颁发谕旨说，从前由京城发遣边地的旗人、太监等，常有沿途勒索地方、强横不法，且捏造流言、蛊惑大众的事。

雍正指出，这些八旗包衣、宫中太监等人犯，本获发遣重罪，可是一旦到了外省，众人不知其来历，甚至认为是朝廷得力之人，又见他们妄自尊大，于是群相畏惧，避其凶焰，隐忍应付，任其勒索，导致这些凶犯更加肆行无忌。

针对这种情况，雍正在谕中明确规定：以后由京城发遣边地的人犯，倘若经过州县及安插地方，或凌虐解役、勒索驿站，或行凶生事、造作谣言、不安本分、不守规条，本管解役应该立即禀明地方官，详报督抚，据实具题，于本处即行正法。

雍正不仅对太监本人的要求、管束、惩处是严格的，而且对其家属亲友也从不祖护。

雍正了解到，有的太监亲属，常常倚仗家人在皇帝身边当差而做出些非分的举动，地方官若要惩治，他们就逃到京城。为杜绝这种现象，雍正于四年八月传谕总管太监：凡有太监亲属被地方官查拿潜逃京师的，行文到内务府，即按例发落，不必奏闻。

为了约束太监家属，雍正四年八月初一日，雍正专门向吏部、户部颁谕："直隶地方……太监亲戚家属散处州县……太监的父兄弟在地方不无生事，本人却未必尽知。可令该州县，大事照例详报总督具题，小事径报内务府，内务府传该太监晓谕，令其自行约束，如仍不知悔改，内务府即酌量惩治。"

此谕颁发后，雍正担心，或许会有地方官借此苛求太监家属，便又于同月初九日下旨："地方官或许有不谙事务，借此苛刻太监亲属的，这也说不定，倘有此等情节，亦令太监亲属据实告知本太监，也允许呈明内务府咨查，务使各安其分，不致少有偏徇。如此，不仅太监亲属不敢生事，而地方官也不得有意沽名苛刻。"

雍正的这些细致考虑，还是较全面的。另有这样一件事，也多少表明了雍正不庇护太监的态度。

雍正四年八月十六日，直隶巡抚李绂奏报道："大城士民向来刁悍，因为那里的子弟多充内监，目无官长。"

接着，他谈到："这年夏秋之季，大城有几个太监的家属纠集数十名乡人，前往县衙，谎报受到水灾。"

知县李先枝认为，该地积水还造不成灾害，予以驳回。结果，这些乡人便喧闹县堂，毁坏门棚，后被当地兵役拘拿七八人。此事报到朝廷，雍正为纠正太监家人往往仗势横行而不把地方官放在眼里的风气，明确指示："当严审定拟，以惩直隶恶习，不可袒护。"以表示他不做太监的保护伞。

雍正汲取历史经验教训，严格地确定了太监的奴仆地位，对太监这个特殊队伍的管束是十分严厉的，建立了一套太监管理制度；他要求太监只可忠勤服役，而不可惹是生非，对太监用而不宠；同时，又通过惩处太监来打击政敌，稳固帝位。

雍正统治期间，太监没能大兴风浪，这与雍正的种种限制和有效管理不无关系。

勤奋处理国家事务

　　雍正是一个希望自己很有作为的皇帝，他要向世人证明，他是一个有能力把大清管好治好的人，从而说明他的确是最佳的皇位继承人。为此，他不是只在继位之初才表现得非常努力，而是一以贯之，从不懈怠，确实是一个难得的治世之君。

　　雍正的勤政一开始就非常自觉，处理朝政，自早至晚很少有停息的时候。大体上是白天同臣下接触、议决和实施政事，晚上批览奏章，不敢贪图轻松安逸。

　　雍正六年夏天，雍正曾写有《夏日勤政殿观新月作》诗一首，此诗说的是这一年酷热，他很想放松自己去多休息一下，但一想到前贤的箴言、帝王的职责，就打消了此念，不敢浪费一点时光，又勉励自己警戒骄盈，去努力从事政事、批览奏章。诗中表达了雍正对勤政的决心的感慨：

勉思解愠鼓虞琴，殿壁书悬大宝箴。

独览万几凭溽暑，能抛一寸是光阴。

丝纶日注临轩语，禾黍常期去壤吟。

恰好碧天新吐月，半轮为启戒盈心。

　　雍正本人勤政，对大臣也要求勤政。五年时，雍正命朱纲为云南巡抚。朱纲辞行时，雍正说："我刚登上皇位的时候，跟下面的大臣们没有多少人见过面，我费了太多的辛苦，精心挑选人才，办事自朝至夜，没有一刻敢懈怠，这是因为我心中只以国家大计为重，不敢爱惜自己的身体。我作为皇帝是这样勤奋，你们督抚身任封疆之责，我又怎么能任尔贪图逸乐？你务必把我这些话记在心里，不要做一个失职的巡抚。"

　　雍正的务实、勤政、事必躬亲作风，与其说是一个政治家、改革家必有的素质，不如说是一种责任心，为己为人，为国家。雍正既怀万民于心，又想一展宏图，他必须得用自己的努力去实现。

　　首先，雍正非常勤于学习，是善于借鉴的皇帝，知识广博，阅历丰富。他曾说："三代夏、商、周以下，那些英明的皇帝皇后，或继世而生，那是几代教育的结果；或间世而出，那是经过艰苦努力的结果，这样才能使天下太平、人民生活富足，也才能使自己青史留名，好的施政纲领成为后世的模范。大凡守业的皇帝，如果不能勤奋学习前朝的治国经验，那就很危险了。"

　　这段史论是雍正腹中才学的表现，也说明他善于总结历史，懂史的目的是在于汲取历朝历代的治国经验，致力于改善和强化统治地位，这是相当可贵的。

　　雍正的确博学，对历代功臣知道得很多，他尤其对唐朝的魏征大加赞赏。魏征曾进谏唐太宗，上"十思疏"，希望君王知足自戒，不要大兴土木让百姓不得安宁，而且谦虚谨慎，始终如一，辨别诤言谄论，谨慎施行刑法。

　　雍正认为魏征的君臣论治，很值得本朝汲取，于是亲书魏征的"十思疏"，置于屏风，朝夕诵读，又亲书多幅，颁赐给田文镜等宠臣，以便君臣共勉其励。

雍正还曾赐户部"九式经邦"的匾额，并以《周礼》赐文给户部，说明对《周礼》很是通熟。"九式"是说用财的节度，雍正认为户部若按《周礼》九式之法施行用财的节度，对当朝的经济财政定会有利。

雍正文思敏捷，于日理万机之中，往往亲自书写朱谕、朱批，少则精简为十余字，多则上千言，都是一挥而就。他的朱谕书写很工整，文字也流畅而且间有口语，卷面一字一字地写得十分整洁，很少涂抹。

比如，雍正在给年羹尧的朱谕中说：

> 使臣中佛保回来所奏之折，抄来发于你看。未出尔之所（料）略。但你临行之奏，待他来人轻谈之论，朕少不然。朕意仍如前番相待，何也？今换人来矣，想策妄疑根敦，于事无益，二者朕总是在推心置腹，不因彼变迁而随之转移，总以无知小儿之辈待之，体理复彰，你意为何如？再其所请求之事，逐款当（如）何处，将你意见写来朕看。他如（此）待留罗卜藏丹津（青海叛乱首领）之意，你意如何？他的人来，一路上仍加意令其丰足感激，可速谕一路应事官员知悉。再他又向藏之论，此信未必也。可速速详悉逐条写奏以闻。特谕。

从这个谕批看来，完整百余字中，只抹去一个"料"字，改为"略"字，再则加了"如""此"二字，别无涂画。雍正执政十三年，以汉文写的朱批奏折多达两万两千多件，以每件朱批平均为一百字计算，字数就有二百二十多万字。如果文思不敏捷，语言不流畅，是不可能写得出的。

在处理国家事务中，雍正更是认真细致。下臣的疏忽大意和草率，或者掩饰过失，偶露形迹，总会在他的精细之中被发现出来。雍正元年时，年羹尧上奏一个折子，大学士已经议复，后来蔡珽又有相同内容的奏折，大学士没有察觉，又行上奏。雍正注意到后，立即批评大学士们漫不经心。

雍正五年时，浙闽总督高其倬就福建水师问题连着递了两个报告，因为路途遥远和其他原因，后写的奏报却先到了北京。雍正阅览之后，见奏折上有句续报的话，当即追问是怎么回事。

雍正七年，署理浙江总督折奏侦查甘凤池的事，雍正阅后批道："前既奏过，今又照样抄奏，是何意见？"雍正处理事务不但细致，而且往往对人和事都很详尽地进行了解。

雍正三年，他在河南巡抚田文镜的奏折上朱批询问，向田文镜了解年羹尧向河南运送资财的去向，又问河北镇总兵纪成斌的为人。

到了五月初六日，田文镜便具折回奏，向雍正报告说已派人了解年羹尧的问题，并且谈了对纪成斌的印象。年羹尧在年底被赐自缢，纪成斌在雍正十一年，就是1733年，被斩于军前，想来田文镜肯定没说年羹尧和纪成斌二人的好话。

这次雍正和田文镜用密折交流情况、交换看法，前后共计二十天，工作效率在当时是很高的。不仅对外地官员如此，对于京师的奏折，雍正处理得也不慢，绝不因是眼皮底下的事而稍有拖延。

为了提高办事效率，雍正大大削弱了"六科"的权力并加强了政务监管。"六科"，是历代封建政体中的一个行政衙门，其官吏称给事中。它的职责就是传达皇帝的命令，并负责检查下面执行上谕的情况。

具体地说，六科是专门负责将皇帝批阅的奏章从内阁领出，然后誊抄清楚再发给各有关部门具体执行。它不仅有转发批奏文件的权力，而且还具有"封驳权"，也就是说，假如六科认为皇帝的命令有欠妥当，就有权将这个命令原文封好，重新打回内阁。

此外，六科还负责稽查六部，审核各类事务的执行状况。倘若六科认为各部门在执行过程中有意拖延迟误，就有权对它们进行参奏。因此，六科给事中所理之事，虽职位不高，但权力范围却非同小可。

有鉴于此，雍正即位不久，就决定削夺六科的权力以加快各种政令的顺利执行。为此他说六科的掌印给事中责任紧要，因此给事中人选应交督察院共同拣选保奏。

此后，雍正又命令督察院派定了六科给事中人员，并命令督察院从六科中各科不掌印信的给事中里选拔出二人，出具考语，缮本题奏。这样一来，六科给事中实际上就成了督察院的一个附属部门，与督察院中的监察御史没有什么不同了。

有人评价雍正此举是轻重倒置，不按规则出牌。事实上，雍正是故意将重者轻之的。正因为其重要或紧急，才力图下达顺利，使之减少羁绊；只有这样，才能使给事中们无法抵制皇帝的命令，使各项政令得以迅速传达，使皇帝的金口玉言受到绝对的尊崇。

雍正一方面贬低了六科给事中的权力，与此同时，又加强了督察御史的权限，向地方上也派遣各类巡察御史，命令他们负责督察各类政令的实施情况，并负责考核各地官吏的任职状况。这样一来，巡察御史就有钦差大臣的味道了。

雍正削弱了六科给事中的谏议权，相应地加强了督察院对所有官吏的监察力度，两者相辅相成，既是雍正强化皇权的两个侧面，又是雍正驭下有方的一个最佳体现，提高了办事效率并加强了政务监管。

雍正认为："国家设官分职，各有专司，而总揽万机，全在一人之裁决。"他甚至在《御制朋党论》中，把反对他躬理细务的人归之为朋党，说，"惧怕皇帝的监察，还一心想着要蒙蔽我的耳目，好达到他们为所欲为的私心。"

看来，雍正也并非是精力过剩或刚愎自用，究其原因，他把所有的权力都收到自己手里，是对别人不放心。此外，雍正处事非常干练果决。雍正五年六月，因为交廷臣所办的事务廷臣没能及时办理。

雍正大为生气，说："我整天坐在勤政殿里，不顾暑热地想办理事情，为什么诸大臣对我交代的事务抱沉默态度，不来回奏？若不能办，何以不讲明原委？若不想办的话，干脆交给我，我来替你们办。我现在责令你们把因循迟延的问题回答清楚！"

还有一次，新任御史鄂齐善、曾元迈值班时早退，大学士马尔赛奏请皇上把他们交部议处。雍正对马尔赛说："不要按常规处罚。他们是新进小臣，还敢这样怠惰，如果不严加教导，就不能警诫那样越礼偷安的人了。"

雍正的处罚办法是：命令鄂尔善、曾元迈两人每天到圆明园去值班，日未出时到宫门，日落以后才准散班。这一招果然灵，很快就扭转值班人员的懒散作风。

雍正的思想是："遇到事如果毫无定见，那天下就没有可办的事了。"

雍正认为，遇事要很快拿定主意，不能瞻前顾后、左顾右盼、莫衷一是、犹豫不定，认准了的事就马上去做。这就是雍正刚毅果断的性格，他要求大臣也这么去做。

雍正五年，雍正朱批指出闽浙总督高其倬办事优柔寡断，于是写了一段话来训勉他："我看你办理事务的态度，必先将两边情理都分析清楚，找出其中的利害，刚想兴此一利，而又虑彼一害，再欲除彼一害，而又不忍弃此一利，辗转游移，毫无定见。"

雍正还说："如果这样，天下无可办之事矣。人之处世就像走路，可是不可能自始至终尽遇坦途顺境，既无风雨困顿，又无山川险阻，所以古人多咏行路难，这是很有深意的。凡举一事，他人之扰乱阻挠已不可当，自己反而前怕狼后怕虎，百端交集，如蚕吐丝，以缚其自身！"

最后，雍正说道："世间事，要当审择一是处，力行之，其余利害是非，一概不要左盼右顾，一切扰乱阻挠，不为纤毫摇动，操此坚耐不拔之志以往，才可能成功。从事后结果看，害者利矣，非者是矣。无知阻挠之辈，不屏自息矣。现在你却不然。一味优柔寡断，犹豫不决，我很担心你不可胜任，这可是有关国家用人之得失啊！"

这段话，与其说雍正在教导部下，不如说是雍正在勉励自己。教训手下不要优柔寡断，其义是在说明自己刚毅果断。雍正性格的刚毅果断，表现在政治上就是决策果断。对一件事情的利弊，一旦有所把握，就作出裁决。

雍正在推行新政策和整顿吏治期间，大批地罢黜不称职官员，同时破格提升了不少人才，别人批评他提拔和罢免官员都太快了，但雍正对此毫无顾忌，坚持到底。正是雍正的坚毅果断，才使得他的许多重大的社会政策能延续下来。

雍正是个终生十分勤奋的皇帝。他向朝臣们说："我受先帝重托天下，昼夜小心翼翼，寝食不安，天下事务不论大小，都想处理清楚。我并不是想为自己留下好名声，只是继承列祖开创鸿基，体仰先帝付托至意，为社稷之重，只能勤劳不懈。"

因为雍正能以身作则，垂范于下臣，所以大小官员们也都以他为榜样，勤政不懈。

雍正可以算得上是历史上最勤政的一个皇帝。他经常引用俗语"不是闲人闲不得，闲人不是等闲人"，并说，"乃至今日，如何图得安闲？既有责任在身，非勤不可。"

经过多年努力，雍正终于带出了一支勤政的官员队伍。雍正夙兴夜寐、事必躬亲，的确是历代帝王勤政的表率。

尊崇孔子文化思想

雍正对孔子的尊崇，超越了前代帝王，能做人所未做，言人所未言，留其特性于后世。雍正元年三月，雍正追封孔子先世为王。他说："天地君亲师是人人所至为尊重的，而阐明天地君亲大义的则要靠教育，教育又以孔子为最优，所以自己自幼读书，就极其崇敬他，但孔子既被尊为'大成至圣先师'，已脱离人臣的封号，没有办法再尊称了。"

因此，雍正决定追封孔子五世先人。把他们由前代封的公爵，改封为王爵。雍正二年，雍正将"幸学"改称"诣学"。他在举行临雍释奠礼以前，谕告礼部，说过去帝王去学官，称作"幸学，这是尊帝王之巡幸，本是臣下尊君的意思，但"朕心有所未安"，以后凡去太学，一应奏章记注，"将幸字改为诣字，以申崇敬"。

同年六月，曲阜孔庙发生火灾，烧了大成殿及两庑，雍正命工部堂官赶去兴修。雍正三年，雍正终于想出尊孔的新花样，命对孔子的名讳像对君主一样都要予以敬避，凡地名、姓氏都须加以改易。

雍正四年，雍正亲书"生民未有"四字匾额，悬挂在天下学宫。为曲阜孔庙书写"德冠生民，道隆群圣"对联，并书大成殿榜额，还应衍圣公孔传铎之请，亲自为《圣迹图像》作序文，又亲祭孔子。

过去帝王在奠帛献爵时，从不行跪拜大礼，雍正径行下跪，事后告诉礼部和太常寺官员，他不按照仪注所定行礼没有错误，因"若立献于先师之前，朕心有所不安"。

雍正是把孔子真正当作老师来对待了。雍正五年，定八月二十七日为孔子圣诞，其典礼规格同于康熙圣诞节，下令这一天禁止屠宰，命天下虔诚斋肃。孔子诞辰祀典，过去本为中祀，至此改为大祀了。

雍正八年，雍正以圣庙执事人员没有爵秩，不足以光大祀典，因特设执事官，三品的二员，四品的四员。这些人员由衍圣公在孔氏子孙内拣选，报礼部备案。

同年十月，曲阜孔庙大成殿修成，"黄瓦画栋，悉仿宫殿制"，所用器皿，也全由宫中颁出，用银一百一十五万两。雍正命皇五子弘昼、淳郡王弘景前往参加落成告祭典礼，弘昼回京复命，奏报孔林围墙倾圮，雍正又遣官往修。

雍正如此尊孔，自有他的认识与想法。他说：

> 至圣先师孔子以仁义道德启迪万世之人心，而三纲以正，五伦以明，后之继天御宇兼君师之任者有所则效，以敷政立教，企及乎唐虞三代之隆大矣哉。圣人之道，其为福于群黎也甚溥，而为益于帝王也甚宏，宜乎尊崇之典与天地共悠久也。

又说：

> 若无孔子之教，则人将忽于天秩天叙之经，昧于民彝物则之理，势必以小加大，以少陵长，以贱妨贵，尊卑倒置，上

下无等，干名犯分，越礼悖义，所谓君不君，臣不臣，父不父，子不子，虽有粟，吾得而食诸？其为世道人心之害尚可胜言哉！

使为君者不知尊崇孔子，亦何以建极于上而表正万邦乎？人第知孔子之教在明伦纪，辨名分，正人心，端风俗，亦知伦纪既明，名分既辨，人心既正，风俗既端，而受其益者之尤在君上也哉！朕故表而出之，以见孔子之道之大，而孔子之功之隆也。

雍正毫不避讳，讲君主从孔子学说得到的利益最多，所以才极力尊崇他。孔子思想，教人各守本分，君君臣臣父父子子，只要三纲五常一实现，没有犯上作乱的，君主的统治就安稳，帝王从中当然就受益最多了。

过往人们只讲遵循孔子名教，使风俗端淳，于民有益，不懂得对君主的好处更大。而他体察到了，并且公开地讲出来，这有他坦白的一面，更重要的是在孔学与维护君主统治的关系上，他比大多数统治者的认识来得深刻。

锐意改革

一波未平，一波又起。不久，河南学政张廷璐到开封监考，众监生暗中串联，开始实施罢考计划。与此同时，武生范瑚还把少数应试者的试卷抢去，当众撕毁，以此表示对士民一体当差制度的抗议。

这一事件发生后，总督田文镜、巡抚石文焯迅速向雍正作了汇报。

雍正认为地方上出了这样的事情，应该"整饬一番，申明国宪"，他打算杀鸡儆猴，通过对个别风头人物的打击，使其他人慑服。为此，雍正特派吏部侍郎沈近思、刑部侍郎阿尔松阿赶赴河南处理此事。

勤于理政励精图治

雍正即位的前几年，多次表示要勤于理政。公元1723年，京口将军缺出，雍正命一个李姓官员署理，大学士票拟时误将张天植拟用为副都统署理京口将军，事情被发觉后，大学士们自请交吏部议处，雍正因此教导他们认真办事，并自云自己年富力强，可以"代理"大学士所应为之事。雍正二年，雍正向朝臣讲：

> 仰荷皇考诒谋之重大，夙夜祗惧，不遑寝食，天下几务，
> 无分巨细，务期综理详明。朕非以此博取令名，特以钦承列祖
> 开创鸿基，体仰皇考付托至意，为社稷之重，勤劳罔懈耳。

雍正深感维持清朝江山责任重大，而新继大统，对臣下不熟悉，需要勤政治理。五年，雍正把他比较欣赏的疆吏朱纲用为云南巡抚，在朱纲陛辞时，雍正与他作了推心置腹的长谈，讲到继统初期的心情和情况：

初御极时，诸臣多未识面，朕费无限苦心，鉴别人才，办事自朝至夜，刻无停息，惟以天下大计为重，此身亦不爱惜。

其实，雍正勤于理事，不仅是初期政事没有头绪情况造成的，更重要是他健全奏折制度，又创设军机处，把辅臣进一步降低为"幕僚"，使自己一身兼国家元首和行政首脑两重职务，事务自然更加繁忙了。

雍正处理朝政，大体上是白天同臣下接触，议决和实施政事，晚上批览奏章。从早至晚，少有停息，即使在吃饭和休息的时候，也是"孜孜以勤慎自勉"，年年如此，寒暑无间。雍正六年夏天，他写《夏日勤政殿观新月作》七律一首：

勉思解愠鼓虞琴，殿壁书悬大宝箴。

独览万几凭溽暑，难抛一寸是光阴。

丝纶日注临轩语，禾黍常期击壤吟。

恰好碧天新吐月，半轮为启戒盈心。

雍正因早年夏天中过暑，以后形成畏暑心理。这一年酷热之时，本想休息，但一想到前贤的箴言、帝王的职责，就不敢浪费一点时光，又勉励自己警戒骄盈，去努力从事政务。次年，雍正又作《暮春有感》：

虚窗帘卷曙光新，柳絮榆钱又暮春。

听政每忘花月好，对时惟望雨均匀。

宵衣旰食非干誉，夕惕朝乾自体仁。

风纪分颁虽七度，民风深愧未能淳。

因此朝夕戒惧，不敢怠惰，时序的变化虽大，也无心欣赏花木的繁荣。晚间，也是雍正紧张的时刻，批览奏折，常常到深夜，搞得精疲力尽，他常把这种情形书写在臣下的奏折上：

日间刻无宁晷，时夜漏下二鼓，灯下随笔所书。

灯下所批，字画潦草，汝其详加审视。

灯下批写，字迹可笑之极。

又系灯下率笔，字迹更属可笑。丙夜灯下逐条省览，一一批示矣。

因灯烛之下字画潦草，恐卿虑及朕之精神不到，故有前谕，非欲示朕之精勤也。

石朱批是雍正勤政的最好体现。这一做法他一直坚持下去，虽然雍正八年以后，石朱批分量有所减少，但他的励精图治的精神仍然贯彻其间。雍正处理事务，非常认真。臣下的疏忽大意、草率从事、掩饰过失，往往在他的精细之中被发现了。雍正元年，年羹尧奏一折，大学士已经议复，后蔡有同样内容的折子，大学士没有察觉，又行上奏，雍正注意到了，批评他们疏忽大意。

同年，礼部侍郎蒋廷锡等书写追封孔子五世王爵诏，将"重道"二字误写，雍正看题本时发现了，把蒋廷锡等叫到跟前，告诫他们："勿谓此等本章无甚紧要，朕不详览，嗣后当甚之。"

雍正五年，浙闽总督高其倬连着就福建水师问题作了两个报告，因路途遥远等缘故，后写的折子先到，雍正见了，因上有续报的话，追问是怎么回事。可见他不放过每一个细节。

雍正七年，署理浙江总督性桂折奏侦稽甘凤池事，雍正阅后批道："前既奏过，今又照样抄誊渎奏，是何意见耶？"

具奏人忘了这是重复奏报，日理万机的皇帝对其前折倒印象很深。福建巡抚刘世明没有及时对雍正的训令作出反映，雍正可不是说了话就置于脑后的，于是新的训饬就发生了："朕日理万机，刻无宁晷，费一片心血，亲笔训诲之旨，竟一字不复，想汝终日在醉梦中矣。"

雍正就是这样孜孜不倦地处理他的事务。他说："朕于政事，从来不殚细密，非过为搜求也。"

确实，他不是为挑蒋廷锡、高其倬、刘世明等人错误，而是他本身办理认真，并以此严格要求臣下。雍正在对朱纲说了他不惜自己身体健康地勤政之后，接着又说："朕之不少图暇逸者如此，尔等督抚身任封疆之责，朕又岂肯任其贪图逸乐？务宜勉励为之，无为溺职之巡抚。"

要求臣下和他一样紧张忙碌。他不许官员设立戏班，主要原因是怕他们贪污腐化、败坏风俗，再怕他们废弛公务。雍正五年六月，雍正因交廷臣所办事务不能及时处理，大为生气，他说："我整天不顾暑热，只想办理事情，为什么诸大臣对交代的事情抱沉默态度，不来回奏，若不能办的话，何以不讲明原委，若不想办的话，干脆交给我，我来替你们办。现在责令你们把因循迟延的问题回答清楚。"

次年二月，新任御史鄂齐善、曾元迈值班早退，大学士马尔赛请把他们交部议处，雍正批示不要按常规处罚，他们是新进小臣就这样怠惰，若不严加教导，就不能警戒那些越礼偷安的人了。因此命令他们每天到圆明园值班，日未出时到宫门，日落以后才准散班。

雍正勤政，加上他的一套行之有效的行政办法，所以他办事非常迅速。他每日召见大臣，议决事情。当西北两路用兵时，每天面见军机大臣数次，晚上也不例外。他审阅官员的本章、奏折，处理及时。

如在豫抚田文镜三年四月十七日奏折上石朱批，询问年羹尧向河南运送资财的去向和河北镇总兵纪成斌的为人，五月初六日田文镜具折回奏，报告已派人了解年的问题，谈了对纪的印象。

四月十七日至五月初六日，头尾算上才二十天。他们君臣的笔谈，就进行了一个来回。五月二十六日，田文镜进一步折奏年、纪二人的情况，雍正阅后在朱批中又询问道员佟世的为人。

同一天，田文镜还进呈一谢恩折，雍正也写了朱批，到六月十三日，田文镜就见到这份石朱批，随后于二十一日对佟世问题作了奏报。这一年五月小，二十六日至下月十三日，共十七天，开封到北京的路程有一千六百里，来回共三千二百里。

这些奏折，都由田文镜家人呈递，那样就不可能像驿站传送公文，一天可以三四百里，四五百里，所以这十七天，主要是路上来回占用了，不用说，雍正随收到随批阅，随即发出。

雍正就是以不过夜的原则批阅臣下折子，因而很快掌握了情况，处理了事务。雍正十年七月初八日，礼部侍郎张照为他祖父张淇呈请设立义庄和请求旌奖，三天后，即十一日，雍正批准了请求，命礼部议奏旌表，十月十三日大学士张廷玉题请给张淇封典，十五日雍正即予认可。

关于张淇的封典、两次题本，雍正都在两三天内答复了，并不因平常的事情而拖延。他如此迅速处理事情，可见他的行政效率之高。雍正事事必躬的态度，惹出了一些不同的看法。

雍正二年年初，福建巡抚黄国材上奏，认为细微的事情不必专折奏闻，只须报给六部，由他们汇总具题。还有人认为雍正大小事一齐抓，烦苛琐细，他们希望人君不要亲理庶务。

雍正对此作了一番解释，就黄国材的奏议说，他是效法康熙六十余年的勤政精神，所以"朝乾夕惕，事无巨细，亲为裁断"。

他强调正富年轻力壮之时，不可稍图暇逸。他说劝他的人也可能有爱君之意，但不知他的脾气，如果大家都效忠为国，事情办得有条理，就是封章堆叠，也乐于披览，不以为劳，若众人苟且塞责，以致事务废弛，日无一分封章，心理反倒不安。

表示他绝不图暇逸而减少对政务的处理。五月，他进一步说明皇帝躬亲政务的必要性："国家设官分职，各有专司，而总揽万机，全在一人之裁决，因此天子不能端默高拱，必须综理庶务。"

七月，在他《御制朋党论》中，把反对他躬理细务的人归之"朋党"，认为那些人"畏人君之英察，而欲蒙蔽耳目，以自便其好恶之私"。这样一来，再没有人敢于非议亲理庶务了。雍正从政，日夜勤慎，戒备怠惰，坚持不懈以朝乾夕惕自励、自诩。年羹尧把"朝乾夕惕"误写为"夕阳朝乾"，他以此作为整治年的理由，虽借题发挥，但亦有因。

造就一批有用的忠臣

　　雍正在执政中，始终把用人看作是治理天下的根本大事，而把其他方面都看作是枝叶。他曾明确表示："治天下惟以用人为本，其余皆枝叶事耳。"

　　康熙末年，康熙皇帝认为自己已经功成名就，于是失去了早年积极进取、变革图新的精神，加之晚年身体衰弱，使他倦于政务。康熙晚年，他曾说："今天下太平无事，以不生事为贵，兴一利，即生一弊。古人说多一事不如少一事，就是这个意思。"又说，"治天下务以宽仁为尚。"

　　不生事、维持现状致使康熙晚年的社会积弊越来越多，也越来越严重。其中最主要的是朋党之争和官吏的贪赃枉法。雍正即位后，力图革新前朝积弊，在政治上开创一个崭新的局面。但积弊太多、太久，该从哪里入手呢？雍正选择了一个最关键也是最根本的方面，就是用人。

　　雍正在《悦心集·书兰芳亭》中说：

兰之香盖一国，则日国香。士之才德盖一国，则日国士。

自古以来，历代帝王与大臣们都十分注意理财，认为理财最关乎国计民生，只要仓廪充实，百姓各乐其业，国家自然会太平无事。但雍正对此却有不同的看法。

有一次，雍正对诸王大臣们说："从古以来帝王治理天下，都说理财、用人两件事最重要，但是我认为用人的重要性，更在理财上面。如果能够做到用人得当，还担心财政整不好吗？其他政事办不好吗？"

雍正在处理江苏巡抚尹继善的奏折上，也曾批写说："我作为皇帝的责任，不过是提拔任用你们这样的几个总督巡抚。"

雍正之所以把用人提到如此重要的程度，是有其理由的。他曾大喊理财难，这是因为他执政初年，国库存银告匮，不足两千万两，而国家每年支出浩繁，怎样才能增加财政收入，量入为出，曾使他大费苦心，有时还不得不蒙受吝啬小气的恶名。

但是后来，雍正通过三四年的大力整顿，任用能臣清理亏空，理顺官民关系，保证赋税的正常征收，很快扭转了财政困窘的局面。所以，雍正直观地看到，凡事都必须通过人去办理，如果选用得当，诸事皆理，反之，什么事也都是难办的事。

同样，在"人治"和"法治"的关系上，雍正很重视法律制度的建设，注意"以法治国"；然而，更强调"人治"，认为从来有治人，无治法，有治人，即有治法。

法律也是人制定的，得到有能力的人，则自能因时因地制宜，应时宣教，必然达到法治的境界。否则，如果用人不当，善法也会变成恶法。更何况，法随时随地而变，譬如人有疾病，必然因症投药，若药不对症，好药也会害人。

雍正明确下令：要求各省督抚爱惜人才，在对部下进行弹劾时更应当谨慎。若因为查人不明误将一个有用的人才罢了官，那就比误荐一个不肖的官员所造成的危害还要大。所以，雍正在给云贵总督鄂尔泰的御批中写道：

> 天下惟以用人一政为本，其余皆枝叶事耳。览汝所论之文武大吏以至于微弁，就朕所知者甚合朕意。但朕不过就日下目力之所见，断不敢保其必也。贤卿之奏，非大公不能如是，非注意留神为国家得人不能如是，非虚明觉照不能如是。朕实嘉之。但所见如是，必明试以功，仍当以临事经验方可信任，便经历几事，亦只可信其以往，仍留意观其将来，万不可信其必不改移也。上智之资，从古难得。朕前批谕田文镜，言用人之难有两句，可信者非人何求，不可信者非人而何求。不明此理不可以言用人也。朕实如此法用人，卿等当法之，则永不被人愚矣。卿等封疆之任古诸虞也。阖省窥伺，投其所好，百般千方厌其不善而著其善，粉饰欺隐何所不致。惟才之一字，不能假借也。凡有才具之员，当惜之教之，朕意虽魑魅魍魉，亦不能逃我范围也，何惧之有？既至教而不听，有真凭实据时，处之以法，乃伊自取也，何碍乎朕意？卿等封疆大臣，只以留神用材为要，庸碌安分洁己沽名之人，驾驭虽然省力，恐误事。但用材情之人要费心力方可，若无能大员，实不如用忠厚老成人，亦不过得中医之法耳，非尽人力，听天之道也。

因为重才、爱才，雍正会对官员因材、因地、因事、因时，随时加以调整，及时训诫。雍正接见大小官员时，或小规模地集体会见，或单独引见，他绝少装腔作势，摆万乘之君的架子，而是态度和蔼、言语真诚，有针对性地问寒问暖，询问家世、年龄、籍贯、履历、特长等，先消除引见人的心理恐惧。

有时，他雍正也谈自己，暴露个人的心迹，说话很随便。然后，雍正再进入正题，说明为什么用你，甚至经谁保举的也明告于人，告诫人们要效命于皇帝和国家，要存天子的用人脸面，要立心向上，争做名臣、做好官，甚至声称"将相本无种"，以此鼓励人、鞭策人。

很多时候，雍正还探问他们家庭有没有负担，双亲年龄多大了，如果需要养亲，有时还破例予以照顾。有时谈得高兴了，雍正还会当面加以奖励，直接说出对某人的印象看法，不时赏给一些先皇的御用物品，或宫中的御用品，或其他能派上用场的药品、布匹、衣物、书籍等。

对臣下大胆提出的要求，雍正往往立即做出决定，大多都满口答应。通过一番交谈，雍正很容易使来人感恩戴德，这种例子多得很。应该说，雍正通过面见途径对臣下进行感情投资，既是一种出色的笼络术，又不能单纯视为笼络，因为他的言行往往是出于真诚的。

在君臣的秘密通信奏折中，雍正更是针对不同之人进行训诲、鼓励、关心、指示或批评。其言辞坦率真挚，感人肺腑，文字富有色彩，多是口语化，甚至粗话连篇，虽不雅，却能使具折人感到亲切。可以说，密折及朱批是雍正联络皇帝与身居外地的封疆大吏感情的重要纽带。

过去，人们很怀疑雍正生前公布刊刻的那八千余件朱批奏折的真实性，认为皇帝不太可能对臣下御批那么多的知心话和关切语，把《朱批谕旨》与原折进行对比，发现所刊刻的朱批谕旨的确有改动的地方，但主要是纠正错误、整齐格式、润饰文字等方面的文字性的修改，以及涉及当朝人物评价等问题时因忌讳而修改处。

雍正的笼络术不仅细腻，而且诚恳，私人感情的成分多有，但并不是不可示人的。他通过对臣僚无微不至的关怀和频繁的赏赐，大大沟通了君臣间的感情。有的官员生病或身体不好，雍正总是表现出极大的关心，或择医前往疗治，或赐药，或告知良方。

年羹尧得宠时虽系壮年，但却心血两亏。雍正得知情况后，特赐"天王补心丹"等名贵药物，并一再嘱其爱惜身体，不要劳心于无用处。

田文镜得到雍正的重用时，已是六十多岁的人了，前几年身体还勉

清世宗雍正传

强维持，但六七年后，健康一年不如一年，感冒时发，左腮颊肿痛，时而出脓。雍正特命河南按察使陈世倕就近诊治，陈世倕以懂医术著名，他给上司治病自然容不得马虎。

李卫身体素质与其魁梧的身躯不相称，曾多次吐血，雍正认为他是急于报效、用心太过所致，多次告诫他应量力而行，戒除烦躁和急脾气，同时特派医生加以诊治，至于用其八字卜算其寿考，虽有些滑稽，却说明皇帝对宠臣是何等的关心！

新贵唐执玉自以为才拙，政事不如人，但抱定以勤补拙的古训，虽身患疾病，却理事如常。雍正很欣赏这种精神，对他越格提拔。唐执玉在代理直隶总督时，患病不求医，雍正特命懂医的宗人府府丞冀栋前往诊治，并赐人参，传谕道："爱养精神，量力治事。"

实际上，雍正不但对宠臣这样，而且对其他人也是很关心其身体健康的。除非有的人装病偷懒，或借病引退，则视情况另眼相待，如蔡珽在四川巡抚任上，以眼疾请求疗养，雍正就直破其奸巧之心，批评蔡珽自己就熟谙医道，自然知道眼病用不着闲居休养。

雍正曾派一个叫留保的满族侍郎去浙江办事。留保虑事很周，临行前又折奏雍正，请示去浙江是不是还要办其他的事。雍正在留保的奏折上批道："听说你至今还没有儿子，可在浙买一两个婢妾回京。"这样的朱批倒是很少见，很亲切，很有人情味，又十分有趣。

留保到了浙江后，杭州织造隆升闻知皇帝叫留保在浙买妾，因此就将一个叫奴奴的女子赠送给留保。于是世间传说留保奏旨娶妾，以为不世之荣，可见雍正很善于关心下臣。

雍正对人才的重视还表现在善于纳言。俗语说：良药苦口利于病，忠言逆耳利于行。雍正在位时能接受臣下谏言，知错能改，体现了一个君王的大度。如他自己所言："朕生平不怨天，不尤人，惟有自省自问而已。"

两广总督孔毓珣因与年羹尧交往过，向雍正谢罪。雍正安慰他："是我自己无识人之明，误宠匪类，正自心里悔恨呢，又怎么好意思牵连你们这些无辜的人。"正因为有他此一句话，与年羹尧有过来往的官员才安心了。

封建体制下的官员任免，往往牵一发而动全身，引起朝野动荡，因此，在拿权倾一时的年羹尧开刀之后，面对人心惶惶的官场，雍正当机立断，安抚人心，这一招也是十分有效的。

雍正虽然性格刚毅果断，但也有遇事吃不准的时候，虽然下臣的建议正确，也往往一时得不到支持。雍正四年九月间，甘肃巡抚石文倬建议在该地开炉铸造制钱，以禁绝私钱，无奈雍正并不批准。

同年十一月，石文倬再次奏请开炉铸钱，雍正了解情况后就改变了态度，在石文倬的折子上果断批示道："禁止制造私钱一事，确实像你所说的，钱法既清，而民用也足够了，你说的很有道理。那时我想全面考虑一下，所以没有很快决定，今已批准部议了。"

雍正起初犹豫不决，是不了解情况，后来证明自己的犹疑不当，当即就改，也不失为一位明主，也足可见雍正是有理性的皇帝，能够审时度势并懂得宽仁。雍正继位时，曾封朱轼为太子太傅。到了第二年，又命朱轼兼吏部尚书，赐诗"忠岂惟供职，清能不近名。眷言思共理，为国福苍生。"雍正三年，雍正又命朱轼为大学士。当时，雍正正在考虑诸臣建议，将"耗羡归公"，因为征收粮食运输时有损耗，在正额征收之外加收若干叫耗羡，归公即是将耗羡部分全部归入正额征收数。

朱轼怕耗羡之外再加耗羡，就连连上书反对。雍正一再反驳，朱轼立场始终不改。作为起初的宠信之臣，朱轼常与雍正唱反调，不安于位，以病乞休。

雍正挽留他说："如果你真病得很重，我怎么可能极力挽留？如尚可医，你又怎么忍离开我而去。"

朱轼听罢感激涕零，从此不再有去意，但性格仍不改变，常直谏皇帝，雍正也不以为意。

太原知府金铁也反对耗羡归公，雍正却很快提升他为广西按察使，又擢为巡抚。金铁建议把州县分为冲、疲、繁、难四类，依据分类情况

清世宗雍正传

任用官吏，此议为雍正采纳。后来，金鉷又以清查反雍正的流言而得雍正的信任。

侍郎沈近思也反对雍正火耗提解，雍正也并不嫌恶，却赐诗赞他："操此寒潭洁，心同秋月明。"沈近思反对雍正崇佛，雍正也并不为意。沈近思死后，又追加他为礼部尚书、太子太傅，遣官往祭，令吏部派司官经理丧事。

另一反对耗羡归公的御史刘灿，雍正起初认为他有私心，改授刑部郎中。后见刘灿"居心尚属纯谨"，于是升之为福建汀漳道。雍正五年，刘灿因漳州政府及属县仓米短少，揭报督抚，文书被府县截回，他气得以头撞壁。福建陆路提督丁士杰密参他浮躁、有失体统。雍正保护他，说他是感恩图报心切而失礼，没有过错。

雍正曾就下臣对他纳谏问题向大臣们作过表白："我并不是一个文过饰非之人。人非圣贤，孰能无过。你们只要是真心指摘我的过错，我心里很高兴。'君子之过也如月之食，人皆见之，及其更也，人皆仰之。'改过是天下第一等好事，我乐意这么做！"

考察官员并量才而用

雍正在与各级官员相处时，为了显示"君臣家人一体"的仁君之心，对臣下舍得感情投资，目的是最大限度地笼络人心，驱使臣僚为朝廷和天子奔走效力。可以说，其施展的统治术是高明的，花钱少而效益大。

对现任官员如何合理使用，历代相积的经验很多，雍正的认识和做法也不外乎这些。但他的确煞费苦心，雍正常常说，"为政之道，首在得人"，力求做到人尽其才，才尽其用，量才任使。

怎样才能知道某人是"上哲之资"，抑或中才、庸才，"下愚不移"？雍正的基本经验，概括起来就是"察色、听言、观行"六个字。

所谓"察色"，就是利用引见之机，运用经验和命相"原理"，观察某人属哪类人：是"老成"，还是"孟浪"？是"忠厚"，还是"柔善"？

雍正常自夸耀，自己看人，往往能够看到别人见不到的细微隐秘之处。

所谓"听言"，有三个途径：

一是在召见面谈中亲耳听其言，届时，雍正往往有意无意地问几个问题，看其人是否有见识，是否有上进心，是否属逢迎奸猾之辈。在雍正一朝，文武大臣自不必说，仅就武官而言，自副将以下游击以上，大部分声名稍好一点的，都面见过皇帝；

二是听取各方面言论，广谘博采。雍正初期，很多官员都是靠内外大臣保举后，再经引见察言观色，同时征求有关人尤其是该官上司的意见，最后综合舆论任官的；

三是通过密折观察中级以上官员，看其是否周知所辖地区或营伍的利弊，所提建议或方案是否有识见，等等。

所谓"观行"，就是看某人实际任职的政绩，既察其言，又观其行；既看其过去和目前表现，又必须看其未来发展态势，总要有意识地试用一段时间，再决定升降调转。

李卫是雍正朝的一位"督抚模范"。他并非科甲出身，雍正用他是看到他品性耿介、操守廉正、勇敢任事，是实行新政的难得之才。雍正继位前，李卫原在户部任职，官职虽微，却敢揭上司之短。因此雍正即位后便起用李卫为云南布政使，兼管盐务。

当时盐务极难管理，雍正给他这份差使，也算是对他的考验。李卫到任后，利用布政使之权，严厉整顿盐政、堵塞漏洞、揭发贪员、惩罚污吏，使云南盐务肃清。

雍正对此非常满意，称赞李卫是"国家卫器"，当即调升他为浙江巡抚，那时他才三十八岁，是清代少见的年轻疆臣。李卫是个"粗人"，他生得膀阔腰圆，武功很好，但文墨不通，奏折多让人代写。

耿介过头，往往不合法度，做司马官时，往往直称上级"老高""老杨"；火气上来，会痛骂一顿。后来又多次参奏大吏，因此多遭人忌恨。许多官员上折告他"狂纵傲慢"。

对此，雍正一方面好言为他辩护，向参奏者说明李卫"大节不亏""秉公持正""实心任事""勇敢廉洁"。同时不厌其烦地下旨警告李卫不要"任性使气""满腔冰炭",让他修习涵养,戒骄戒躁。李卫的习性终生也未改多少。但雍正用其大节,始终信赖,将他加官至刑部尚书、兵部尚书、太子少傅。

雍正在刚做皇帝的前两三年有过教训,过分相信大臣们的保奏和本人的夸夸其谈,片面相信自己的判断力,结果,许多人或者改易节操,或者无所作为。年羹尧及其追随者的大案败露,对雍正的刺激很大,他在各种场合表示后悔不该轻信人言。

后来,雍正与宠臣鄂尔泰交换用人观点时,曾写道:"不仅要靠眼睛看,还必须要用办事来考察,临事经验方可信任。即经历几事,亦只可信其已往,犹当留意观其将来,万不可相信他一定不会改变。"说明其政治经验多了,用人知人就越来越聪明了。雍正能夺取皇位,最重要的先决条件是他善于识人用人管人。正所谓人才是本,雍正把身边大大小小的官吏牢牢地控制在他手中,为他所用。他要求臣下忠诚,有公心。公生明而廉生威。

雍正说:"小事小料理,不可因小而不放在心上;大事大振作,不可因难处而畏惧不前。如果真能像这样真心奉行,以忠正二字感化,用不了多少年,坏人也会变成了好人,而百姓不感念我这种恩德,不畏惧国家法令而仍去成群为匪,我认为没有这种道理。"

首先是"忠"。拥有一颗忠诚之心是历代君王对大臣们的基本要求。要想使一个国家乃至社会团体、单位长治久安,就必须起用具有忠诚品质的人才,"忠"乃创业之本。一个国家没有"忠"的基石做铺垫,那么这座大厦就有倾塌的危险。

雍正即位之初,皇室勾心斗角、人心惶惶,加之各地百姓揭竿而起,在这风雨飘摇的危难时刻,任用"忠臣"就成为雍正从政的当务之急。这时,云南巡抚张允随上奏折说:"臣之愚昧,咎实难辞。兹蒙圣恩,不加谴责,朱批训饬,感惧交并,措身无地。臣本驽骀,受恩深重,惟有益加奋勉,竭尽心力,以图报称于万一。"

雍正在张允随的奏折上御批道："为大臣者当以国家内外一体视为己任，才不负'大臣'二字。若但以区区一身一任为计，在内者不知体外，在外者不知顾内，文武不相关切，上下不知爱恤，甚至于将邻省视为膜外，同衙观如陌路，满汉分为两途，兵民作成二事，岂大臣大人之居心也？若如此器量偏浅，不识轻重者，皆大明不义，不知利害，乏广远襟怀之辈，当深以为戒。为大臣必务为大人，'大'者，无不包容，无不周遍；普天下视为己任，先天下之忧，后天下之乐，方不愧'大臣'二字也。勉之"。

雍正这段话的意思是批评张允随"器量偏浅"，襟怀不够广远。做大臣者，应该把国家内外看成一个整体，不应该总为区区一身考虑。"为大臣必务为大人"，说得好！"大人"者，胸襟广远，包容万事，先天下之忧，后天下之乐，这才不愧对"大臣"二字。

检验一个人的忠诚与否要从零碎小事开始，雍正就是这样一个细察臣心的高手。例如户部郎中李卫，官微身贱，然而雍正从细微小事中发现他和提拔他。

当时有一位亲王在管理户部，每次收钱粮一千两时，加收平余十两以挪以私用，李卫知道后就劝这位亲王改正，然而这位亲王仗其权势，根本不把李卫放在眼里。于是李卫便在户部大堂设一个钱柜，专收多余钱财，并在柜子上标明"某王赢余"，把这位亲王搞得非常难堪，便就此罢手。

在这件事中，雍正相中的正是李卫对自己的耿耿忠心，对工作恪尽职守，于是马上任李卫为云南盐驿道，二年升布政使，三年任浙江巡抚。李卫连升三级，可谓青云直上，仕途春风得意，一时间在朝廷内引起强烈反响。

雍正期望官员们要勇于付出而不求回报，"但尽臣节所当为，何论君恩之厚薄"。实际上就是要臣子们拥有"鞠躬尽瘁，死而后已"的高风亮节。正因如此，官员们对君主忠诚的深浅程度成为雍正提拔任用官员的一个重要砝码。

其次是"公"。万事"公"为先，这才是一个集团事业成功的关键。在雍正的眼里，好的官员和人才，就是要办起事来"公"字当头，不徇私情，做任何事情都要总揽全局、胸怀团体，放眼前景而不去斤斤计较个人一时一地的利害得失。

山西巡抚石麟上奏："雍正七年十一月初三日赍折把总赵尚观回晋，恭捧到皇上赏赐哈密瓜一个。臣随跪迎至署，恭设香案，望阙叩头谢恩祗，领讫。伏念臣一介庸愚，荷蒙圣恩，畀以抚晋重任，寸长未效，乃蒙殊恩异数，叠沛频施，有加无已。臣感激难名，愈深惶悚，惟有朝夕黾勉，殚竭驽骀，以冀仰报高厚于万一耳。"

雍正御批道："操守乃为官之本，本立诸道自生。上天之善恶惟在公私二字，为国即为公，为己即为私，一涉私为自身利害计，使善事亦不能仰邀上天神明之鉴佑，何况其非善乎！若不贪利沽名作威作福，一派大公致身于国，何往何为而不蒙福也！试行看。鄂尔泰、田文镜等，无他奇异伎俩，不过根本上见得透、立得定耳，当勉之者。特此谕，亦令蒋洞知之。"

大吏石麟奏谢赏赐哈密瓜这件事，雍正却给他上了一堂哲学课。操守落在"善恶"二字上，善恶又落在"公私"二字上。"若不贪利沽名作威作福，一派大公致身于国，何往何为而不蒙福也。"最后回到现实中来，指出鄂尔泰和田文镜之所以恩宠不衰，没有什么奇招，只是他们认准了一个"公"字，立定操守而已。

其三是要"诚"。唯"诚"才能办实事，对皇帝忠心，不欺君，而且能把事情办得稳妥，令皇帝满意。为了使官吏们大公无私不徇私情，雍正曾明确表示："凡秉公持正，实心办事者，虽疏远之人而必用；有徇私利己、坏法乱政者，虽亲近之人而必黜！"

贵州巡抚张广泗给雍正上奏折道："臣自入仕以来，并未瞻仰天颜。原拟于巡勘苗疆事毕，特疏题请趋觐明前，适值督臣鄂尔泰奉有谕旨，着令赴京陛见；现在署督臣高其倬尚未到任，臣又不敢冒昧遽行。敢再恳我皇上俯赐，准臣或俟督臣鄂尔泰陛见回任后再启程赴京；或俟

清世宗雍正传

署督臣高其倬任事三两月后，诸务就绪，臣于明春二三月内赴京，得以瞻谒天颜，恭聆圣训。"

雍正的御批为："明知鄂尔泰进京陛见，高其倬新署不谙，而奏请来京，实不解汝居何心志也！睹汝诸凡奏对，大不似初任时矣。莫移原志。务诚之一字要紧。将鄂尔泰之指训时刻不可远，一心法效其居心行事方好。"

张广泗虽为封疆大臣，但从未见过雍正一面，故要求适当时候进京陛见。按理说，这于情于理也说得过去。但雍正却认为督臣鄂尔泰被召见回到京城，新署高其倬还不熟悉业务，这种时候奏请进京，动机不纯，提出为官者"务诚之一字要紧"。

此外，雍正还对大臣有"能"的要求。雍正提拔重用一批如允祥等才能政绩俱佳的宠臣，他们才智过人、能力出众，在同行中出类拔萃、脱颖而出，为雍正稳坐朝政奠定了坚实的基础。

"忠、公、诚、能"四而合一，雍正是深谙此道，将四者有机地渗透到治理朝政的各个方面，实行除旧布新。同时，"忠、公、诚、能"的用人法则为雍正造就了一批宠信和忠臣，他们在历史的舞台上各显身手，书写了雍正王朝的辉煌篇章。

广泛招纳有用的人才

雍正在用人方面，在遵循祖制的前提下，进一步丰富、完善各种成例；在具体操作上，又往往突破现行制度，通权达变，灵活运用，形成了量才任职使官宜其所，任人之长不强其短，破格用人、唯才是举的改革家的用人风格。

清朝入关立国以来，集历代文官制度之大成，对文官的选拔、任用、品阶、考核、回避、终养、封赠、承荫以及待遇、升转、惩罚、致仕等，都形成了严格而明确的制度体系。武官录用、选拔、任用、奖惩等也逐步制度化。

就制度而言，雍正做了某些变革。为肃清官吏的来源，他大力淘汰各级学校中衰老不称职的儒学教官，而用会试落第举人中的优秀人才充实教职队伍。同时慎选各省学政，以督责表率一方。另外，对各级学校生员，加强管理，建立奖惩激励制度。

雍正为了广泛造就人才，还创设了"觉罗学""咸安宫官学""八旗教场官学""八旗蒙古官学"等，如此，便为宗室和八旗人员开辟了一条进身之路。同时，雍正除允许八旗人员参加汉文考试外，还特设八旗满文、蒙古文的翻译考试，中试者分别获得秀才、举人、进士出身，以济实用。

雍正还采纳侍讲学士戚麟祥的建议，特开"医学"科，以网罗天下名医，为国家主要是为宫廷效力。对于优点突出、毛病也明显的人，雍正的做法特别值得称道。

譬如，众所周知的宠臣、浙江总督李卫的缺点很明显：此人性情粗野，没文化，大字不识一斗；恃才傲物，抗拒上司，以好恶为美丑，以喜怒为是非；还常常把密之又密的朱批宣扬于众，以示坦率，因受皇帝数十次批评才稍有收敛。

这些毛病，雍正都完全清楚，认为李卫秉性如此，让他脱胎换骨般改变那是很困难的。但是，正像鄂尔泰评价李卫的，李卫除如雍正所说"狂直不谨"外，长处甚多，其行事实心实力，毫无瞻顾；心地颇正，人品颇高，是个可以造就的难得之才。

雍正非常同意鄂尔泰的评价，认为李卫长处胜其所短，将来历练得成熟了，或许可以希望他成为全才。打破不合时宜的成例和束缚人才成长的资格限制，破例破格使用人才，是雍正用人的风格。

过去，出身资格界线显然，高者高就，低者低就；资格再分正途、异途，泾渭分明，异途出身受到歧视。用人成例牢不可破，官吏都论俸升转，论资排辈；地缘、亲缘回避；该严格执行的得不到执行，应具体问题具体处理的，又格于成例，不讲究灵活性；官员遭父母丧而"丁忧"，不管是否事需其人，都必须开缺去官"守制"等等，不一而足。

雍正用人，在适当考虑资格和成例的基础上，往往破格用人，其例证不胜枚举。他曾嘱咐鄂尔泰，"不必拘定成例"，对特遣去的人，可以酌量人地相宜者，大胆量才使用。

雍正钦定的人中，像李卫、宜兆熊等"文盲"，尤其是捐纳出身的李卫，可位居内外大臣之列；非科甲出身的田文镜，可官至总督，节制数省；大学士高其倬、河运总督齐苏勒、贵州布政使申大成等，虽年逾七十，但都精神健旺，均照常供职，或调换适当职位，而不受舆论干扰。

而像岳钟琪、马会伯、韩良辅、刘世明、郝玉麟等人，原来是提督，但又有治理地方的才能，后都以武改文，做了总督或巡抚。雍正用人还特别有人情味。

杨宗仁请将其子道员杨文乾调湖广侍奉父母，结果，雍正不顾回避例，加杨文乾以按察使衔遣往湖北；田文镜没有儿子，奏请将在湖南湘潭县做县丞的女婿调往河南，雍正满足了其愿望；张廷玉、鄂尔泰同列为军机大臣时，二人之子都在军机处做章京。

至于破除陈规，越级用人的情况更多，参将张耀祖受到召见后，雍正看他是老练武官，不出一月，竟授副将，再而总兵官，连升两级！雍正谈到自己的用人经验时，说："朕用人原只论才技，从不拘限成例。"又说，"惟期要缺得人，何论升迁之迟速，则例之合否耶？"

这就是雍正用人的中心思想，也就是大胆使用有才干的人，在使用的同时加强对他们的驾驭和教育。而老实本分的好人不能重用，因为用人是为让他们替国家办事，不是用不能胜任的人贻误国家政事。

雍正依据他的政治革新思想，确定了新的用人方针，他对用人的准则、官员的考核，反复慎重考虑，形成了他的用人风格和特点。他在任用官僚方面，不像他的父亲康熙。

康熙对人比较宽厚，官僚队伍相对稳定，任职较为长久；雍正时人事变动频繁，一些官员来去匆匆，有的微员骤升大僚，而一些大吏被逐出政治舞台，这些看似混乱，其实却自有章法。

雍正三年，雍正在向诸王大臣解释用人变化迅速的原因时说："事无一定，又不可拘执，有时看起来好像在翻旧案，却不知道其中实有苦心，所以或者有时一个职位上匆匆换几个人，或者一个人而忽用忽舍，变化很快，其实一切都是为了把事情办好。这都是我随着时机的不同而进行调换，实在是不得已的事情。"

"总欲归于至是"，想把事情办好，因而在用人上颠过来倒过去，以求人和职结合得当。这是一般的用人原则。

雍正五年，他说得就更清楚了："我现今的用人之法，也只能是暂行一时，将来自然仍旧归于圣祖当初定下的模式。我看到官吏们往往懈怠渎职，吏治只按老规矩来，专以积累为劳，却失去了改革创新的锐气，不得不大示鼓舞，以振作群工萎靡之气。等到大家都知道自己奋勉、治行改观时，自然另有裁处之道。"

在当时情况下，雍正选人方法主要有两种：

一种是设立和借助科举教育制度把可造之材送进政府机关培养和训练。注重培养馆阁人才，使他们日后能成为辅佐国家的王公重臣。这主要是指选翰林。

雍正说，选翰林就要把那些人品、学问都很优秀的人储备充实到中央政府的枢要部门去锻炼。为此，雍正还特地设立了朝考制度。即对每次殿试中举的进士再进行一次考试，由皇帝亲自主持，从中选出最优秀的人选，委以提拔和重用。这个制度后来一直实行了下来。

另一种方式是注重在实践中储备从事具体工作的实干人才。比如河防水利，雍正就经常讲："是通晓河务人员不可不预为储备也。"时常选拔优秀的官员到治河第一线去学习治水之术。在用人一事上，雍正的确是不拘一格的。只要有能力又实心办事，就可以破格录用。

雍正时常慨叹："天下唯人才难得！"人才既难得，就要加大拉拢人才的力度，为此雍正主张举荐贤才时不能惧怕嫌疑，就算至亲，只要确有贤能，也要大胆举荐；对那些不肖之徒，一定要揭发他，不要怕因此遭到他们怨恨。假如你知道某人不肖却不揭发，那就是朋比为奸了。

在贤和才的取舍上，雍正还有更深的考虑。自从西晋创立者之一司马昭对僚属提出"清、慎、勤"三项要求之后，历代封建统治者都把这当成标准。但是人们对于"清慎勤"产生许多误解，把畏缩不前、不敢负责当作谨慎，把精力放在琐屑事情上当作勤劳，把刻薄当作是清廉。

雍正不被传统束缚，尤其是不赞成对"清慎勤"的浅薄理解。他在论述巡抚的职责时说："巡抚一官，其实要求很多，并不只是能清、慎、勤三字便可胜任的。用人虽不求备，但到督抚这一级必须全才，才不至于有所贻误，若无包罗通省之襟怀，统驭群僚之器量，即为不称职。"

雍正又进一步说："凡事当务大者远者，若只想着就区区目前这点事务，以尽职任而已，那就肯定会顾此失彼，当努力勉一大字。"雍正把廉洁奉公、忠诚谨慎、勤劳王事，视作对高级官员的基本要求；另外还要求他们胸有全局，目光远大，能够驾驭属员，即要兼有才能与忠于职守的品德。

署理湖广提督岳超龙在奏折中表示："只有以身作则来率领下属，教育他们，才可能报答皇上高厚之恩。"

雍正告诉他，身为提督大员，以自身的模范行动带领下属清正廉洁固然很好，但若不能将军队训练好，把从前的弊病革除掉，这样的人品行再好，也不过像个木偶人，被耍弄者摆弄，表现出各种动作，自己没有主动性，怎么能起到他所担任的职务的作用？

雍正以这个标尺衡量湖南巡抚王国栋，认为王国栋有忠诚尽责的心愿，但没有能力做好巡抚的工作。雍正以"清慎勤"三个字来衡量，承认王国栋具有这种品质，然而他的识见平常，不能扩展，所做的事情于地方没有害处，也没有好处，这就是不能胜任，故而在雍正二年，将王国栋调到京城另行安排工作。

雍正以王国栋"心有余而力不足，清慎勤三字朕皆许之，然不能扩充识见，毫无益于地方，殊不胜任"将之内调，并以此教育其后任赵弘恩。雍正提出用人要用有才之人。雍正看到一些有才能的人未免恃才傲物，与那些庸愚听话的人不同，不容易驾驭，但是他认为不必惧怕他们，应当用心去掌握他们。

雍正在这里尤其注意的是"惜之、教之"的思想，他明白，人才难得，对已经涌现出来的干才，尽管他们有缺陷，应对他们加强教育，帮助他们改正过失，以充分发挥他们的才智。

清世宗雍正传

鄂尔泰见到雍正的朱批后，于十一月十五日具折陈述自己的意见："可信、不可信本来在于上级，而能用、不能用却在于自己。忠厚老成而缺乏才能的，可信而不可用；有聪明才智却不听话的，可用而不可信。朝廷设官分职，就是为了让他们办事，并不是让他安身立命，只要能做事，那都可用，虽小人当惜之、教之；但办事不力的，都是没用的人，就算人品再好也当移之、置之。"

直隶巡抚李维钧考察吴桥知县常三乐，说他操守廉洁，但懦弱无能，难当此任，打算将其改任不理民事的教职，报吏部审批。吏部认为，既说常三乐生性懦弱，那就肯定有事实根据，而李维钧又不实指纠参，不予批准。李维钧感到常三乐清廉并无劣迹可议，但不称职，不便留任，不知如何处理才好，特请雍正裁夺。雍正回说："这事很好办，干脆就将他拿下算了。"

有德无才的官，在雍正手下难以得到重用。雍正任用有才的官员，自然对年老多病的官员表示反感和不能容忍。雍正元年，在指示湖广总督杨宗仁越格荐人的同时，要他考察属员，将"贪婪酷劣及老病无能向来苟且姑留之辈，尽数纠参"。

雍正十一年，他又责备兵部堂官没有将年力衰迈的郎中阿尔哈图、玛绅进行清理。他说："此等人员留于部内，不但于部务无益，且碍后进之阶。"

因而命他们按原职退休，同时传谕各部院衙门："如章京、笔帖式内有此等年老衰迈、人平常者即行奏闻，以便清除。"

雍正对老病而无能的官员的态度，更能从对官员正常考核的大计、京察、军政中表现出来。大计是对地方官进行考察，三年举行一次，由地方官对属员作出考核类别的评定。京察是考核中央官员，办法是四品以上官员自己作出鉴定，报告皇帝，由皇帝作出裁断，五品以下官员由吏部考核。军政是对武官考察的制度。雍正后期考核情况如下：

雍正八年，对奉天及直隶等七省的地方官进行考察。选出卓异官二十八名，查出贪官一名，浮躁官十二名，年老官五十五名，不谨官三十六名，罢软官十三名，有疾官二十六名，才力不及官三十四名。

雍正九年，对在京的朝臣进行考核，结果查出浮躁官一名，年老官一名，不谨官四名，罢软官三名，有疾官六名，才力不及官六名。

雍正十年，对武官进行考察，结果选出卓异官三名，查出贪官两名，年老官三名，有疾官二名，才力不及官一名。

雍正十一年，对浙江等十省的地方官吏进行考察，结果选出卓异官二十二名，浮躁官十七名，年老官五十六名，不谨官三十六名，罢软官二十三名，有疾官二十四名，才力不及官三十一名。

雍正十一年，对直隶及直隶总河的官吏进行考察，结果选出卓异官一名，浮躁官四名，年老官二十二名，不谨官二名，罢软官二名，有疾官三名，才力不及官八名。这些考察，都照例处理了。

雍正元年时，雍正曾批谕湖广总督杨宗仁说："如遇有为守贤能之员，即行越格保题，以示奖励。"

说到条件，雍正说："国家用人，但当论其贤否，不当限以出身。朕即位以来，亦素重待科甲，然企贤无方，不可谓科甲之外遂无人可用，倘自恃科甲而轻忽非科甲之人，尤为不可。自古来名臣良辅，不从科甲出身者甚多，而科甲出身之人，亦属见有荡检逾闲者。"

对一般科举出身的官员，雍正倒是爱挑剔、不轻信的。这些科甲出身、科举入仕的人有不少都是咬文嚼字、此外并无所长的书呆子、书虫，中看不中用。经过了严格细致的考试，皇帝亲自出题、亲自改卷，录用之后，把他们放在重要岗位上，派他们治理地方百姓。

雍正对科甲出身的官员中的无能庸才最为反感，大概是因为自己有受骗之感、辜负皇恩之愤吧，所以总是爱找茬、爱挑刺，一旦找出过失，必予以惩治。

雍正五年，雍正命浙江观风整俗使王国栋为湖南巡抚，要他到任后不要犯偏袒科目、姑息绅衿的毛病，要他严参一两个科甲出身的庸员，重惩数名败检不肖的劣生，并说："要让他们知道你的治理方式才好。否则那些同学、老乡们走你的后门，拜访送礼，络绎纷纭，那你就应酬这些都忙不过来了。"

因此，雍正在山西巡抚石麟奏谢圣训教诲并陈以前酌量题补将备各员来当缘由折中批道："朕从来用人，只论人才，原未科定条例。若材优合例者，上也；材优不合例者，中也；若人劣而不合例，岂可乎？不但用非其人，乃开汝等督抚自作威福之权矣。更不可也。观汝此奏未悉朕旨，复批谕知之。"

雍正这里所说的"例"，主要起一个比照的作用，但不是框子。既合规范又才干出众，当然最好；有才干但不太合规范，一样可用，关键是看他是不是有真才实学。雍正看重的是真才实学，以实察人，而不务虚，所以被他选中的人，到岗位上之后都能勤勤恳恳、脚踏实地工作。

总结雍正的用人思想，可以概括为以下三条：

一是用人只论其才能，不受陈规旧例的限制，可以越级提拔，可以不太注意满族、汉人的区分。

二是对廉洁奉公、勤劳、谨慎而无才能及创造性的类似"木偶"的官员，可以信任，但是绝不可以重用，以免耽误政事。

三是对有才能而有傲慢等毛病的人，不要因为他们的短处而弃才不用，当然也不能放纵他们，要对他们加强教育，希望他们克服弱点，更好地发挥才干的作用。

清人龚炜评价雍正的用人之道是历史上帝王中最出色的：

登进不拘一格，则怀才者兴；迁官不以年资，则宣力者奋。假以便宜，然后责其效，任事无掣肘之患；予以养廉，然后责其清，外官无亏空之忧。以民社为不可轻，政必先于试可；以官方为不可忽，法不贷夫贪残。故政举刑清，民安吏戢，真可谓万世法也。

龚炜所言虽有阿谀奉承的嫌疑，但也道出了雍正是善于用人的。

重用自己的得力干将

从争夺皇位到治理天下，雍正得力于他手下的一批亲信。其中鄂尔泰是雍正最得力的干将。雍正朝中，像鄂尔泰这样的官员非常难得。他本人有功于清代历史的发展，同时他的出现也表明了雍正的用人之道：在君主的绝对独裁中，能容纳建不世之功的人物。

鄂尔泰，字毅庵，满洲镶蓝旗人，二十岁中举人，进入仕途。此后二十余年官场不得意，只出任了内务府员外郎这样的小官，四十二岁的时候作诗自叹："看来四十犹如此，便到百年已可知。"对前途悲观失望。

就在这个时候，作为亲王的胤禛，找鄂尔泰办事。鄂尔泰却以"皇子宜毓德春华，不可交结外臣"，予以拒绝。就是这次接触，使得明察的胤禛认识了鄂尔泰，认为他刚直不阿，是忠臣的材料。

及至胤禛继位，召见鄂尔泰，称赞他："你能以郎官之微，而敢上拒皇子，说明你守法甚坚，今命你为大臣，肯定不会受他人之请托。"

于是命其为云南乡试副主考，四个月后将他越级提拔为江苏布政使。雍正不计前嫌，以才能用人，表现了君王豁达大度的气魄。

而鄂尔泰也不负众望，在雍正初政的治理整顿中政绩突出，因此于雍正三年九月升为广西巡抚。赴任之时，雍正仍觉此人尚可大用，又追其署云贵总督事务。鄂尔泰不仅是个"督抚模范"，而且是个出色的政治家，推行"改土归流"就是一个有力的证明。

同时，鄂尔泰还很明白用人之道，常与雍正谈论使用人才，讲才职相当，讲设官为办事而非养闲人，讲珍惜与教育人才，这些都是用人唯才的经典之论，雍正非常赏识。

鄂尔泰并且有识人之明。在云贵任两省总督时，他大胆提拔小兵士哈元生，赏识当时并不出众的张广泗，并委以重任，使之建功立业。鄂尔泰有句名言："大事不可糊涂，小事不可不糊涂。若小事不糊涂，则大事必至糊涂矣。"说的是要明辨大是大非、重大局。

张廷玉很佩服鄂尔泰的见识，称他说的那句话"最有味，宜静思之"。鄂尔泰后任云贵总督，尹继善也称之"大局好，宜学处多"。鄂尔泰因"公忠"被雍正所识，也因"公忠"被雍正委以重任。

他常以此勉励自己，奉"公忠"为原则。他对新任云南巡抚朱纲说："皇上用人行政，无甚神奇，只是一个至诚，事事从上体贴下来，以一贯万，一切刑赏予夺皆听人自取，而了无成心。如果无欺，虽大过必恕；设或弄巧，虽小事必惩。我辈身任封疆，只需实心实力地为地方兵民计，即所以酬恩，即所以自为，一切观望揣度念头皆无所用，一并不能用。"

鄂尔泰认为臣下只要诚心对待皇上，事情没有办不好的，没有不得到皇帝赏识的。即使稍有疏忽，也会得到皇帝谅解。雍正读到鄂尔泰的这段话，从中看到了鄂尔泰忠诚之心，批示道："我是含着眼泪看你这段话的。你可真算得上是我的知己，如果你见识不透彻，信念不坚定，那就不能，也不敢这么办事。我心里真是为有你这样的臣子而庆幸。"

雍正经常向群臣夸赞鄂尔泰"君官奉职，愿秉忠诚，此专心为国，而不知其他者"。他与鄂尔泰感情非常好，私交甚厚，使得这对君臣之间有点朋友的味道。

雍正三年冬，鄂尔泰去云南任职，身体有些不适，雍正竟命他乘御舆前往。鄂尔泰恢复健康，雍正高兴地说："朕与卿一种君臣相得之情，实不比泛泛，乃无量劫善缘之所致。"

雍正过五十大寿，与群臣举觞庆贺。鄂尔泰远在西南未能出席，雍正深以为憾，特地选了宴会中的食物，寄往云南，犹如与鄂尔泰同在一个宴席上共享美味了。

鄂尔泰接到食物后，立即上表谢恩，说他不知如何才能把内心的感激表达出来，只有天地神明才了解臣的这种虔诚的心情。雍正如此酬忠，鄂尔泰也知恩图报、肝脑涂地、在所不惜。

张廷玉和鄂尔泰同为雍正宠爱的大臣，但各有不同。鄂尔泰受雍正重用后，忠心耿耿、敢作敢为，以济世为己任，常以诸葛亮自命，想要大展宏图、垂名青史。

这二人，一个恭廉默做，一个进取不辍，但都忠于雍正。雍正也能很好地驾驭他们，让他们各尽所能。这也体现了雍正不拘一格用人才的思想。

张廷玉，安徽省桐城县人，他的父亲是大学士张英。康熙三十九年，二十八岁的张廷玉中进士，开始走上仕途。

雍正继位不久，就命张廷玉协办翰林院掌院学士，晋为礼部尚书。此后张廷玉因勤于政事，官职屡有升迁。七年，任军机大臣，加少保，八年赐轻车都尉。

雍正临终前，张廷玉与鄂尔泰同为诰命大臣，并下遗诏命他得享太庙。整个清代中，仅张廷玉一名汉族大臣得享太庙，可见其深为雍正宠信。

张廷玉身兼数职，工作繁忙。雍正有时一天之内三次宣召张廷玉，并且习以为常，每次宣召又几乎是刻不容缓的要事。从内廷出来，也一刻不得闲。下属官吏请求批示和批阅文件的，常常有几十甚至上百人。

这样一来，张廷玉经常在轿中、马上都得听取汇报，批览文书；晚上回到家里也不能休息，点上两支蜡烛以办完当日没办完的事，并办次日应办之事，盛夏之夜往往忙到天至二鼓才就寝，有时躺在枕头上想到某事某稿未妥，马上披衣起，亲自改正，到黎明时交代书记缮录之后上交雍正。

张廷玉办事勤劳，谨慎用密，雍正对这一切一清二楚，所以曾说张廷玉和鄂尔泰二人"办理事务甚多，自朝至夕，无片刻之暇"。张廷玉确实是把全部精力都投入到雍正所交给的各项事务中去了。所以雍正称誉他为"赞猷硕辅"。

雍正办事效率极高，常常面谕大臣诸多事情，有很多大臣不能逐一记清楚，于是传达和执行时不能准确体现雍正的意图。雍正在召见地方大臣时，时常命他们在回任时给本省或路过地方的官员转述旨意。而这些人聆听时，有的听不清楚，有的甚至遗忘，雍正又不好责怪他们。

这样的问题严重影响着政务的开展，雍正为此费尽脑筋，后来终于发现张廷玉草拟的圣旨，很精确地表达了自己的本意。于是张廷玉便承担起了这一重要的文字工作，而且十分出色，屡获雍正的表扬。

张廷玉另一方面的功业，在于他创设了军机处的规章制度，使军机处成为中枢机关，影响了清代历史。

雍正七年，军机处设立，张廷玉同怡亲王允祥、大学士蒋廷锡一起担任军机大臣。军机处的一切规章制度，主要由张廷玉制定。张廷玉定下规则：诸臣陈奏，常事用疏，自通政司上，下内阁拟旨；要事用折，自奏事处上，下军机处拟旨，亲谕朱笔批发。

从此内阁权力开始转移到军机处，大学士必须担任军机大臣，才能参与政事。自雍正开始，皇帝诏令的传达"密且速矣""其格式乃张文和所奏定也"。

雍正视张廷玉为股肱大臣。有一年张廷玉身患小病，雍正对近侍们说："连日来我感觉肩膀痛，你们知道吗？"近侍们吃惊地问缘故。雍正说："大学士张廷玉患病，不就像我肩膀疼一样吗？"

雍正给了张廷玉优厚的酬劳，以赏其功，笼络其心。雍正五年，赐给他一所价值三万五千两的典铺。八年又赏银两万两，张廷玉辞谢不受，雍正对他说："你难道不是大臣中我最得力的吗？快快领赐，不要谦让了。"

在怡亲王允祥死后，鄂尔泰加入军机处之前，张廷玉在所有朝臣中，是雍正最信赖的。雍正曾御笔亲书"赞猷硕辅"的匾额赐给张廷玉，以表示对他的褒奖。

雍正还赐给张廷玉对联一副，其辞曰："天恩春灏荡，文治日光华。"这副对联是雍正与张廷玉君臣关系的真实写照。张家获此皇恩后，年年都把它作为春节的门联。此联后来为官民所普遍袭用，以表达歌颂圣上和希冀皇帝赐恩的愿望。

雍正另一位寄信的大臣是田文镜。

田文镜，康熙元年生，监生出身，无科举之名，二十多岁时，到县衙做了个小书吏。直到康熙去世，已经六十一岁的田文镜还仅是个默默无闻的小京官。

雍正即位后，田文镜奉命去华山告祭，途经山西时，见各处饥民流离，而山西巡抚德音却上报山西无灾、家给丰足。德音是满洲亲贵，无人敢犯，田文镜则仗义执言，回京复命时，据实汇报，参奏德音欺瞒圣上。

当时官员们一般采取瞒上不瞒下的办法，互相包庇，愚弄皇帝，而田文镜破此旧俗，忠君不欺，立即得到了雍正的欢心，任命他为山西布政使，前往赈灾，并且罢了德音的职。

田文镜到达山西后，雷厉风行，很快取得了抗灾实效，稳定了局面。事隔半年，雍正又调田文镜到河南任职。田文镜在河南推行新政，成为治世能臣，备受雍正的信任和宠爱。田文镜是雍正一手提拔的官员，即使有过错，雍正也给予保护，这样宠待他自有缘由。

田文镜一心为国，毫不瞻顾，不避嫌疑。这是雍正欣赏他的第一个原因。雍正元年，河南黄河决堤，造成大灾，田文镜以布政使到任，决

清世宗雍正传

心修河治本，但却遇到了极大困难：河南官僚、地主拒绝出资当差。

田文镜募夫募捐成了难题。于是密奏雍正，请求改变成法，修河夫役按土地摊派，"绅衿里民，一例当差"，这成了雍正王朝"绅民一体当差"的蓝本。

田文镜在推行新政方面，用力最勤，成效最明显，这也是雍正欣赏他的主要原因。田文镜在任以来，清查积欠，实行耗羡提解；打击贪官污吏，保证府库充盈；惩治不法绅衿，平均赋役，调节了绅衿与国家、与平民的关系，缓和社会矛盾；推行保甲法，加强对人民的控制，强化了治安。

雍正在全国掀起反贪除陋的大规模运动，田文镜坚决执行，先后参奏二十二名河南的州县贪吏，收回四十余万两贪款，查出隐瞒不报的田地2500余顷，取得的成绩为全国各省之首。

田文镜在河南行事刻薄，屡遭攻击和议论，雍正都有力地保护了他，因为雍正深知，田文镜与他与新政休戚相关。雍正支持他，不是孤立地把他看作一个人，看作田文镜个人，而是视之为"巡抚中之第一人"。

雍正如此评价："若各省督抚皆能如田文镜、鄂尔泰，则天下允称大治矣。"

所以，雍正肯定的是田文镜的行政体现了自己振刷数百年颓风的革新精神和政策，肯定的是他雷厉风行、施行严政的手段。雍正知道对田文镜的评价，关系到对他的用人和行政的看法。

雍正在田文镜奏折上写道："你的对就是我的对，你的错就是我的错，其间有何区别？"雍正还在自惭用人不当时说："假如诸臣之中，不得田文镜、鄂尔泰，则朕之罪将何以谢天下也！"他们真是君臣一体、鱼水难分。

雍正褒奖田文镜，既是支持这个宠臣，也是坚持自己的政治，为自己的政治辩护。雍正为了表示宠待田文镜，将他从隶属的汉军正蓝旗破例提拔入正黄旗。

正蓝旗在下五旗，而正黄旗是上三旗。雍正多次保护田文镜是为了用其所长。但这样的君臣关系在历史上实属少见。可见雍正用人十分自负，并懂得宽容之道。

田文镜死后，雍正给他的评语是："老成历练，才守兼优，自简任督抚以来，府库不亏，仓储充足，察吏安民，惩贪除弊，殚竭心志，不辞劳苦，不避嫌犯，庶务俱举，四境肃然。"

正因为如此，雍正下旨称田文镜为"模范督抚"。此外，还有李卫、岳钟琪等人，都是雍正的得力干将。至于年羹尧、隆科多等人，只是一时炙手可热的人物，雍正夺位有赖于他们的全力支持。雍正虽也宠过他们，但最终因他们背道而驰，雍正不得不过河拆桥，铲除了他们。虽落"兔死狗烹"骂名，但在这专制皇权下，谁人不是如此？

雍正从众皇子中脱颖而出，一跃成为一国之主，得力于他的一大批心腹和智囊团的协助。与其他皇子相比，他最为识人用人，这是他夺储胜利的一大法宝。而雍正登上皇位后，更是把用人发挥到了极致，从而使他身边聚集了允祥、张廷玉、鄂尔泰、田文镜、李卫、傅鼐、蒋廷锡等人。

大力镇压人民起义

雍正年间，农民、工匠进行了多种方式的斗争；雍正仇恨人民运动，一概予以残酷镇压。社会下层的各种反抗斗争也此起彼伏。

康熙六十年，就是公元1721年，台湾朱一贵的起义虽然当年就失败了，余众却在大陆继续活动。福建上杭人温上贵在台湾被朱一贵封为元帅，即返回家乡组织群众。朱一贵牺牲后，他转移到江西万载，联系棚民，准备攻打县城，雍正元年被知县施昭庭侦破，就与前来镇压的清兵格斗，三百余人英勇牺牲，温上贵被俘遇害，雍正命给施昭庭议叙。

温上贵的同伴裘永锡等逃亡，清政府严行缉捕。又在万载、瑞州一带增设同知、游击，加强对该地区的统治。温上贵的族弟温廷瑞继续进行反抗活动，任命沈子荣为大将军，温淘滨、温庭奉为军师。他们夜聚晓散，操练武艺，打造兵器。

雍正十一年，赵弘恩署理两江总督，重申对温案的通缉令，次年二月，被温廷瑞委任为千总的温坤生向清朝政府自首，温廷瑞等于是遭逮捕。雍正得到报告，说"蔓草不除，逢时勃发"，忧虑于温上贵党众活动的长久性，要求赵弘恩继续"严饬搜缉，务尽根，毋使一匪漏网"。

湖南辰溪人谢禄正于康熙五十九年开始组织反抗队伍，占据山谷。雍正四年，清军一千多人前来镇压，谢禄正等奋起抵抗，雍正指责湖广提督赵坤等"因循疏忽，纵盗养奸"。

不久谢禄正被捕，残遭凌迟，妻子罚没为奴，同伴陈彬臣等被杀，张如茂等被充发到三姓地方为奴。温上贵和谢禄正分别组织了一部分群众，准备武装起义，正在酝酿中，就被雍正政府镇压，但从他们与清军对阵情况看，已构成武装暴动性质。

江西兴国县佃农于康熙间组织会馆，反对地主撤佃转佃，于康熙五十二年就是1713年取得一定成功。会馆保持下来，每到分租季节，就以收成只有七八成，不许地主按原额取租，地主若不答应，就率众捣毁他家房屋，收回已取的地租。

雍正初年也是这种情况。佃农林其昌反对田主、举人曾霖的退佃，曾霖告官，林其昌邀集同伙，乘曾霖出门之机，在路途中将他痛打。江西巡抚迈柱获知后，严酷镇压，拆毁会馆，解散农民组织，地主分子因而庆幸"顽梗无自逞也"。

江苏崇明县地主对佃农的剥削花样很多，每年收夏、秋两季地租，还要轿钱、折饭、家人杂费等附加地租。雍正八年五月，地主催收麦租，迫使佃户反抗，拒不交纳，商人罢市声援。

夏君钦等撰写传单，贴于街市，揭露大地主施大受与崇明镇总兵施廷专联宗，送金帛美女，倚势勒逼佃户交租。浙江总督兼管江苏盗案的李卫认为这是佃户图赖正租，聚众滋事，恶风断不可长，一定要捉拿为首之人，严加惩治。

雍正说："崇明边海要地，刁风尤当禁遏。"

雍正支持李卫的做法，同时把施廷专调离崇明，免得他同不法豪绅相勾结，使事态扩大。佃农和地主的对立，是构成封建社会基本矛盾的因素，兴国、崇明农民反对撤佃和抗租，反映了农民要求耕地和反对地租剥削的要求。

约在雍正元年冬天，山西万泉县农民几千人，冲破关闭的城门，进入县城，焚烧衙署，抗议知县瞿某的横征暴敛。瞿某及其幕客、家奴跳墙逃跑。巡抚诺岷一面参劾瞿某，一面令平阳知府董绅捉拿群众首领。

董绅调绿营兵和民壮二百人去农村拘捕，愤怒的群众拿起刀剑，操起火器，把官兵几乎全部杀死。董绅亲自前来，发誓不伤害群众，只要他们交出三个人来，给官府一个面子，就可以完结，对交出的人，董绅写了文书，保证不加杀害。这样才把事情了结。

雍正四年，就是1726年，福建安溪人民反对追征屯地欠银，举行罢市，浙闽总督高其倬逮捕为首的群众，严刑打死，雍正支持他，说"应如是惩治，以警刁顽"。

约在雍正六年，安徽唐缮等抗粮，发动罢市，打闹公常，抗粮，把矛头直接指向清朝政府的赋役剥削。

雍正四年五月，广东米贵，群众抢米厂，到衙门评理，打伤前来阻拦的军官和士兵，参加的人中还有驻防士兵。

雍正认为情况严重，派兵部左侍郎塞楞额驰赴广州，会同署理广州将军阿克敦、巡抚杨文乾审究。五年春天，湖北人民因去年水灾，春荒无食，结伙找富户强借粮食。

雍正要求署理湖广总督福敏"竭力惩治，以振其颓风"。勒借和抢粮，是农民群众强行收回部分被剥削的劳动成果。苏州的踹匠，是碾布作坊手工工人，多是来自江苏南北和安徽的失业农民，人数众多，雍正时期达到两万余人。

他们工价微薄，还受作坊包头的盘剥和压迫，并受清朝政府的严密控制。他们入坊要有保人，被政府编入保甲，白天做工，夜间被关闭在作坊，驻防兵丁日夜不停地在附近巡察。

踹匠若投河、自刎、自缢由保人及亲属领回尸体，不得告官。踹匠不堪坊主与政府的压迫，又无家口拖累，不断进行斗争，所谓"凡遇盗案发觉，常有踹匠在内"。

康熙九年，就是1670年，踹匠窦桂甫因米价上涨，发动停踹，要求增加工钱，勒令破坏罢工的店主程美请戏赔礼。康熙三十二年，踹匠罗贵领导"齐行增价"斗争，撕毁清政府的镇压告示。

雍正同他们继续战斗，雍正元年，踹匠栾晋公、徐乐也聚众，预备于五月五日夺取仓库，若遇官兵即行战斗，失败就逃亡海上，正在准备中，被包头吴景范获知告官，三十五人被逮捕，雍正政府残酷地屠杀十三人，栾晋公、徐乐也逃亡，清朝政府多年搜捕，均告失败。

雍正七年，即1729年，栾晋公的侄儿栾尔集与段秀清等人拜把结盟，遭到巡营把总的迫害。同时，松江府嘉定县踹匠王朝也在进行反抗活动。

苏州丝织业发达，机工很多，他们同踹匠一样进行反对作坊主机户和清朝政府的斗争，联合起来停工，要求增加工钱，作坊主请求地方政府干涉。

雍正十二年，苏州府长洲县发生"禁机匠聚众叫歇勒加阻工一案"，地方政府竖立"永禁机匠叫歇碑"，迫使机工停止反抗。兼管江苏督抚事务李卫、署两江总督史贻直、江苏巡抚尹继善为了有效的统治踹匠、机工以及其他各界人民，加强对苏州、松江的管理，联名向雍正提议：设立专事"弹压"的官员，适当改变地方驻军的规制，严格实行关汛的巡逻，进一步规划稽察治安的方法。雍正认为这条建议很好，同意实行。

雍正六年，户部宝泉局铸钱工匠潘士花等人集合抗议官员扣工食钱。雍正说：若匠役曾为工食事禀过监督，责在监督，"若不曾禀明，辄敢聚众喧嚷，则刁风断不可长，应将匠役人等严加治罪"。

内务府佐领每年所需钱粮，康熙中为三十余万两，雍正初增了一倍多，至七十余万两，雍正为减少开支，于雍正二年十月，命削减内务府佐领披甲人数，佐领下人见夺其钱粮，数百人到参预此事的廉亲王允禩、内务府总管李延禧家中吵闹，步军统领阿奇图派兵捉拿首领。

雍正说这件事是办事人经理不好，将管理内务府总管事庄亲王允禄罚俸三年，革去常明、来保内务府总管，后者还枷号三月，鞭一百，以平众怒，同时把闹事的佐领下人中一部分人分发云南、贵州、四川、广西，另户安插当苦差，若原系奴仆，则给该处兵丁为奴。这件事，是八旗下层的反抗活动。

雍正五年七月，河道总督标下参将兴王政剋扣兵饷，激起兵丁交甲退伍。雍正命将兴王政革职拿问，同时严惩闹事兵士："至该营兵丁等果有被屈情由，理应赴上司衙门控告，何得倡率喧哗，目无法纪。"

著严提究审，"将为首者按律治罪，其愿退名粮者，具著革退兵丁，押回本籍，令该县严加管束，不许复生事端，倘再有过犯，从重惩治"。以上，有农民的反对地租和赋役剥削；有城市居民的抢粮，也即所谓民变；有工匠的斗争，可称为工变；有旗下人的斗争，可视为旗变；还有士兵闹退伍的兵变。

这些事变，规模不大，但涉及各种职业的人，可以说社会下层中不满雍正朝廷的力量，以一定的方式表达了他们的态度。

极力打击贪污腐败

雍正时时提醒告诫自己："要富民富国，首先便是整顿好吏治。"而要整顿好吏治，最根本的是打击各种贪污腐败现象。康熙末年，由于立储问题未能解决，导致朝廷内外都忙于结党，忙于寻找将来的天子。

康熙为此事也是心力交瘁，无力应对其他朝政，因而康熙后期的朝政非常混乱，官吏贪污，吏治腐败，并因此钱粮短缺，国库空虚，造成很多严重的社会问题。雍正当皇子时深知这一点，他上台后就要坚决地纠正这种情况。

钱粮亏空是当时一个大问题，主要出在官吏贪污上。雍正即位之时，按照惯例，新皇帝即位要大赦天下，其中也包括对一些贪官污吏的赦免，雍正认为这样做，会助长贪官污吏，让其继续侵占国家财产，因而他下令除去此条中对贪官污吏的豁免。

这充分地表明了雍正对官员们贪污行为的憎恶，也是他对官吏们进行整顿的第一步。雍正在即位前就对亏空和贪污问题非常清楚，他曾说："历年户部库银亏空数百万两，朕在藩邸，知之甚悉。"

雍正元年十二月十三日，他给户部下达了全面清查积欠钱粮的命令，让各地严格执行，查清何项亏空，原因是什么，所有亏空三年内必须补齐，且不许苛派于民间。因上司勒索及公用者分别处分。属侵欺贪污者，赔补外还要惩办主犯。

随后，雍正在中央设立会考府，由怡亲王允祥和大臣隆科多负责将清查进行到底。会考府是中央的审计机关，各部、各省皆由其督责。会考府查出户部亏空二百五十万两，雍正令户部历任堂官、司官、部吏赔一百五十万两、另一百万两由户部逐年弥补。

清查中涉及高级官员，雍正也决不容情。当时有许多郡王、贝子将家产拿到大街上变卖赔补亏空。对有些贪污多的官僚，雍正就抄其家，以家产抵空。

地方上的清查更为雷厉风行。因亏空，许多省级官员被革职、查封、抄家。对赃官，采取严厉手段，抄家之外，命其亲戚代赔。凡亏空赃官，一经揭露便予革职。各省被革职罢官的官员多达三分之一，有的达到一半。因此，社会上说雍正"好抄人家"。

雍正却认为抄家是必要的，并对此作出了解释："若听凭贪官污吏靠巧取豪夺得来的财货损公肥私，那国家还有什么法律尊严可言，又靠什么来治理百姓？况且对这些犯法的人，原来就有抄没他们家产的法律条文，所以我才按照法律规定，抄没了他们的家产，并准备把这些不法所得用在国家需要的地方。"

雍正此举是决心从上到下、从里到外全面清查所有的贪官污吏。这是一场极其艰难而又巨大的斗争。康熙时期，康熙虽然也察觉了吏治的腐败，但是考虑到牵一发而动全身，便一再忍让下来。

而雍正却是一个不能容忍腐败的人，再艰难的改革他也要推行下去，何况此时正是他即位之初，想要大干一番事业的心理，也促使他下定决心要一干到底。

雍正曾对允祥说："你如果不能清查，我肯定要另派别的大臣；若大臣再不能清查，那我就亲自来清查。"

雍正四年，大规模清查江西省的钱粮亏空。当时江西巡抚裴律度明明知道各府州县仓谷亏空很多，但却隐瞒不报，对下面的贪污官员也是极力包庇。长此以往，亏空局面难以改变。

雍正对此极为恼火。雍正命已调任的裴律度留于任所，将前任布政使张楷、陈安策发往江西审讯。

雍正又认为，现任巡抚都立无论做人还是当官都太软弱，只是喜欢沽名钓誉，不能完成清查亏空这么艰巨的任务，因此决定特派吏部侍郎迈柱到江西，彻底检查全省钱粮多年的亏空问题。与此同时，雍正命令从别的州县挑选出几十名官吏，火速奔赴江西。

清理的结果出来以后，雍正马上命令裴律度及历任藩司补偿仓谷的亏空。特派官员异地清查亏空情况，让他们互相监督，这是雍正惯于使用的狠招，屡试不爽。

雍正在打击贪污、清除腐败这件事上，取得了举世瞩目的成效，同时也表现了他澄清吏治的勇气和心智。

由于措施得力，三年后，各省清偿了大部分亏空：直隶总督李维钧在雍正三年八月上奏，称该省欠银共四十一万两，到当年年底已偿还二十万两；如河南省巡抚田文镜在雍正二年的奏折中写道："我不遗余力地责令各州县官吏互相监督举报，严肃执法，希望彻底查明亏空问题，使政府分毫不少地收回被贪污的钱粮。"

会考府在雍正的大力支持下，取得了显著的成效，查办案件五百五十起。在查办案件时，遇到许多皇亲贵族，对这些人的贪污行为，雍正也是一视同仁。

例如，在查办内务府亏空的案件中，牵涉到自己的一位皇弟，雍正断然令其将贪污的银两赔偿。无奈之下，皇弟只好将家中的古董玩器拿到大街上折卖，以此来补偿亏空的银两。

另外一位皇弟被责令赔偿数万金，后来为补足赔偿，竟被查抄了家产。雍正如此大刀阔斧地对这些身份高贵的皇亲进行查办，使地方上的其他亏空案件查办起来，就方便得多。

被革职查办并查封家产的地方官吏，有湖广布政使张圣弼、粮储道许大完、湖南按察使张安世、广西按察使李继谟、直隶巡道宋师曾、江苏巡抚吴存礼、布政使李世仁、江安粮道王舜、江南粮道李玉堂等等。

清朝的法律，对挪移的处罚较轻，对贪污的打击则重。因此，许多官员在被查出有贪污情况后，往往多想办法巧立名目，将贪污所得报作挪移，想借此免于重罚。

但雍正对此类官员的作为了如指掌。他明确指出："借挪移之名，以掩其侵欺之实；至于万难掩饰，则以多者为挪移，少者为侵欺，为之脱其重罪。似此相习成风，以致劣员无所畏惧，平时任意侵欺，预料将来被参，亦不过以挪移结案，不致伤及性命，皆视国法为具文，而亏空因之日益多矣！"

为了对付贪官们钻空子，雍正采取了釜底抽薪、声东击西、避实击虚的策略。他一反常态，首先从挪用公款一事抓起，命令那些贪官先清偿被挪用的公款，此后再抓他们贪污的罪证。

这样一来，就使那些贪官再也无法巧借挪移之名掩盖贪污的事实了。为了能使亏空的钱粮追回，雍正采取了追偿的办法，并且责令亲戚有帮助赔偿的义务。

这一规定的提出是因为雍正发现许多贪官将自己的家产偷偷地寄藏在宗族亲戚的家中，以此来逃避查封。采用亲戚追偿的办法，就大大地遏制了贪官的这种侥幸心理，使他们低头伏法。

在当时官吏贪污成风的情况下，他这种不拘成规的做法却收到了显著的成效，有力地打击和遏制了当时的贪污风气。其锐意进取，首抓吏治的作风对后世产生了极其深远的影响。除了抄家索赔这一手段外，与抄家同时进行的另一举措是罢官。而以前的做法却不是这样，将贪官继续留任，以便其想办法弥补亏空。

雍正对这些贪官十分清楚，继续留任他们，必然是将新的亏空来补偿旧的亏空，根本不能解决问题。凡是贪官，一经被查出，雍正就将他们革职离任。

雍正曾对此解释说："亏空钱粮各官，若革职留任催追，必然导致连累百姓，因此不可复留原任；若已清还完毕，尚可为官者，由大吏奏请。"雍正对待贪官的警告是："做官贪婪不法，必毁自己体面。"

雍正采取了一系列有效措施，那就是"株连法"。雍正认为有的赃官会把赃物寄藏转存到宗族亲友处，因此，他在命赃官赔补亏空的同时往往还要抄没该官亲友的家产。这种措施虽好，但株连太广，又有可能伤及无辜，非常不得人心，招人憎恶。因此，雍正在实行这一政策后不久，就把它停止了。

"禁止代赔法"。在追赃的过程中，有些官吏往往指使下级官僚和地方百姓代为偿债。雍正在得知这一情况后，明令禁止这种代赔行为。雍正元年，新任直隶总督李维钧曾奏请雍正批准由该省官员帮助前任总督赵弘燮清还亏欠。对这一奏请，雍正不但没有批准，还说纵使州县官富裕，只能替地方上兴利除弊，却不能替他人偿补亏空。

此后，雍正又发现了许多地方劣绅与贪官勾结，利用提留复任而鱼肉乡民的事。因此，他断然采取了另一举措，犯案官员决不能留任。此后，禁止代赔法实施后，由于某些官员贪污数额巨大，知道性命难保，因此畏罪自杀的事情时有发生，雍正决定对畏罪自杀的官员加重处理。为此，雍正强调："这些人是料定官职不保，不如自己以一死抵赖，为子孙留下钱财。"

正是因为雍正采取这种查封贪官家产、补偿国库的办法，使得国库日益充足起来。三年时间，雍正基本上清理了康熙以来的所有积欠，充实了国库，打倒了一批贪官，又震慑了其他的官吏，起到了很好的教育和威慑作用。

重拳打击官场陋习

　　雍正除了极力打击贪污犯罪之外，他还决心革除官场上送礼这一陋规。在养廉银制度实行之前，地方官吏中的下属，必须按一种陋规向上司送一定的数量的礼金。若上司本人身兼数职，下属就必须同时奉上几份礼物。山东巡抚黄炳向雍正提出了革除此项陋规的建议。

　　雍正立即发出上谕，明令禁止钦差大臣接受地方官吏的馈赠，同时还禁止了各省督府借收礼之机向各州县摊派的行为。河南巡抚石文焯率先执行了雍正的命令。

　　雍正在推行耗羡归公的同时，考虑到若不革除规礼陋习，各州县官吏势必还会在耗羡之外另行加派以奉献上司，因此他下令："所有司道规例、府州县节礼，及通省上下各衙门一切节寿规礼，尽行革除。"这就是说，全省大小官员，此后再不必为上司送各种各样的礼了。

　　此后，继任河南督府的田文镜，也是以身作则，不收规礼："家人吏役约束颇严，门包小费一概谢绝。"河南有一些特产，如开封府的绫、绵、绸、手帕、西瓜，归德府的木瓜、牡丹、冬枣、石榴，怀庆的地黄、山药、竹器，汝南府的光鸭、固鹅、西绢，平原州县的麦豆，水田州县的大米，附山州县的木炭、兽皮、野鸡、鹿、兔等类，上司强令该地方官交纳，成为土例。

田文镜一概不收，严行禁止地方官交送。田文镜能坚决抵制官场送礼风，并因此备受雍正赏识。雍正知道，并不是所有的官员都能像石文焯、田文镜一样以身作则、刚正清廉。

为此，雍正决定对那些收受贿赂的官吏加大处理打击力度。他不但将犯事的官吏处以重罪，同时还株连到其上司。这就是说，下级犯罪，与上级督察不严有着必然联系，因此犯事官吏的上级也应该一并受到株连。

雍正的这一招虽有些过激，但却使地方大员无不战战兢兢唯恐受到株连。因此，他们便再不敢听任下属胡作非为了。这正证实了田文镜向雍正提出的那个建议："欲禁州县之加耗加派，必先禁上司，欲禁上司，必先革除陋规。"

由此看来，雍正在革除陋规的过程中，用的正是打蛇先打头、擒贼先擒王的策略。在取缔陋规的同时，雍正还加强了对中央官员的约束。以前，地方官在向户部交纳钱粮时，每一千两税银中要加派二十五两所谓的"余平银"和七两"饭银"。

雍正意识到这也是滋生腐败的一个源流，因此在即位之初就下令减去"余平银"的十分之一，以缓解地方上过重的财政负担。耗羡归公后，允祥曾建议雍正取消"余平银"和"加色银"，并同时杜绝地方官短交或以"潮银"抵充足色纹银的行为。

如果实行这一办法，可以有效地制止主管国库的官员与地方官员侵蚀私分国家钱粮的图谋。雍正认为这个建议有理有据，立即批准，取消这种加派项目。

加派被取消后，雍正又开始向"部费"开刀。所谓"部费"就是指各衙门在向吏部陈奏各项事务时，如不交纳一定数额的礼金，吏部就不批准予以实行。其他各级衙门也有类似的现象。甚至新设立的会考府，本是打击贪污清理钱粮的部门，但其中的个别人也暗中收取这种部费。

"部费"涉及到雍正早期的宠臣之一隆科多和雍正的政敌允禩。他们当时都是会考府中的实权人物。因此，雍正同他们的较量更是用尽心机，既斗智又斗勇。

为此，雍正也作出了明文规定，指出各省总督、巡抚、提督、总兵必须对"部费"这一不良现象严加禁止，倘有人督察不严，将从严治罪。至此，官场送礼风才有效地被遏制住了。

另外，当时假币的流通，不但破坏了雍正政府的货币制度，同时也扰乱了国家正常的经济秩序。因此，雍正必须采取断然措施堵死漏洞，制止民间私自铸钱业，这样才能保障国民经济持续而健康地发展下去。

为了打击私自铸钱业，雍正开始向各省督抚施加压力，要求他们必须对私铸犯罪活动密访查拿，严刑禁止，不得使奸徒漏网，并声称"如若官员不实力办理，定行从重治罪"。

接着，雍正又命令刑部制定出一套严禁私自铸钱的条例，随后又亲自定出了因私铸而销毁官制铜钱的惩罚条例，其内容大概为：定例毁化制钱本犯本该管地方官并邻居都照私铸例治罪，除销毁新铸官钱者仍照私铸例治罪外，如有毁化小制钱者，其该管地方官，若知情者与本犯同罪，不知情者亦照私铸例降三级调用，房主邻居不分知情与不知情，亦照私铸例枷号一个月，杖责一百，发配一年。

从这个惩罚条例来看，雍正所用的惩罚手段显然过分严厉，由于"该管地方官并邻居房主照私铸例治罪"，地方官和私铸罪分子的左邻右舍必然会因惧怕受到惩处而隐瞒实情。

推行新的廉政制度

除了清查亏空、净化官场风气之外，雍正还实施了另外两次改革，那就是耗羡归公和养廉银制度。雍正大力打击官场中的贪污现象，必然会堵住许多官吏的生财之道，使他们处在生活艰难的境地。而当时中国官吏的腐败，地方政治的废弛，实际上也是由官吏待遇微薄造成的。

当时，清朝官吏的俸银在中国历代封建王朝中几乎是最低的。清制规定文武百官的俸薪是：一品银一百八十两，二品一百五十五两外，还有俸米，银一两给米一斛；而且，外任文官还没有俸米，武官更低于文官。

这样，一个九品小官所得的俸禄相当于一个地主出租五十亩地所收的地租，如此微薄的收入，又怎么能使各级官吏养家糊口呢？由此可见，当时清朝官吏的贪污应该说有迫不得已的，而雍正在打击贪污的过程中，也发现了这个问题，于是决定采取一种新的举措，以提高官吏的生活水平，这就是建立所谓的养廉银制度。

养廉银制度和耗羡归公是密不可分的。所谓耗羡，是自明代以来各地方政府实行的一种不成文的税收政策。由于明清两代官吏薪俸低薄，所以，历任统治者为了增加官吏收入，允许各级政府在为国家收取正税的同时，额外再增加一层附加税，而这层附加税，就是用来提高各级官吏的收入以及用作地方办公费用的，这就是所谓的提耗羡。

这就给各级官吏带来了钻空子的漏洞。他们往往任意增加附加税，并私自截留，中饱私囊，从而造成了乱摊派现象，给劳动人民带来沉重的经济负担。清时的赵申乔曾感慨地写道："惟横征私派，黄祸尤烈！如收解钱粮，私加耗羡；解费杂徭，每浮额数……"

雍正在当政前，就对吏治败坏、贪污纳贿成风的问题有了深刻的了解。所以，雍正在即位后不久就指出："朕观古之纯臣，载在史册者，兴利除弊，以实心行实政，实至而名亦归之。古曰，'名者，实之华也。'今之居官者，钓誉以取名，肥家以为实，而云名实兼收。不知所谓名者，果何谓也！更有仕宦之初，颇著廉名。及身跻大位，则顿易其操，古人谓之巧宦，其心事岂可问乎！"

雍正的这番话，不但解释了名实兼收的本意，同时还一语道破了某些人做官的目的，揭露了他们贪婪不法的本质，可谓见解深刻、体察入微。对此，雍正不得不采取一系列措施来解决上述问题。除摊丁入亩和清查亏空、打击贪污外，雍正所采取的措施就是提耗羡、设养廉。

"耗羡归公"，就是把各州县征收的原本是由州县支配的开支用银全部交到省里，再由省里按一定比例发回地方。把所有的耗羡都交上来以后，州县官们知道多征对自己也没有好处，也就不会出现滥征的情况了，老百姓的负担也会相应减轻。

这样既加强了中央的控制能力，又可以减轻老百姓的负担，于国于民，都是好事。耗羡归公之后，雍正规定了它的三大用途：一是发给官员养廉银；二是弥补地方钱粮亏空；三是留作地方公共事业和办公费用。

在雍正初期，相当部分的耗羡银用在了补偿地方钱粮亏空的方面。此后，亏空基本上被补足后，这部分费用就被转到了地方官员的养廉上。

所谓"养廉银"，顾名思义，就是从耗羡中拨出一部分用于官员的私人生活和衙门公务开支的银两。更确切地说，就是把官员养起来，保证其在丰衣足食后廉洁奉公，不再贪污受贿、鱼肉百姓。

水至清则无鱼，人至察则无徒，雍正对此看得非常透彻，因此他在实行耗羡归公的同时就说："我怕耗羡归公之后各级官吏断了财路，会更加勒索百姓，所以决定从耗羡中拿出一部分奖金分发给各级官吏作为奖励，以杜绝贪污现象。"

此后，随着各省钱粮亏空逐渐弥补清楚，地方官吏廉银亦随之不断增加。另外，在这一个过程中，雍正也逐步将养廉银的发放规范化、制度化了。

耗羡归公的提出有效地杜绝了官吏的私征钱粮之路，使吏治得以澄清。养廉银制度就是给足官员的生活、办公费用，不许他们贪污，保证廉洁奉公。

耗羡归公的推行也使官员失去了自行支配的耗羡银，杜绝了馈赠上司的财路，各级官员只有依靠朝廷的俸禄，如此来保障吏治的清廉。这三项大事同时进行，使官场上贪婪勒索的风气习惯和腐败的吏治大为改观。

到雍正十二年，地方各级官吏所得的养廉银数量，已超出了正式薪俸的几十倍甚至上百倍。例如：原督抚的薪俸仅为一百八十两左右，其养廉银却高达一万五千到三万两不等。原州县官吏的薪俸仅为四十五两左右，其养廉银却高达四千到六千两不等。

地方官吏的问题虽解决了，但京官的俸禄低微的问题更显得突出了。考虑到这一矛盾如果不能及时加以解决，势必难以杜绝外任官员向京官送礼的现象。

为此，雍正决定给吏、户、兵、刑、工五部尚书、侍郎发双俸，并给汉人小京官加俸银若干。这就使京城内外的一切官吏都尝到了改革的好处，再没有对耗羡归公一事评头论足的了。

雍正有言："安民之道，惟以察吏。诸卿果能秉公，毫不瞻顾、沽誉姑容，则吏治必清，天下大治……""……世间事不过择一是路力行之，利害不管，是非不顾，一切阻挠扰乱之无知庸流，毫不能动此坚忍不拔之志，方能成事也……"

政治腐败离不开经济腐败，而整个社会面貌与之清浊对应。政治经济面貌与国民精神的面貌是一体的。雍正在实行清查亏空、耗羡归公、养廉银制三项措施后，还一举打击了恣意加派、接受规礼、贪婪勒索等官场恶习，以肃清政治、稳定人心。

雍正的这一做法，可谓是虑事周详、统观全局、恩威并重、赏罚分明，清查亏空，反贪必须养廉，否则无从附着。高薪养廉，雍正这一招抓住了大多数人做官为发财的本质，让他们拿在明处，而无需偷偷摸摸。这就从根本上堵住了某些贪官污吏的退路，使他们再无苛索百姓的理由。

雍正在位虽然时间不长，但是却进行了诸多的改革，使康熙后期的混乱局面为之一新。他整顿吏治，清查亏空，并创建了养廉银制度，使得朝政立刻畅通无阻，为大清的兴盛打下了基础。

实施重大仁政制度

什么是贱民？中国古代号称士农工商、四民平等，但社会上的四民之外，别有贱民，即地位特别低微的社会群落。他们或因民族异同，或受政治迫害，或因社会上莫名其妙的陋习，被列入贱籍，终生不许脱离，也不允许和正常人通婚，不容许参加科举考试，只能从事一般人不愿干的职业，还不能自由改变身份。

解放贱民虽是仁政，但是未实施之前，经常也不会有太多人去提及，好像这是一个不存在的群体！因为贱民只是一个少数、弱势的边缘群体，亦即一个偏于"沉默"的群体，他们的痛苦没有表达的途径，一般人们也不去理会。他们是被侮辱和轻蔑的一群人，也是被遗忘的一群人！中国号称以仁治国，但历代都产生与人道原则相违的贱民，迟至雍正一朝才给以法律上的完全革除，这不能不令人生出中国社会改革过于迟缓的感慨。

雍正元年三月，监察御史年熙上书请除豁山西、陕西乐户的贱民的贱籍。晋陕乐户的祖先原是明朝永乐帝夺天下时，坚决拥护建文帝的官员，永乐成功后，除了迫害这些政敌本人，关的关，杀的杀，还将他们的妻女罚入教坊司，作为官妓，世代相传，久习贱业，以作为对政治异议者的残酷惩罚。

这些贱民想脱离卑贱处境，但因身陷乐籍，政府不许，而地方上的绅缙恶霸更以他们为蹂躏对象，也不容他们跳出火坑。他们的苦难已持续了几百年，却不能得脱。

年熙奏疏说，这些人实际上都是忠义之士的后代，却沉沦至今，无由自新，太悲惨了，请求雍正开豁他们的贱籍，准许他们改业从良。年熙是年羹尧的长子，雍正又把他赐给隆科多为子，这时他的生父年羹尧还在川陕总督任上，而山西也是年羹尧的势力范围。

年熙的建议可能跟他生父商量过，他同雍正关系又不一般，也可能事先了解雍正对这个问题的态度，所以投其所思，有此动议。他的条议上呈之后，雍正十分赞同，便令礼部议行。

大臣们秉从旨意，说："压良为贱，前朝弊政。我国家化民成俗，以礼义廉耻为先，似此有伤风化之事，亟宜革除。"

雍正就批准乐户改业从良。同时命各省检查，有如此贱民一律准许出贱为良。于是其他省区的贱民也得开豁。值得一提的是，乐户除籍之议很可能是发于年羹尧，而得到雍正的大力支持。

因为年羹尧犯罪后，署理山西巡抚伊都立参劾他，说他将皇上乾纲独断的乐户出籍的事据为己功，且向泽州乐户窦经荣索取谢银十万两。年羹尧辩白说改乐户为良，是"圣主首端风化"，哪里敢掠为己功云云。

山陕乐户削籍的同时，雍正命令除豁京中教坊司乐户。清初定制，凡是重要场合的奏乐，均由教坊司演奏。雍正命乐户从良，另选粮通音乐的良人，充当教坊司乐工，专职演奏。这使教坊司的乐人改变了属籍，成为良人的职业了。

雍正七年，雍正又把教坊司改为和声署，由内务府管理，官员由内务府、太常寺、鸿胪寺官员兼任。"教坊司"改名为"和声署"，就说明它是良人充役的良人机构，名实相副。

这一改，进一步巩固了乐户除籍的成果。不过，贱民的种类十分多，除去乐户之处，还有浙江的惰民、广东的旦户、徽州的伴当等等。仅仅解放乐户还是不够的。

雍正元年七月，两浙巡盐御史噶尔泰趁着乐户削籍之机，上奏折请求豁免浙江绍兴府惰民丐籍。惰民的来源是宋代罪人的后代，已有数百年的历史。惰民籍属丐户，不得列于士农工商四民的名籍，是为贱籍，不许改变。

他们从事的职业是士农工商所不愿干的，男子作小手艺和小买卖，塑造土牛、木偶、编机扣、捕蛙龟、卖汤饼，或者当吹鼓手、演戏、抬轿子，女子则做媒、当伴娘、卖珠、做接生婆。

他们从事的是服务性的工作，光从"惰民"这个名称就可以看出社会对他们的歧视。所谓的第三产业，却被当时农业社会所鄙视，社会地位十分卑贱。

政府不许惰民读书应举，不能做官，不得充当吏官、里长，不准与良人通婚，也不得与良人平等相处。作为一种侮辱性的习惯，贱民们的居住地区、房屋式样、穿着打扮、行路乘车等方面，都有规定，不能随便改变。

因此惰民同乐户一样，毫无任何政治权利，没有人格尊严，是最受侮辱、损害和压迫的人群。噶尔泰认为应给惰民自新之路；请求照解放乐籍的前例开豁。

雍正命礼部议奏。礼部认为捕龟、卖饼、穿珠、做媒是贫民糊口职业，假如削除其籍，就是不许他们再做这些事，他们反倒无法为生了，不同意削籍。

雍正说除籍"亦系好事"，礼部不要反对了，于是令惰民放弃原来职业，别习新职，脱离丐籍，转为民户，按照良民纳税服役。此外，在江南苏州府常熟、昭文二县有种丐户，他们的籍属、社会地位与浙江的惰民完全一样。

雍正八年，江苏巡抚尹继善以他们业已"化行俗美，深知愧耻，欲涤前污"，请求循乐户、惰民事例，除其丐籍，列入编户。雍正同意了他的请求。

雍正五年，雍正亲自提出安徽宁国府"世仆"、徽州府"伴当"的从良问题。他说："近闻江南省中，徽州府则有伴当，宁国府则有世仆，本地呼为细民。其籍业下贱，几与乐户、惰民相同。又其甚者，譬如二姓，丁户村庄相等，而此姓乃系彼姓伴当、世仆，彼姓凡有婚丧之事，此姓即往执役，有如奴隶，稍有不合，人人皆得加以殴楚。迨讯其仆役起自何时，则皆茫然无考，非实有上下之分，不过相沿恶习耳。此朕得诸传闻者，着果有此等之人，应予以开豁为良，俾得奋兴向上，免至污贱终身，且及于后裔。"

文中指出的"伴当""世仆"这两类贱民，许多不是由于政治因素或债务关系沦为贱民，而是出于"茫然不可考"的因素，是一种地方陋习演变的结果。

雍正这里提出让这些贱民从良有两个好处，第一是使他们"奋兴向上"，也就是说，除去其自卑感、悲苦感，给他们有过正常社会生活的希望；此外，也给他们的子女以平等的地位，不至于一生下来就低人一等。这两点也是十分符合儒家乐生、平等的人伦道德的。

雍正命令安徽巡抚魏廷珍查核，提出处理意见。魏廷珍议请区别对待如下：绅衿家典买的奴仆，如果有文契可考，还没有经过赎身者，本身及其子孙俱应听从主人使役；即便已经赎过身，其本身及在主家所生子孙仍应有主仆名分；奴仆在赎身之后所生子孙，与原主没有也不应再有主仆名分，准许豁免为良；年代久远，没有文契，也不受主家豢养的，统统不许以伴当、世仆对待。

雍正认为他所议"允当"，也就是公正恰当，便批准执行。世仆、伴当所受压迫，雍正讲的以外，同惰民一样，习鼓吹、抬轿，不与大姓联姻，不准报考。雍正这一措施，使他们从此免受不少凌辱。

广东沿江沿海有一种"旦民"，早在宋代就采集珍珠，向政府纳贡，到了清初，在广州河泊所下辖的，每年按户纳鱼课，少数人已粗通文字，上岸居住。

雍正于二年亲书朱谕，命将旦民编立埠次，加以管理。

雍正六年，向广东督抚发出上谕："旦户即苗蛮之类，以船为家，以捕鱼为业。通省河路，俱有旦船，生齿繁多，不可数计。粤民视旦户为卑贱之流，不容登岸居住，旦户亦不敢与平民抗衡，畏威隐忍于舟中，终身不获安居之乐，深可悯恻。旦户本属良民，无可轻贱摈弃之处，且彼输纳鱼课，与齐民一体，安得因地方积习，强为区别，而使之飘荡靡宁乎！"

雍正指出，陆地居住的广东人将居船的旦户视为贱民，是不合理、不人道的，应以旦户们交纳鱼税为主要事实，把他们当作平民百姓，不让他们被社会排斥，在江海之上飘来荡去，无所依靠。

雍正指示广东督抚："凡无力之旦户，听其在船自便，不必强令登岸。如有力能建造房屋及搭棚栖身者，准其在于近本村庄居住，与民丁同编列甲户，以便稽查，势豪土棍不得借端欺凌驱逐。并令有司劝谕旦户，开垦荒地、播种力田，共为务本之人。"

这就是说，旦户们能够上岸、愿意上岸居住的，地方官应为他们开辟地盘，一视同仁，防止地方土豪恶棍欺侮他们，鼓励他们耕田谋生。不知延续几个世纪的旦户问题第一次提到中央政府的议事日程上来，得到了初步的解决。

雍正在短短几年中，从法律和道德上解决了数百年来存在的问题。

丐户、乐户、旦户、世仆、伴当等贱民是历史遗留问题，几百年来，为何没有人像雍正一样来触动它们，甚至很少听到知识分子为他们呼吁的声音？明朝人沈德符就曾对此不解地说：何以自宋迄今六百余年，惰民"不蒙宽宥"？

实际上对贱民也有其他皇帝做过一点事情。明英宗释放教坊司乐工三千余人为民；明景帝时议准，凡原为民人而落入乐户的，允许改回去。原为乐户而愿从良的，也允许申请改业，与民一体当差；康熙年间也裁革过扬州乐户。然而，这些君主只在乐户范围内，随兴所致地释放一部分人。而雍正则大刀阔斧，不仅削去晋陕乐籍，取消教坊司，削除全部乐户，又免除丐户等其他贱籍。所以清人俞正燮研究这段历史时，称赞道："本朝尽除其籍，而天地为之廓清矣。"

"廓清"为过奖，但雍正确实很有政治气魄，敢于革除旧弊，使政治趋于清廉。而深析起来，促使雍正这样做则有一系列相关原因。首先，最值得重视的一点，这是和雍正整体宏伟的治国思路相贯穿的。是制度化、全局性的大手术，不是心血来潮的一时冲动。

在雍正朝，执行打击不法绅衿的政策，而贱民们主要受绅衿控制，为他们服务，贱民要脱籍，侵犯地方绅衿的利益，他们自然不乐意，千方阻挠。

所以雍正除豁贱民的法令中，才包含进禁止"绅衿土棍"阻拦贱民出籍的条文。据此可见，释放贱民，是中央同不法绅衿、地方恶势力的一场角力，此举有着深远的背景。

这是雍正厘革前朝弊政、推行改革政治的一项重要内容，其目的是压制地方绅权、提高中央威权，这同摊丁入亩、耗羡归公、改土归流等项政事一样，是雍正整体治国思路中的一个重要环节。这也是争取民心的策略。

根据记载，乐户除籍令颁发的时候，乐户们都激动得涕泪俱下。噶尔泰很能恰到好处地赞美皇帝，他说，雍正皇帝此举"使尧天舜日之中，无一物不被其泽。使生者结环，死者衔草，即千万世之后，共戴皇恩于无既矣"。虽有不实之处，但也可见释放贱民确实是种仁政，可以提高皇帝的威望。

在雍正初年，统治尚不稳固，特别需要广大民众的支持，确立一个有作为的中央政府的形象，这也是雍正忙于处理贱民问题的原因。当时社会观念对待贱民的态度有两种，一是以地方绅衿为主，要维护既得利益，要坚持等级制度，奴役贱民；一是像雍正朝的君臣，主张部分地释免贱民，而后者显然更符合儒家道德。

明初解缙曾尖锐质问："律以人伦为重，而有给配妇女之条，听之于不义，则又何取夫节义哉？"

雍正也是这么想的。他说："朕以移风易俗为心，凡习俗相沿，不能振拔者，咸与以自新之路。"令贱民改业从良，就是"励廉耻而广风化也"。

特别应当指出，贱民的解放，也不完全是一个好皇帝的恩赐，其中有历史的必然性。任何解放都不可能完全是由上而下的解放，一定要有自下而上的争取，解放才可能展开，受苦的人才能最终脱离苦海。

贱民所受的压迫，迫使他们产生反抗情绪，时或爆发反抗斗争，这是他们能够解放的重要因素。贱民各种形式的反抗斗争，会引起社会动乱，必须想办法"息事宁人"。正好当时雍正又要打击绅权，就把这两方面结合起来：开豁贱籍可消减贱民的对抗情绪，又是取消不法绅衿特权的一个方法，可谓一举两得。

雍正此举是符合当时社会斗争的趋势的。然而，从贱民自身的角度来说，这还不是完全的解放。任何一种解放事业都必然是艰苦而漫长的，是社会性的事业。雍正的除籍令下之后，少数贱民改业从良，摆脱了屈辱的地位。多数贱民依然如故。

苏州的丐户还要应承迎春扮演的差役。宁波府没有得到削籍的十分多，矛盾严重，终于在光绪三十年发生第二次除豁事件。安徽贱民与绅衿的斗争一直延续到清朝末年，绅衿顽固地制驭世仆，不容改业，如析门县的周姓为李姓世仆，嘉庆十四年，按雍正例开豁为良，但李姓不依，仍然要周姓服役。

道光元年，有个叫李应芳的，强迫周觉春充当吹鼓手，以致闹出人命案子。并且清朝政府对从良的贱民十分苛刻，如乾隆三十六年定例，规定出籍贱民的应试资格；要从报官改业的人起，"下逮四世，本族亲枝皆清白者，方准报捐应试，若仅一二世及亲伯叔姑姊尚习猥业者，一概不许滥厕士类"。

清世宗雍正传

这都影响贱民真正摆脱奴役地位。所以雍正的一纸命令和某些努力，并没有真能拯救贱民。这是因为贱民的解放不是某个人的意志所能决定的事情，它决定于社会状况和经济状况，比如他们要求社会给他们提供新的就业机会，可雍正时代并没有提供这个条件。

在讨论噶尔泰的建议时，礼部就指出惰民的就业问题不能解决，是考虑实际问题。事情也确实如此，在大多数贱民没有新的谋生之道以前，不可能做到从良。尽管如此，雍正的开豁令仍具有重要意义。它给贱民解放提供了一个巨大的可能性。

具体说，削籍令是政府宣布放弃对贱民的特殊控制法，使贱民有了离开贱籍的法律依据。贱民只要依用政府的条件申请改业从良，就可以按照正常社会成员的方式进行生活，一定时期之后还可以应试做官。

如果同平民发生纠纷，可以良人的身份出现，可以不会像过去那样因是贱民而遭受不应有的歧视和打击。所有这些，在道理上讲是基本能够达到的。贱民的除籍，使他们几百年的积郁有所舒张，生活信心有所增强，奴性有所消减，从而使他们受到压抑的创造力得到一定程度的解放。

这也是对这一部分社会成员的生产力的某种解放。另外，雍正实行摊丁入亩制度后，人民的封建隶属关系有所削弱，贱民的除籍与这一历史趋势相符合，雍正朝这一自上而下的"阶级解放"政策反映了时代的要求，是开明做法。

巧妙处理满汉关系

雍正继位之后，在处理满汉关系这一问题上，充分展示了他海纳百川之气度和高屋建瓴之才识，视满汉如一体，公平相待，终于缓和了社会上的紧张气氛，团结了两族朝臣。

雍正之前，满人刚刚入关建立统治的时候，由于政策不当，残酷压迫汉人，以致满汉关系紧张、矛盾重重。自清朝入关后，反清复明思想就在一部分汉人中流行着，不少人积极实践，故而类似"朱三太子事件"的事不断出现。

崇祯有七个儿子，第二、五、六、七四子都过早去世，长子朱慈烺被立为皇太子；三子朱慈炯为周皇后所生，封为定王；四子朱慈炤生母为田贵妃，受封永王。

李自成进北京，抓获朱慈烺、朱慈炯之后，将朱慈烺封为宋王，朱慈炯封为宅安公，朱慈炤则下落不明。李自成退出北京后，朱慈烺和朱慈炯兄弟也不知存亡去向。

可是不久之后，竟然有人自称是故太子朱慈烺，投奔南京福王朱由崧，因真伪莫辨，被朱由崧囚禁。剩下最尊贵的就是朱慈炯了，汉人正好利用他的名号反清。

在雍正朝以前，汉族的反清斗争多打着反清复明的旗号，领导者大多假托是明王朝统治者的后裔。自顺治年间便有人假借定王名义起事。康熙十二年京城有杨起隆称"朱三太子"起事，很快被镇压下去。康熙十九年，福建又发生了蔡寅领导的"朱三太子"起义。

其实真正的定王朱慈炯流落于安徽，后到浙江，教书为生。他在江南，渐渐暴露了身份，民间不少人知道他的来历，因此，有民族志士利用他来号召群众。

康熙四十六年，即1707年，江苏太仓、浙江四明山都爆发了打着定王名义的起义，受到清廷的严酷镇压。定王当时已七十多岁，逃至山东汶上被捕杀。但此后，汉族反清斗争一直并未停息，民间广泛流传朱家后裔在海外，并有人积极联络人马。

直到雍正七年，山东还有人冒称明帝后裔起事。面对这种情况，雍正采用两手策略，一是严密防范，坚决镇压，雍正多次严谕各地督抚，尤其是江浙、闽广等地严加访察，不放过任何疑点。对于暴露的反清组织坚决镇压。

同时，雍正还下令访求明朝宗室，封给爵位，承担明朝诸陵之祭祀。雍正二年，称访到明代王后裔，封为一等侯，专司明陵祭奠，以此绝天下汉族之望。用优礼的办法，缓和汉族人民对明朝的怀念。

雍正深知"朱三太子"的能量，特别是大岚山及念一和尚的案子，他是很清楚的。他也参加了查看明十三陵的活动。所以对反清复明他不仅知道，而且决定采取对策。

在继位之初，雍正就立明太祖的后裔为一等侯，准其世袭，承担明朝诸陵的祭祀，这自然是笼络汉人，驾驭汉人的一个手段。但无论如何，这不失为一种治国安内的智谋。

雍正元年九月，雍正说他发现了康熙帝未发的谕旨：称赞朱元璋统一华夏，经文纬武，为汉唐宋诸君所未及。因此，雍正遂命人访求明太祖后裔，以奉明朝禋祀。

次年，查知正白旗籍的正定知府朱之琏是朱元璋后裔，雍正封他为一等侯，准其后人世袭，承担明朝诸陵的祭祀。不过确切地说，朱之琏的先人朱文元，是明宗室代简王的后人，在松山战役中被俘，入了八旗，是早已满化了的汉人。

雍正这样做，目的在于掩人耳目、笼络人心，即以朱之琏为招牌，宣传清廷不仇视明朝、不歧视汉人之意。鉴戒于"华夷之辨"的民族意识纷争，雍正依然执行清朝传统的依靠满洲团结汉人的用人方针，对普通的满汉矛盾尽量求平，以安定民心。

同时，雍正比较重视才能，给某些汉人以较高的地位和特殊的荣誉，有利于这些汉人发挥政治作用。只有这样，才有利于巩固清朝的统治。

雍正六年十二月，镶黄旗副都统满珠西尔向雍正建议，称："京营武弁等员，参将以下，千总以上，应参用满洲人，不宜用汉人。"非常明显，满珠西尔的这个建议是从扩大满洲官僚对现有武装力量的控制着眼的。

但是雍正非但没采纳这个建议，而且还就此谴责了蔡珽、傅鼐等汉军旗人官僚歧视汉人的行为，并阐明了自己"满汉一理，汉满一家"的思想：

> 从来为治之道，必在开诚布公，迨迹一体。若因满汉存分别彼此之见，则是有意猜疑，互相膜视，岂可以为治乎？天之生人，满汉一理。其才质不齐，有善有不善，乃人情之常事。用人惟当辨其可否，不当论其为满洲，为汉人也。自我太祖皇帝开国之初，即兼用满汉之人，是以规模宏远，中外归心。盖汉人之中固有不可用之人，而可用者亦多，如三藩变乱之际，汉人中能奋勇效力以及捐躯殉节者颇不乏人，岂可谓汉

人不当用乎？满洲中固有可用之人，而不可用者亦多，如贪赃枉法、罔上行私之辈，岂亦可因其为满洲而用之乎？且满洲人数本少，今只将中外紧要之缺补用尚觉足以办理，若将参将以下之员弁悉将满洲补用，则人数甚为不敷，势必有员缺无而无补授之人成何理也？朕屡谕在廷诸臣当一德一心，和衷共济，勿各存私见而分彼此，在满洲当礼重汉人，勿有意以相轻；在汉人当亲满爱满，勿有意以相远，始为存至公无我之心、去党同伐异之习。盖天下之人，有不必强同者，五方风气不齐，习尚因之有异——如满洲长于骑射、汉人长于文章、西北之人果决有余、东南之人聪明颇众，此惟不必强同，亦且可相济而为理者也。至若语言嗜好之间、服食起居之末，从俗从宜，各得其适。此则天下之大，各省不同；而一省之中，各府州县亦不同，岂但满洲与汉人而相异乎？其实人之所以为人者，事君当忠，事亲当孝，臣子之职当公而忘私，国而忘家，则其理本无不同，又何得相矜以所长、相笑以所短、相悦以所同、相憎以所异也？

同时，他还批评蔡、傅：

向来为此言者亦有其人，蔡珽、傅鼐等皆屡陈奏。朕思为此说之故有二：一则识见卑鄙、毫无所知之人，故有此区别之情；二则怀挟私邪思、欲扰乱国政之人，故为此谬亡之论也。朕御以来，惟以四海为一家，万物为一体，于用人之际，必期于国计民生有所裨益，故秉公持正实心办事者，虽疏远之人而必用，有徇私利己坏法乱政，虽亲近之人而必黜，总无分别满汉之见，惟知天下为公，凡中外诸臣皆宜深体朕怀，共为和协，股肱手足交相为济，则国家深有倚赖，久安长治之道，当必由于此也。

直隶的旗人很多，他们倚恃特权，欺压汉民，造成严重的满汉冲突。旗民、汉民之间的纠纷案件，旗民不由地方官审理，到康熙三十七年，经直隶巡抚于成龙题请，设立满洲理事同知一员，驻保定，审理旗人斗殴、赌博、租佃、债务诸事，至于人命盗匪等重案，则会同督抚审办。

这个理事同知，专由满人担任，与作为知府副手的同知不同。州县官不能随意审查旗人案件，也不能对旗人用刑。雍正初年，由于直隶旗、汉互相控告的事件越来越多，又增设了满洲通判一员，也驻保定，协助理事同知处理事务。

不久，仍以事多，旗、汉纠纷都到保定办理不便，于是将张家口、河间、天津的旗、汉事件分别交张家口同知和天津同知审理。这是雍正维持康熙朝旧制，只是增设专管旗民事务的官员，以便比较迅速地处理纠纷案件。

雍正六年，即1728年，良乡县知县冉裕棐杖责旗人乌云珠，直隶总督宜兆熊以违例虐待旗人将他题参。雍正说："旗民、汉民均属一体，地方官审理事务，只当论理之曲直，分别赏罚，不应该区分旗民和汉民。冉裕棐奉公守法，不应当革职听审。"

并将宜兆熊的题本掷还。雍正竟然还说不知道有不许地方官问刑旗人的成例，要刑部查明具奏。刑部查出果有这种案例，雍正命令把它废掉，依他的指示执行，同时指责宜兆熊那样对待属员过于苛刻。

清朝早期，旗人与汉人在处刑上，向来有所不同，汉人犯流徒罪的照律充发，旗人则可改为枷号、杖责结案，实际是从轻发落。雍正四年，雍正感到这种处理使法律不能一致，于是命大学士、八旗都统及满洲、汉军中的九卿共同商议，可否将旗人的改折刑法取消，一律按照统一的刑律与汉民一样处置。

大学士等认为，改折刑法是不好，易使旗人轻于犯罪，但满人、蒙古人缺乏营生之术，发遣难于图存，请维持旧例不变，惟汉军有犯军流罪者，则照律发遣。

雍正一直想在旗民与汉民关系问题上做些改革，但因照顾旗人的方针从祖传来，不宜变更，所以在法令上就不能不遵奉旧制了。然而在实践上，他主张打击不法旗人，尤其是作恶多端的庄头，一定程度地缓和旗、汉矛盾。

虽然雍正宣称："朕即位以来，视满汉臣工均为一体。"又说，"朕待臣下至公至平，从无一毫偏向，惟视其人如何。"

事实上，在官僚中，旗员傲视汉员如同旗人欺凌汉民差不多。清朝对大学士、六部尚书、侍郎等官实行复职制，满汉兼用，且为同等职务，但总有一个主事的，即所谓在前行走者，法定为满人。

雍正五年，雍正开始作出新规定，大学士领班以满人中居首的充任，其余大学士的行走秩序，不必分别满汉，要依补授时间排列名次，由皇帝临时决定，并指定汉人大学士张廷玉行走在旗人孙柱之前。本来六部满尚书在汉尚书之上，张廷玉以大学士管吏部、户部尚书事，雍正不顾定制，命张廷玉行走在前。

雍正六年，公爵傅尔丹管部务，张廷玉因他为贵胄，不敢越过他，向雍正请求，让傅尔丹在前行走，雍正不答应，令张廷玉安心居前。汉人励廷仪任刑部尚书多年，他的属下满人侍郎海寿升任尚书，按规定超居其上，雍正为表示对励廷仪的重视，命他在前行走。雍正一面执行以满人为领班的制度，一面又因人而异，重用一部分汉人。

满汉官员在政府中的不同地位，自然会产生矛盾、互相排斥。雍正见到：满洲为上司，则以满洲为可信任；汉人为上司，则以汉人为可信任；汉军为上司，则以汉军为可信任。雍正认为这种偏向，将影响政事的治理，所以时刻加以警惕。

汉军杨文乾为广东巡抚，广州将军石礼哈及广东官员阿克敦、常赉、官达等四个满人合谋陷害他，被雍正识破，因此对他们加以严厉训饬。

雍正说他信任的满员迈柱、汉员李卫、汉军田文镜和杨文乾，什么出身都有，只要能竭忠尽力，那些挟私陷害之徒，无论其为满洲、汉军、汉人，都不得使奸计得逞。

在这相互排斥之中，满人占据主导地位，他们觉得出身高贵，即使为汉人的下属，亦以旗籍而蔑视主官，雍正知道这是旗人的常习，时加警戒。

汉人孔毓珣任广西巡抚时，汉军刘廷琛为按察使，雍正叮嘱他："所有大小事情不可越分，不要因为巡抚是汉人而不尊重他，从而主张分外之事，如果让我知道了，必然不会轻饶。"

雍正考虑到政事的治理需要官员的团结一致，他告诉官员：都是办的朝廷事情，何必分满洲、汉人、汉军、蒙古，应当"满汉协心，文武共济，而后能政治"。

他雍正以此律人，也应该说这是他的真实思想，他为了很好地利用汉官，不愿过分地歧视他们。雍正说："天之生人，满汉一理，其才质不齐，有善有不善者，乃人情之常，用人惟当辨其可否，不当论其为满洲为汉人也。"这里说的是对满汉一视同仁，惟看其才质。

可是，雍正有一次又对臣下说："朕惟望尔等习为善人，如宗室内有一善人，满洲内亦有一善人，朕必先用宗室；满洲内有一善人，汉军内亦有一善人，朕必先用满洲；推之汉军、汉人皆然。苟宗室不及满洲，则朕定用满洲矣。"

这就是雍正自相矛盾的地方：同样人才，先宗室，次满人，再次汉军，最后才是汉人，满汉就是有区别、有等第。真正巩固满洲根本的事，是雍正致力于防止满人的汉化，这可以说是最能体现他基本思想的较为明确的亮点。

雍正即位不久，就召见八旗大臣，宣称："八旗满洲为我朝根本。"既然是根本，那就一定要牢固。为此，雍正将满洲现存的一些问题逐一解决，"限诸臣于三年之内将一切废弛陋习悉行整饬，其各实心任事，训练骑射，整齐器械，教以生理，有顽劣者，即惩之以法。"

也就是说，雍正想把满洲人入关逐渐退化废弛的民族尚武的精神

清世宗雍正传

重新振作起来，做到招之即来，来之能战，战则能胜，不事豪奢、崇尚俭朴。

雍正为防止满人汉化，还叫八旗人学满文、说满语。语言是民族精神中最重要的因素。不要小看民族语言乃至方言的作用，它正体现着个人和群体的精神特征。

方言是人与人之间产生认同感的最有力的依据，民族语言更是如此。所以雍正才特别地强调自己民族语言的保留和使用问题。为了防止满人汉化，雍正还禁止满人与汉人通婚。

自满人入关以来，满人散居全国各地，尽管驻防的旗人有固定的居住地区，即俗称的"满城"，但旗人总是和汉人杂处，往来一多，就不可避免地发生满汉通婚的事。雍正曾对将赴福州的将军蔡良说，驻防兵丁都是旗人，听说竟然有与汉人联姻的，要蔡良到任后严行禁绝。

蔡良到福州后，查明旗人娶汉人为妻的二百一十四人，嫁给汉人的两人。对这一数字雍正表示不信，说一定不止这些人，不过木已成舟，只好对此既往不咎，但以后应该禁止。

雍正叫八旗人学满文、说满语、禁止满汉通婚的这些事，反映出他思想保守的一面。与博大精深的汉文化相比，满文和满语必然会有所嬗变、有所淘汰。

从另一方面来说，清朝统治中国，其国民的百分之九十以上都是汉民，作为一个皇帝，汉化是必然趋向，也必然要用汉人的方式来统治这个国家。

汉族虽然在当时是受满族的统治，但汉族的文明却不受统治，任何一个统治者统治汉族，都只能是形式上的。真正统治汉族的是汉文、汉语及汉族的道德观念。

雍正是很了解这些的。但他之所以极力保持满族的语言文字、风俗习惯，禁止满汉通婚，防止满人汉化，是害怕失去民族的精神和灵魂。

大力扭转社会风气

　　雍正做皇帝时已经四十五岁了，他对当时社会风气的现状，十分了解，也很重视，认为"治天下之道，莫急于厚风俗"，自称继位以来，"惟以正人心，端风俗为首务"，发誓要"振数百年之颓风"！

　　社会风气不仅关系国家和社会的稳定，还是一个民族文明程度的指示器。历代有作为的皇帝和政治家，无不强调辨风正俗的重要性，并留下很多成功的经验。

　　雍正即位时所面对的社会风气，是清前期最糟糕的。当时在官场上，贪贿公行，层层勒索；渎职怠政，荒废职事；结党营私，上下回护；巧于逢迎，欺上瞒下，各种误国害民的恶习，举不胜举。

　　士风邪恶，由来已久，地方上的士绅是介于官与民之间的特殊阶层，由于长期以来疏于教化，他们中或为非作歹、横行乡里，欺压平民；或抗违税收，藐视王法；或代民纳税，私润身家，"种种卑污下贱之事，难以悉数"。

而士子应试，更是弊陋百出，并不以真才实学获取功名，而是靠歪门邪道专事钻营，考风不正，已是影响官僚队伍不纯的重要因素。至于民风败坏，已渐成朝廷的心腹之患：偷窃强盗横行，扰乱社会治安；巫术邪法沉渣泛起，秘密结社繁多，更是影响政治稳定的大事；忠孝节义、敬老尊贤、礼让谦和、持节崇俭等传统的行为规范和道德，也受到挑战；民间赌博之风盛行，其害更不可胜言。

雍正对此痛下决心："不做一番大的整饬，加强教化，不足以扭转社会风气。"

雍正不仅重视移风易俗，屡屡降旨申斥臣民；同时，他不仅是停留在口头上，而是实实在在地抓了几件大事，出台了一系列新的举措。大体说来，雍正为扭转社会风气，主要思路和措施有如下几个方面：

一、用法律和行政手段加以遏制。

社会风气变坏，主要来源于官风不正。雍正认为，地方百姓不能安居乐业，惹是生非，主要是疆臣大吏不能"察吏安民"，苛索属官，自己嘴短便没威信，故而疏纵属员；而属员又层层分肥勒索，最终害及百姓。所以，他在整顿吏治时，首先强化对大臣的约束，有犯必究，从重从严从速惩处。

在大力打击贪风时，雍正充分利用法律因时而制，绝不姑息迁就，甚至对历代相沿的议亲、议故、议能、议贤、议功、议勤、议贵、议宾等"八议"制度，也明确做了阐释。

"八议"是中国古代刑律对八种权贵人物在审判上给予特殊照顾的制度，源于周朝所谓的"八辟"，实质上是在法律面前尊贵贤愚等次有别的不公正的法制。

雍正对此很有主见，认为亲故功贤等人更应遵守王法，成为士民的表率，若犯罪违法，不能与无知误犯之人相比，而执法者再对他们特意宽纵，"何以惩恶而劝善"？所以，"八议"律文不可为训。

这样公开否认千古不变的律条的言词，在历代帝王中是罕见的。雍正恰恰依靠这一变更的法律理论，对上至皇族，下至文武百官，不管是谁触犯国法和皇权，谁就受到制裁，而不能幻想靠"八议"制度而幸免。当然，这并不能保证雍正在处理具体人和事时一贯做到公正。

在处理扰乱人心、败坏社会风气的官吏"朋党"问题时，雍正毫不手软。他再三再四地告诫皇族、权贵和所有文武百官，不要结党营私，而要与君主同好恶，否则就是欺君罔上、罪不胜诛。为此，他特别发表自撰的《朋党论》，否认了以任何形式所结成的朋党的合法性。

同时，雍正法外用刑，用多种手段清除了允禩、允禟集团，年羹尧、隆科多的权贵势力，还有所谓李绂、蔡珽、谢济世的"科甲朋党"等等。从而震慑了官场，任何以同年、同寅、同乡、同族、姻亲以及结拜干亲等形成的交往，都在法例的严禁之内，有犯必惩。

雍正坚决整饬前朝遗留的、当朝滋生的官僚结党之习，对肃清官场互相请托包庇、钻营谋私等弊端，起到了很好作用；但是，矫枉未免过正，在君主权威绝对强盛的同时，必然造成一种沉闷仕风，对日后负面影响不可低估，此当别论。

康熙末年以来，奉承庸碌者当道，大小官员因循偷闲、懒惰怠职，"有经年不到衙门者，有庸劣不能办事者，有不能写字雇人翻译者"。其结果，国家庶务、百姓疾苦竟成官员们身外之事，行政效率极为低下。

雍正深知此中的弊处，继位后，总是告诫大小官员们不要安于习俗，不知奋发进取。同时，利用组织手段和正常的"京察""大计"考核制度，大幅度调整官员结构，去其庸劣之员。为了提高行政效率，去其拖拉萎靡之风，雍正制定了各种事件的办理限期及其稽查处分法例、规章。

鉴于以前定例有疏漏，雍正侧重制定了"各部院事件限期""直省承办钦部事件限期""文凭定限""缴照逾限"等新法例。因各部院所办事件行文例行翻译，以前往往迟误，新例规定必须在一两日内定稿呈送堂官，否则给予翻译笔帖式记过或革退处分。

凡皇帝交有关部院等速办之事，限五日内完结；其他除两衙门会稿、八旗会议事件仍照旧例定限内完结外，对于那些不需查核而易于办理事件，过去是二十日完结者，而今限期十日。

户部向例三十日，今改为二十日；八旗易办之事，也定限十日；至于议政及九卿会议，从无定限，今视繁易程度，俱定为三十日和十日限期。如有推诿迟误，监察官查出题参。对于官员到地方赴任迟缓怠政的弊习，雍正看在眼里，指令议定法例，终于于七年出台了地方官自京赴任的详细法例，成为清代定制。

此外，对于各省承办钦命、部交事件，各省衙门事件，官员离任、给假等各种行政事件，雍正也命或遵定例，或新制定例严格执行。如果发生任意推诿、或称无例可援、或称无案可稽，以致迟延者，该衙门长官即行参奏，送部议处。

对于严重影响社会治安的抢劫、偷窃、赌博等犯罪行为，雍正相当重视。一方面，严格定限，严令有关机关务必在限期内捕获罪犯并从速审结定案，盗案一年期限，命案六个月，钦部案件四个月，以到案之日为始，不得请示宽限，有特殊情况者只准延期一个月。

后来，雍正又发现对盗案限期处分的做法有疏漏，即官兵们因迫于时限，竟有诬拿平民栽赃、买赃，教唆提供假口供的情况，于是又同大学士、九卿们反复讨论妥善处理的办法。

另一方面，雍正认为，严厉打击偷盗行为，是安民之本，所以，特加重偷盗罪名。原来定例，废法施恩，以致强盗横行。雍正针对实际情况，首先在直隶多盗发区，重新启动此律例，务必将真正惯盗或致死人命的盗贼斩首。

针对京师各省赌风猖獗的现实，雍正更是加大打击力度，认为赌博之人，败坏品行，荡废家产，必然铤而走险、危害社会；而读书居官之人，若染上此习，必致废时误事，志气昏浊，如何能上进？

所以，雍正在屡屡发布禁令而收获不显著后，决定运用法律手段加以遏制，定例甚严：旗人制造纸牌、骰子售卖者，罪至绞监候；汉人制卖赌具及赌博者，变枷责为充军、发配、杖流等罪名，分别轻重拟罪；

官员赌博者，革职永不叙用。

对此，雍正真可谓言出法随，除通令全国实行外，还特别注意自己执法时不留余地，对于因赌博致殴杀、误杀、戏杀等罪，指示刑部和各省督抚，绝对定拟"情实"罪名，不可开脱。

同时，对赌博败露的官员、旗人必从重处罚，其例证不可枚举。各省也都实力奉法而行，雍正力行禁赌的结果，使盛行全国的赌风确有收敛。

对于民间传统的伦理纲常遭到破坏的"不古"风气，以及官民们普遍盛行的奢侈之风，雍正也用法律和行政手段加以整顿。他认为：欲治理好国家，必先于厚风俗；若想使风俗淳朴，莫要于崇节俭。

所以，雍正在位期间，对大清礼制做了重新厘定，官民的衣、食、住、行等用度都有严格的礼法规定，超越了限度，便构成了"僭妄"之罪，必加以严惩。当然，对官民服饰婚丧等礼仪的规定，一方面在于整饬官民的奢靡之风；另一方面也有完善和强化封建等级制度的用意在内。

二、移风易俗，以劝善为先。

雍正施政作风的最大特点之一就是务实。他对官风的整饬，主要靠法律和行政的手段，而对士民风气则主要用正面引导与禁令并行的方式，即使对仕风，他也坚持"教而诛之"，反对"不教而诛"。

雍正对官员朋党之习深恶痛绝，几乎是有犯必惩。但是，他并不单靠法律手段解决这一根深蒂固的问题，而是屡屡发布谕旨，说明朋党的危害，告诫人们不要明知故犯。

同时，对具体涉嫌结党营私的官员，他又每每预先警告，无效后才予以严惩。同样，对于严重危害社会治安的强盗、窃贼、赌徒等，也是在屡屡发出劝善改恶的谕旨后，才加以重惩的。

事实上，不良的社会风气，有些绝不能靠法律和行政禁令骤然硬性解决，而应该慢慢地加以疏导。八旗社会渐渐丧失了原来古朴俭约的风尚，雍正认为事关重大，必须加以整饬。

于是，八旗大臣们曾建议：一律按等秩定制约束所有旗人。雍正针对这种意见，说了长长的一段话："要将官员军民穿戴一概加以禁约，朕试问诸臣，照此定制，以申禁约，能使人们必然更改吗？断然不能。法令者，必其能禁而后禁之，明知法不能克胜而禁止，则法必不通行。从前，屡禁而不能奏效，岂可再禁呢？"

雍正还说："况且，若诸臣所说，旗人各按等秩，将缎匹和貂、鼠、猞猁等细裘悉行禁止，不准服用，反而使大臣官员得以贱价购而服用，结果富室反而获其利。若令兵丁难以为生，毫无益处。你们八旗大臣见有服用僭越之人，戒饬约束，晓谕而训导之，使他们渐渐醒悟，数年之后，自然有所改观，不必过于烦细，以致纷扰。"

当然，对于事关名器的官员顶戴服饰，雍正是很重视的，他始终严令禁止官员随便用素珠、顶戴；官民不得穿戴五爪龙图案的纱缎衣服；玄色、黄色、米色、香色等服饰，也在禁止之列。

由于商品经济的发展和百姓生活水平的提高，全国上下普遍风行婚丧之事、大讲排场、铺张浪费等弊习。对此雍正一方面组织人力制定颁布官民的婚丧礼仪，规定官员、士、民等级不同的婚嫁丧事节俭，劝导人们戒奢崇俭。

雍正发布了许多谕旨，力求说明婚丧奢侈毫无益处，他说，为人子者，应尽孝于父母生前；否则，父母死了再大操大办，不但无益于死者，生者也有矫饰沽名之嫌，空费家财。

在这里，雍正还打个比喻：假若你对一个乞丐说，"你死后，我为你焚化金银累万。"那么，此乞丐则只想求生，不会羡慕死后的钱财。

雍正还说："圣人教人，以生养死葬，合礼之孝。若有人必以耗财为孝，独不知荡费家产，以致不能顾恤品行，辱及先人，这是孝，还是不孝？若认为在子女婚嫁时，父母以厚资为慈，独不思无所贻谋，以致不能养育子孙，饥饿困苦，这是慈爱吗？"

雍正最反对金银入葬的陋习，认为这是丝毫无益于死者而起小人觊觎之心的"庸愚之见"，曾明旨训示。尽管雍正苦口婆心地化导臣民，但是，其效果并不十分显著，这叫他很难理解。

对于当时日益盛行的功利主义、人人为私的风尚，雍正给予了充分注意。他不好用行政手段加以干预，只能鼓励人们踊跃济公、乐善好施。

雍正鼓励富户向善好施，设立"社仓"。雍正对此还有一套理论：他曾针对有人提出用"限田"或实行"井田制"以解决贫富不均问题的主张，发表一篇长谕，首先否定这些提法于理于势都行不通，然后劝富民要有"保家之道"。

一是要戒浮华奢侈靡费，以善守家财；二是不要吝啬刻薄，一旦遇荒歉之年，就可免遭饥民肆行抢夺，因为那些先受害的，都是为富不仁的人家，而贫民贪利犯法致丧其命，富民敛财而倾其家，两失其道。

雍正接着进一步说：所以，假若富民平日善体贫民，济其所急，则穷人必感富户之情，"居常能缓急相周，有事可守望相助"，这不是保家之善道吗？雍正一朝，富民乡绅、达官富商等，济公助贫的事不断增多，的确与他的倡导有关。

必须指出的是，雍正作为封建皇帝，不可能从根本上解决贫富不均的社会问题，但他努力调和贫富之间的关系，劝民为善，对当时社会矛盾的缓和与社会风气的好转，作用不容忽略。

雍正别出心裁，对拾金不昧、济公助贫、辛勤耕作等人给予宣扬褒奖，有利于社会风气的转变。凡是拾金不昧的人，雍正都利用赏银、立碑，或给予七八品顶戴等办法，以表彰其善行；同时，他还每每特别降旨宣传，指示人们向这些人学习，以成就礼义仁让的淳美民风。

纵观雍正一朝，各地所报拾金不昧的人和事，层出不穷、不胜枚举。对于济公助贫、辛勤耕作的老农等，雍正也不惜爵赏顶戴以荣其身。这一由皇帝亲自倡导的劝善运动，在中国历史上是空前的。

三、宣传教化，形成制度。

雍正继位以后，发布很多训诫官员、士子、百姓的谕旨，特别希望"愚民"们能对皇帝"视民如子之心"家喻户晓，"以成移风易俗之治"。

后来，雍正发现地方大吏并不把谕旨当作一回事，只在省会之地出一告示，而州县各处，并未遍传，至于乡村庄堡偏僻之区，就更无从知之了。

对此，雍正特别重视，认为百姓陋习不改、迷而不悟，都是因为百姓对圣旨并不知晓的缘故，谕令各省大员不要再满不在乎、置若罔闻了。后来，曾静、张熙策反岳钟琪事发，雍正更觉得皇帝和朝廷旨意没有遍传乡野是个重大失误。

于是，他于雍正七年命在乡村设置乡官，大乡大村设"约正"一人，"值月"三四人。约正由地方生员中选择合适的人充任，政府酌情给报酬；值月由老年农民中选充。

乡官其实是种非官非民的"乡约"，主要任务是传达皇帝谕旨、地方官的禁令，并对乡民进行劝教，奖善惩恶，对州县官负责。如此一来，雍正便找到了一种上传下达的通道，其旨意可以顺利传遍穷乡僻壤了。

乡官除传达皇帝随时颁布的有针对性的谕旨外，主要宣讲雍正御撰的《圣谕广训》和《大义觉迷录》。《圣谕广训》是对康熙御撰的"圣谕十六条"的全面阐释，洋洋万言，主要讲的是百姓应该普遍遵守的行为规范，如孝悌、乡里无争、重本务农、勤俭惜财、端正士习、礼让谦和、完纳钱粮等等。

其意图主要是令八旗、内外官员和全国士子、百姓等，遵守纲常名教，去其痼习，做好官良民。不过，虽然雍正最初希望使《圣谕广训》家喻户晓，但实际上只在一定范围内诵习传讲。

《圣谕广训》刚发布时，首先在京师五城晓谕，翰林院学士逢泰又请在京师八旗每月宣讲；颁布"广训"的次年，翰林院学士张照请令各省学臣转颁州县教官，以使童生诵读，县、府考试复试童生时，令其各背诵一条，一字不错方准录取为生员，即"秀才"。

同时，国子监祭酒张廷璐又奏请，各省官兵必须在每月初一及十五两日，齐集宣讲；继有右参议孙勔建议教官宣讲，以化导兵民，外官考试要以宣讲此圣谕为第一要义。雍正均表示同意。

但是，当初雍正并没有对宣讲《圣谕广训》给予特别注意，直到曾静、吕留良案发后，他才屡屡强调此事的重要性。于是，地方官和乡官定期宣讲《圣谕广训》《大义觉迷录》和随时传达圣旨就成为一种制度。

宣讲时的礼仪特别隆重，在农村，村民必须全部到场，由值月宣读，约正解说，人们对不懂的地方可以提问，宣讲之后，对村民中的"善人""恶人"分别造册登记，以示奖惩。在州县和省城，仪式更为肃穆隆重。

雍正的意图无非是想使自己的德政广为人知，并借以形成尊卑有序、乡里和睦、子弟有教、各安本业、无争无讼等古朴的民风、士风。雍正还通过其他方式加强对士民的教化。

譬如，提倡兴办"义学"，让更多无钱读书的子弟入学接受教育；晚年倡建"书院"，开辟士子读书渠道；倡导举行"乡饮酒礼"，作为教化士民尊贤敬老、崇尚礼教的重要手段；建立"贤良祠""忠孝节义祠"，以旌表忠贤大臣、名宦乡贤、烈妇、节妇及行义之人等等。

雍正并不是一味固守千古礼教和陋习的。"割胾疗亲"是千百年来形成的陋习，即父母、公婆、丈夫生病时，为儿为媳为女者，割下股、臀上的肉或内脏，用以和药、煮粥、炖汤而使病人吃下，据说可治大病。

雍正大不以为然，公开表示，这是无知的小民的一种愚孝，对于因此而丧生的"孝子"等，一概不准旌表提倡。同时，雍正还认为，"烈妇难，而节妇尤难"，故提倡妇女守贞守节，反对愚妇殉夫，公开表示"烈妇"捐生与割股割肝的愚孝没有什么区别，都不宜提倡旌表。

而且，雍正既反对在老人丧事上铺张浪费，主张"孝"表现在父母生前，不在于死后；又悄悄地对千古不易的官员"丁忧""守制"的丧居制度做了变更。雍正一朝，皇帝特准在任守丧的官吏不胜枚举，这在以前是罕见的事。

"夺情"是"丁忧"制度的延伸，意思是为国家夺去了孝亲之情，可不必去职，以素服办公，不参加吉礼。康熙朝就因官员"夺情"，曾引起一次次轩然大波。但是，雍正却已触及了一些扼杀人性和不利于国家机器正常运转的纲常名教、陈规陋习，并做了部分改革。

同时，雍正很重视官民的道德伦理和礼仪教化，却不主张普法宣传。雍正十二年三月，湖广有个叫杨凯的总兵官请折要宣讲《大清律集解附例》，由大小官员和乡官负责，以使百姓知所畏惧，自能化民成俗。

对此，雍正认为这是有害无益的事，一者造律之始，用意精微，审判人员有其灵活性，有时可根据情罪出于律条之外，若令百姓概知，倘知而不详，会使小民起"不奋挟制之刁风"；再者，百姓若知道律条，犯法之人必寻避重就轻之路，不利官府审判。

可见，雍正是主张愚民式教化的，其历史局限性可见一斑。

四、抓重点，以带动全局。

雍正施政一贯注意方式和方法，转变社会风气是一项复杂的工程，更得讲究些策略。雍正的一个重要策略就是在普遍宣传、全面教化的同时，抓住重点，以带动全局。

官风是否好转，这是整顿社会风气的关键，而官风最应重点整饬的是"贪风""怠职溺职之风"和士大夫的"科甲之习"。雍正先将贪风和官吏溺职之风刹住，接下来就是配合打击政敌的"朋党"之风，深入开展由科举入仕的官员所固有的"朋党"之习，禁防官员以师生、同年、同乡、世交等形式结成的宗派势力。

通过雍正三、四年间发生的李绂、田文镜互参案，故意偏袒"低学历"出身的田文镜，严厉惩处所谓李绂、蔡珽、谢济世为首的"科甲朋党"，对士大夫的警示和震动的作用是巨大的。

至于对"士习"，雍正非常重视，认为士乃四民之首，一主之望，"士习不端，民风何由而正"？为此，他先列举学校士子中荡检偷闲、不顾名节、勾结官府、作恶乡里等恶习。

然后，一反前代优待士子的传统，对各教官严格考核，又使教官严教学士，士子们凛然知畏，一度从"天之骄子"跌落千丈，竟与百姓一体当差，士习大变。

古人云："百里不同风，千里不同俗。"对于民风的整饬，雍正根据情况迅速转变重点，也是他整顿社会风气的一大策略。他根据各地区不同的社会风气，采取轻重不同的整饬方针。

雍正虽然对各省和地方多没有亲身巡视，但却通过大量的臣下奏疏、密报，了解到很多消息，大体知道盛京的民风原来很淳朴；山陕和河南的风俗也较醇厚；广东的盗贼横行，民俗犷悍；福建地处沿海，向来多事；江南、浙江是人文发达之区，历科鼎甲多为其独占，但却士民奸邪；直隶、京畿之区，万方杂聚，无业闲杂之人很多，生事为非者更多于他省。

对此，雍正为整顿社会风气，采取了分而治之的策略，对于盛京这个"龙兴之地"，因他亲自去过，曾看到盛京城里酒铺有千余家，人们多于此饮酒、观戏；稍有些能耐的，都以参人谋利；官员多不以公务为事，衙门早晨办事的甚少，即使有一二人，也都彼此聚会宴请，无所事事，甚至有的官员直到年终才到衙门一次。

针对这种情况，雍正除派出御史等巡视外，还采取大规模的人事调整策略，先将将军、满汉大臣等不称职者革退；然后将盛京五部郎中以下、主事以上的人员，全部调入京师，其所遗缺位从京师各部中补用。

这可谓釜底抽薪之法，原因在于盛京五部司员多系本地人，他们互相勾结，把上司玩弄于掌心，上司对之无可奈何，以至"习俗甚是不堪"。

同时，雍正又命将犯侵盗、亏空钱粮和因奸贪讹诈之事降革的官员，都调京归旗，或者安插于各省满洲驻防营内，如此则使不肖之徒渐少。

以前，犯法之人多流放于盛京辽阳等地，雍正认为这无异于雪上加霜，所以明令自雍正二年以来的部分人犯均勒限送京另旨发遣。经过这样一番整顿，盛京风气大有好转，官民两安。据说，一连八年都喜获丰收。

雍正三、四年间，又连连发生汪景祺、查嗣庭文字大狱，杭州绅衿千余人冲击县衙的恶性事件。鉴于浙省种种士习颇爱争讼，竟敢藐视王法的"敝俗颓风"，雍正大为恼怒，但仅靠杀戮，既杀不胜杀，又有所不防。

最后，雍正决定专门派遣一名官员往浙江，查问风俗，稽查奸伪，劝导惩治，以使绅衿士庶有所儆戒，尽除嚣张暴烈之习，归于谨厚，以昭一道同风之治。

经吏部议奏，建议仿唐太宗遣萧瑀、李靖等巡行天下，号"观察使"之制，给予皇帝钦点的河南学政王国栋以"观风整俗使"一衔，前往浙江，雍正表示同意。

专派官员赋予特权以察风观俗，并不是雍正的发明，中国远古有采诗举谣之官，汉代设有"风俗使"，唐代有所谓"观察使""黜陟使"，明专遣"巡按御史"等等，都具有这种"观风整俗使"的性质。

清初原有巡按御史，但康熙初裁撤。而雍正撇开监察机关都察院，专设此官，倒是清代历史上空前绝后的举措。王国栋到浙江后，遵奉陛辞时的圣训，恪尽职守，使士风改变了很多，不到一年，就荣升为湖南巡抚。

王国栋走后，浙江布政使许容以原衔继任观风整俗使。不久，许容升为甘肃巡抚，其缺由工科掌印给事中、浙江粮道蔡仁彤接任，蔡仁彤带金都御史衔，一度署巡抚印，正走红之际却获罪，不久就死了。

雍正顺势裁掉浙江观风整俗使，理由是总督李卫善于训导，浙江省风俗已改。

需要指出的是，雍正为给浙江士子一个下马威，在宣布派出观风整俗使的同时，下令停止浙江一省士子乡会试，两年后以浙江士习转好为由，又特准乡会试，会试之时。"会元"和殿试后一甲三名均为浙江籍士子独占。可见，雍正是善于用一张一弛、宽严相济的施政之道的。

雍正不仅于浙江派出观风整俗使，对其他认为风气不好的省份，如福建、广东等省，也相继派遣过，完事后就撤销了。对于其他地区，也曾用各种名目遣派专使察风观俗，如派往直隶的"营田观察使""巡查直隶八府御史"、向陕甘派出的"宣谕化导使"，并经常遣科道官"巡察""巡视"某省。

雍正虽然生性急躁，却对百姓很少加以迫责。例如，在处理政府与普通百姓的利益关系上，雍正坚持了康熙守仁和平的施政方针，即以严猛手段惩治贪官污吏对人民的剥削，严肃政纪。这就为广大百姓提供了一个相对宽舒的社会生活环境。

以社仓为例，他曾反复告诫各地方官"社仓捐谷"，听民自便，不可"绳以官法"。此后，当某些地方社仓的仓谷出现了亏空现象后，雍正又命令督抚办理此事，并说："如果民间一时虚报数目而力量其实不能完成者，下令强逼的话，小民必然会受到扰累，我已经多次下旨，不必催迫，听从民便输纳。"

可见他对贪官和百姓采取了不同态度。与严相对，从巩固统治的现实利益出发，雍正高度重视维护老百姓的利益。为此他曾说："我爱百姓，就像父母爱护子女一样，所有想法都出于至诚，若有一丝一毫不便于民之处，立即改变措置，务使万民安家乐业，故地方一有不肖官员，不法奸民，定加惩治，盖奸邪一日不去，良善一日不安。"

雍正以极大的决心和独特的策略、手段，按传统的儒家道德和统治阶级的纲常名教为标准，以宽严相济的策略整顿社会风气，使官风、士风、民风有了很大的好转，这是"康雍盛世"得以持续的重要保障。

创建秘密立储制度

　　雍正在登上皇帝宝座之前，曾做了四十五年的皇子，在这四十五年中，雍正历经了长达三十多年的皇储之争。这场至高权力的角逐争夺战，是康熙朝后期政治的主要内容。

　　皇储之争几乎牵连了朝廷内外的大部分人，因为将来的皇位继承人将会改变现有的权力结构，每个人都会在这场争斗当中或多或少地受到一些影响。

　　而康熙本人，更是为选定皇位继承人的事操心不已，但是面对自己的亲生骨肉为权力而相互明争暗斗，却拿不出行之有效的办法来。为了解决这一难题，康熙酝酿出了秘密立储的想法。但到了雍正这里才形成制度，后来则将其确立为清朝"继承家法"。

　　雍正创建的"秘密立储"制度，就是自己预先将选中的继承人的名字写进密诏，放入锦盒，然后把锦盒放在乾清宫顺治手书的"正大光明"匾的后面。待老皇帝去世的时候，皇帝亲选的诰命大臣会同诸王公大臣一起，当众取出密诏宣布。

后来，雍正为防止意外，又发展了这种制度，随身携带另一个同样的密诏，必要时两份密诏核对，来最终确定皇位的继承者。秘密立储制度是清朝继"汗位推选制"和"嫡长子继承制"后所采用的第三种皇位继承制度，也是中国历代封建王朝中唯清朝所独有的皇位继承模式。

乾隆、嘉庆、道光、咸丰四帝，都是按此制度登上宝座的。到了清代后期，由于咸丰皇帝只有一个儿子，同治和光绪皇帝没有儿子，这种秘密立储的办法才失去其意义。

凡事预则立，不预则废。雍正至死也未能消除世间对其登基合法性的怀疑和猜测。所以他对传统嫡长子的继位模式心存疑虑，对重新确立继承人方法的问题，早就有打算。

早在雍正元年八月十七日，雍正在乾清宫召见诸王、总理事务大臣及其他满汉文武要员，宣布确立皇位继承人的办法。雍正首先回顾了自己取得皇位的艰难和原来选择皇位继承人的弊端："我现在深受先帝江山的重托，又怎么能不为大清朝的长远考虑呢？当日圣祖因二阿哥的事，搞得身心憔悴，痛苦不堪。"

接着，雍正说出了自己的打算："现在我的诸位皇子年纪还小，建储一事，说起来还为时尚早，有必要考虑吗？但是圣祖既将大事付托于我，我身为宗社之主，不得不早些考虑这件重大的事。"

群臣看着雍正，不知道他接下来又要说出什么妙点子。雍正环视了一下众臣，这才亮出自己的想法说："现在，我特将立储的事亲自写下诏书，并密封藏于匣内，安置在了乾清宫正中世祖章皇帝御书'正大光明'匾额之后，乃宫中最高之处，以防不测。我今天这么一说，诸王大臣现在都已经知道了。不过，或许将在那里放上数十年，那也是说不定的事。"

吏部尚书、步军统领隆科多带头表态："圣虑周详，为国家大计发明旨，臣下但知天经地义者，岂有异议！惟当谨遵圣旨。"

接着，雍正令总理事务大臣留下，其余大臣全部退下，将一个内装传位诏书的锦帛密封的匣子，藏于高悬于乾清宫的"正大光明"匾额后面。于是，中国历史上崭新的确立继位人制度——秘密立储办法诞生了。这位被雍正秘密确定为继位人的皇子到底是谁，不仅继位人本人不知道，而且诸王大臣不知道，当时天底下只有雍正一个人知道。为保万无一失，雍正另写了一份相同内容的传位诏书，秘密藏于经常驻跸的圆明园。

这份诏书藏得更玄，除皇帝本人外，没有任何人知晓。将秘密立储制度放在中国历朝历代的皇位继承方法中进行纵向比较，能够看到它有很多高明之处：

一、皇太子已经册立，其名字放置"正大光明"匾之后，这是满朝文武乃至全国百姓皆知事情，可以起到安定人心的政治效果，避免太祖、太宗时代因事先未明确继位人而造成最高统治者死后的皇权纷争。

二、由皇帝预立皇太子，除皇帝外人人不知，这又能避免历代因公开册立太子所带来的太子与皇子的勾心斗角，防止朝臣党羽暗斗。

三、由于没有明确谁是皇太子，皇帝可以封以一定的爵位，按照满洲马背民族的传统，使暗中指定的皇太子和其他皇子得到一定的锻炼，但不会构成康熙朝那种因"推选制"和"嫡长子继承制"混合的选择继位人方式所带来的皇权与储权之争。

四、皇帝根据对各位皇子的考察情况，必要时能够以强换弱，更换皇太子人选，在有限的范围内好中选优，而且不会引起政治动荡。因为，前次选定的皇太子是谁只有皇帝一个人知道。

五、皇帝预立的皇太子是个未知数，皇子要想让自己的名字进入"正大光明"匾之后密诏中，必须竭尽全力表现自己，从而防止公开册立所可能造成的皇太子骄纵不法等等。

秘密立储制度，代表了封建统治者在继位人问题上的最高智慧。此后清代诸帝都能平稳过渡交接，功劳也都在于这种方法。这是雍正的一大发明，避免了雍正以前清朝历史上不止一次出现的争夺储位的斗争，减少了政治混乱，有利于政局稳定。

推行并改革赋税政策

　　雍正即位后，马上就面对赋税改革这一棘手的、但又必须解决的问题。差徭制度的不合理，已成为一个严重的社会问题。改革役法已是势在必行。赋税加重，各种兵役、徭役等税目繁多，百姓就难以承担，而这样的情况一般出现在朝代末期，也预示着这个朝代必将灭亡，历史早已有所验证。因此可以总结出，赋税是一个朝代的"晴雨表"，尤其值得统治者重视。

　　差徭和田赋是封建社会臣民应尽的两大义务，历年来都是分别征收。由于徭役很重，无田的平民难以承受，加上历年来士绅免于丁役，造成了差徭不均的局面，这样迫使平民百姓只能隐匿人口来逃避差役。弄到最后，政府的征徭也没有保障。

　　康熙末年，已有人提出"丁随粮行"的建议，即把丁银归入田粮中一起征收，完全按田地的面积来收取，不再按人口来缴纳。康熙在位六十一年，改变役法与维持旧法之争一直不绝于耳，然而却难定断。

雍正即位后，同决定耗羡归公一样，马上对此进行重大改革决策，但是，雍正仍然表现得极为小心慎重。最早上疏触及这问题的是山东巡抚黄炳，他提出丁银分征造成地方上隐匿人口、贫民逃亡的严重现象。

黄炳主张丁银摊入地亩征收，有地则纳丁银，无地不纳丁银，贫富均平才是善政。但是，雍正没有接受他的提议，反倒指责黄炳说这种不该说的话。雍正说："摊丁之议，关系甚重。"

在最后决策之前，他把问题交给众大臣，让他们积极讨论，提出意见。反对派意见主要是：丁归田粮以后，必然造成对人口的管束放松，使得对游民管理更难了；认为丁归田粮实行久了，人民就会以为只有粮赋没有丁银了，为以后官僚们再加税提供了借口，最终使老百姓受苦。

一个月后，直隶巡抚李维钧以有利于贫民为理由，奏请摊丁入亩。李维钧比黄炳聪明，他深知有钱人家肯定不乐意，会出来阻挠。而政府机构户部又只知按常规办事，公文律行可能到猴年马月也不会同意。因此，他奏请雍正乾纲独断，批准他在自己辖区先实行。

雍正把李维钧的奏章交给户部及九卿詹事科道一起讨论，并明确要求，要谋划最好的办法，来达到最好的效果。雍正定下的指导原则就是，要对国家收入没有影响，又能对贫民有益，让人挑不出毛病。

通过讨论，雍正最后批准了李维钧丁银按地亩等级摊入的改革设想，并对李维钧的详细规划深感满意，鼓励他要相信自己，大胆地去改革。之后，山东、云南、浙江、河南等省随之进行了改革，丁归田粮在全国全面展开。浙江在全面实施摊丁入亩的时候，因为对田多的富人的利益损害较大，而贫民又期望能早日实行，两种势力斗争异常激烈。

摊丁入亩实行以后，由于纳粮人完成丁银的能力大大高于无地的农民，所以政府征收丁银也有了保障。由此，国库也就有了保障。由于不再按照人头来收税，人民也不再像以往那样为了逃税而隐匿人口、四处逃亡了，社会处于平稳状态，这为生产力的发展创造了良好的环境。

"摊丁入亩"是赋税制度的一项重大改革，的确是一件富国大事。雍正高瞻远瞩、果断行事，显示出雷厉风行的君王气度。雍正常常告诫臣下:"摊丁之议,不是小事,而是富国之大事,关系甚重。"

这其实就是一个赋税问题。而赋税,在历朝历代都是一个重大问题,因而说是富国之大事。赋税轻,对老百姓有利,生产的积极性当然就提高了,这是有目共睹的。比如西汉文景之治、唐朝贞观之治和开元盛世,近在康熙朝,情况也是如此,所以保持了长达六十年之久的太平盛世。因此,雍正与改革赋税制度配套推行了"士民一体当差制度"。

清朝入关之初,依照官员品级优免该户一定量的丁役,免除士人本身的差役和一切杂办。地方官在收税时,就把官员和士人称为"官户""儒户""宦户",各地叫法不一,而且不断变化。

这些绅衿户都享受法定的免役权。绅衿还自行抢夺权力,雍正说"荡检逾闲不顾名节"的士人,或者出入官署,替人打官司;或者横行乡里,欺压平民;或者抗违钱粮,藐视国法;或代民纳粮,中饱私囊。种种卑污下贱之事,难以悉数。

绅衿不法行为,同封建政府职能和权力发生了冲突,他们占夺一部分行政权力,腐蚀官僚队伍,是造成吏治败坏的重要因素。封建国家要保持正常运转,就必须与不法绅衿斗争。这是一种社会矛盾。同时,绅衿应有的徭役负担落在小民肩上,这就在赋役问题上造成贫民与绅衿的对立,贫民与维护绅衿特权的封建政府的对立。这又是一种社会矛盾。

雍正认为政府、绅衿、平民三者的矛盾,起源就在不法绅衿,就把矛头指向他们,想法剥夺和限制他们的非法特权,使他们同平民一体当差。雍正二年,就是1724年2月,雍正下令革除儒户、宦户名目,不许监生包揽同姓钱粮,不准他们本身拖欠钱粮,如敢顽抗,即行重处。雍正深知地方官容易同绅衿勾结,特地告诫他们认真落实这项政策:"假如有人仍瞻前顾后不认真革除这个弊端,被谏官参奏或被别人告发后,我一定重重处罚。"

过了两年,雍正再次严禁绅衿规避丁粮差役,重申绅衿只免本身一丁差徭,"其子孙族户滥冒及私立儒户、宦户,包揽诡寄者,查出治罪"。与这项方针相对应,雍正政府施行了一些具体政策。

"士民一体当差制度"是雍正采取的一项重大的改革措施。这一措施是在耗羡归公的基础上实现的。康熙年间各州县的耗羡是由地方官吏私征的。因此，地方乡绅往往和当地政府相勾结，少出或完全不出赋税和徭役，而地方官吏则把这种不合理的负担转嫁到老百姓头上。这些不法行为势必造成种种不良的社会后果。

最主要的弊端是他们的种种特权同政府的权力发生了一定的冲突，长此以往必将腐蚀百官队伍，影响到国家机器的正常运转。因此，雍正为了维护国家的政权稳固，就必须与不法绅衿斗争，约束他们的行为，消除他们的某些不合理的特权，以解决当时社会矛盾。

雍正对社会不良现象的指责往往语出尖刻，一针见血。他已发现了当时不法绅衿所造成的社会危害，并为他们把准了脉。

士民一体当差政策一出台，就导致了众监生的不满。于是众监生在县学教官杨卓生的煽动下出来闹事，并借此反对士民一体当差的政策。于是，巩县境内出现社会骚乱。

雍正得知此事后，将闹事监生统统索拿归案，予以教训打击。这才稳定了巩县社会秩序。一波未平，一波又起。不久，河南学政张廷璐到开封监考，众监生暗中串联，开始实施罢考计划。与此同时，武生范瑚还把少数应试者试卷抢去当众撕毁，以此表示对士民一体当差制度的抗议。这一事件发生后，总督田文镜、巡抚石文焯迅速向雍正作了汇报。

雍正认为地方上出了这样的事情，应该"整饬一番，申明国宪"，雍正打算杀鸡儆猴，通过对个别风头人物的打击，达到使其他人慑服的目的。为此，雍正特派吏部侍郎沈近思、刑部侍郎阿尔松阿赶赴河南处理此事。在审理的过程中，科甲出身的张廷璐、开归道陈时夏，以及钦差大臣沈近思，有意袒护拖延，尤其是陈时夏在审理此案时竟不坐堂，反而与诸监生座谈，称他们是年兄，求他们赴考。

雍正在得知这一情况后，非常愤怒，训斥他们："儒生们一惯喜欢做这种愚呆举动，将此以妄博虚名，足见襟怀狭隘。"张廷璐被革职查办，陈时夏被革职留任。

田文镜和阿尔松阿却坚决贯彻执行雍正的方针，对那些闹事监生予以严厉的惩处。效果立竿见影，众监生看到王逊、范瑚等人的下场后，再没人敢闹事罢考了。从雍正处理这件事来看，他抓住了众监生的弱点——虽饱读诗书，却空有满腹经纶，更胆小怕事。雍正正因为抓住了几千年来大多数中国文人的弱点，采取了威猛严惩的政策，因而虽只处罚了个别人，却起到了震慑众人的作用。

　　应该说，严猛政治中的种种例外，反映了雍正为政不拘成法，因人制宜、因时制宜、因事制宜的风格。雍正说过："总起来说，有治人无治法，把法律定得再详细，也不如考虑长远能执行法律的人，变更条例也不如秉公守成。"他看到了法治的作用，所以非常重视法制。

　　雍正曾向全国颁布了一项新法令，明令指出："凡贡生、监生因包揽钱粮而有拖欠的，不论多少，一律革去功名。包揽拖欠至八十两的，以贪赃枉法罪论处；并照所纳之数，追加一半罚款。地方百姓听人揽纳者，则照不应律治罚。对失察的地方官吏，则给予罚俸一年的惩罚。"

　　雍正这项新法的出台，可以说是面面俱到，用革去功名追加罚款的办法阻止了贡生、监生的不法行为；对听由绅衿包揽的百姓也给予了应有的惩罚，这就有力地阻止了平民百姓任由绅衿包揽的状况；对失察的官吏也采取了约束措施，即罚其俸银。

　　因此可以说，雍正在这件事上是采取了三管齐下、各个击破的策略。因为只有同时控制住了官、民和绅衿这三个环节，才能达到应有的效果。由此看来，雍正在治理不法绅衿这个问题上，不但施政严猛，而且还智虑周详、别具慧眼。

　　正所谓"自知者明，知人者智"，雍正不愧为一个具有非凡心智的君主。另外，雍正对绅衿的抗粮，也专门制定了相关的法律。凡系绅衿应纳的钱粮，税务部门都必须登记造册，按限催交，按季审核。

　　每年年底，生监、绅衿必须五人互保没做抗粮包讼的事，国家有关部门方准予其应试。这样一来，那些绅衿惧于被阻断升官之路，便很少有人敢抗粮闹事了。

统揽大局

　　雍正利用密折分化政敌，在当时的确收到了明显的效果。高其倬再三跪读雍正朱谕，不禁泪如雨下，表示："年羹尧若有巧行愚弄及作梗为难之处，臣断不入其术中，断不受其胁压，即遵旨密以奏闻"。

　　雍正又说："臣只知道有皇上之恩遇，皇上之封疆，此外非所知也。"

　　王景灏也称自己"感惧涕零"："臣虽愚昧，也知道君父为重，只有恪遵谕旨，实在内外奉行，做好官好人，以仰报皇上仁德于万一。"

诛杀功高的年羹尧

在雍正登上皇位的过程中，年羹尧和隆科多两人可谓是出了大力，堪称功臣。当时，年羹尧是川陕总督，手握兵权和辎重，而当时允禵正在西北用兵，想带兵回来夺权必须经过年羹尧的支持。所以雍正把年羹尧拉拢过来，正好牵制了允禵。

对年羹尧，雍正宠信至极。雍正对他信任有加，给予一等公爵号，加封一等阿思哈尼哈番世职，他的儿子年富也被赐双眼孔雀翎、四团龙补服，其妹妹侧福晋被封为敦肃皇贵妃。特别是在平定西北叛乱前后，雍正为了使年羹尧为自己忠心效力，一连发出了多道上谕表示自己对年羹尧的恩宠和信赖。

雍正元年五月，雍正谕令："西北军务，俱交年羹尧办理，若有调遣军兵、动用粮饷之处，著防边、办饷各大臣及川陕云南督府提镇等，照年羹尧意见办理……"

此后雍正又称："年羹尧近年来于军旅事务边地情形甚为熟谙，且其才情实属出人头地，兵马粮饷一切辞行筹备机宜，如能来得及与年羹尧商酌者，与之会商而行。"

接着，雍正又命令四川提督岳钟琪："西北边务，朕之旨意，总交年羹尧料理调度。"由此看来，当时的年羹尧实际上已揽到了西北军事的全部指挥权。

此外，为了拉拢年羹尧，除给他本人封官加爵外，雍正还对他的家属关怀备至。特别是在年羹尧远征西北时期，雍正不时将年羹尧的父亲、妻子的消息报知年羹尧，以示自己对他家人的关心。

此外又因年羹尧的缘故，雍正还对他的兄长年希尧以及妻子儿女大加封赏。更有甚者，雍正为了使年羹尧知恩，一次曾派专人从北京骑快马飞奔西安，用六天的时间送去御用品鲜荔枝。

年羹尧平定青海，打了胜仗之后，雍正兴奋异常，竟把年羹尧说成是自己的"恩人"。他曾向年羹尧发手谕：

> 朕实不知如何疼你，方有颜对天地神明也。立功不必言矣，正当西宁危急之时，即一折一字恐朕心烦惊骇，委曲设法，间以闲字，尔此等用心爱我处，朕皆体到。每向怡、舅，朕指落泪告之，种种亦难书述，总之你待朕之意，朕全晓得就是矣。所以你此一番心，感邀上苍，如是应朕，方知我君臣非泛泛无因而来者也，朕实庆幸之至。

雍正对年羹尧赏赐极多，查处原苏州织造李煦家产时，就将李煦在京房屋赏给了年羹尧，家奴任他挑选。雍正赐他药品、食物更是常见之事。雍正为了把对年羹尧的评价传诸久远，晓谕各大臣：对年羹尧这样为国出力的人，不但我自己从心里感激他，就连我后世子孙及天下臣民也应该感激他，若稍有负心，便不是我的子孙，稍有异心，便不是我朝的臣民。这是以对年羹尧的态度来判断人们的政治立场正确与否。

"飞鸟尽，良弓藏；狡兔死，走狗烹"，这是历代帝王为了控制政权所做的必然选择。年羹尧和隆科多两人是雍正的绝对心腹及功臣，但因为他们狂悖无人，欺上犯下，甚至功高盖主，威胁到了雍正的皇权，因此肯定不会被雍正所容。

作为雍正的宠信之臣，隆科多和年羹尧本在雍正即位和推行新政的过程中，起了不可低估的作用。特别是年羹尧，深具大将之才，有勇有谋，又曾为雍正平定过青海叛乱，可以说是功高卓群的。因此雍正若要打击他们，必然会落个诛杀功臣的骂名。

雍正对此考虑得很清楚，因此在打击年羹尧、隆科多之前，他必须抓住这两个人的把柄，才可以名正言顺地将他们铲除掉。年羹尧、隆科多二人无论功劳多大，也不能超越于雍正之上；所谓功高盖主，加上骄盛难驯，必然会使雍正产生被威胁感。

但是，当时年羹尧、隆科多二人凭恃功高，的确做出了种种越权枉法的事，以致影响到了雍正政权的稳固。因此，雍正要铲除他们只是时间早晚的问题。

雍正采用了"先纵后惩，擒放有法"的智谋，先给隆科多和年羹尧许多过分的荣宠，使他们的职位一升再升，权力一再扩大。雍正这样做是为了让他们露出"小人得势"的张狂形态，这样雍正才能抓住他们的小辫子，以达到铲除他们的目的。

雍正选拔庶常时，翰林院已按惯例定了名次，但雍正却把试卷密封后递给了年羹尧，并在特谕中写道："这选拔庶常的试卷，你尽快看看在评定等级方面是否公正。有没有该上下挪移名次的，然后放在原封内封好寄还，不能让都中官吏知道。另外，被评为二等的太多了，会不会有压抑良才的地方，若有，分成四等也可以……"从雍正这番话来看，他似乎将这件事做得很诡秘。其用意不外乎是为了表现自己对年羹尧的器重和信赖。

允禵被召回京后，年羹尧即与管理抚远大将军印务的延信共同接掌了军务大权。半年后，名为川陕总督的年羹尧实际上已揽尽西北军事指挥权，夺了抚远大将军延信的权力，一时权倾西北。

雍正告诫官员听命于年羹尧，在云贵总督高其倬的奏折上，夸奖年羹尧在军旅事务、边地情况方面都很熟谙，而且才情"出人头地"，让高其倬在兵马粮饷和一切筹备机宜上，都与年羹尧商酌行事。雍正还在给四川提督岳钟琪的奏折上批示："西边事务，朕之旨意，总交年羹尧料理调度。"

同年十月，发生了青海厄鲁特罗卜藏丹津的暴乱，雍正任命年羹尧为抚远大将军，率师赴西宁征讨。次年大军征讨成功，雍正喜不自胜，封年羹尧为一等公。这时年大将军威镇西北，同时有权干预云南政事！

然而，年羹尧的妄自尊大、不守臣道也是令人侧目的。

年羹尧身为大将军、有公爵之荣，按理讲，权威比不上清初统兵的诸王，更不能望十四皇子允禵项背。但他因继允禵的职务，便在权势上要同前任相比。他给将军、督抚的函件竟用令谕的格式，把同官视为理所当然的下属。

在军中，蒙古诸王见年羹尧时都要跪谒，连额附、郡王也不例外。他进京时，都统范时捷、直隶总督李维钧都要低声下气地跪下迎接。雍正发往陕西侍卫，是皇帝身边人，理应优礼相待，然而年羹尧竟用他们做仪仗队，前引后随，当下人厮役来使唤，这是连皇帝都不尊重了。

年羹尧在官员面前的架子更大，凡送礼给年的称为"恭进"，年羹尧给大家东西叫作"赐"，属员禀谢称作"谢恩"，接见新属员叫"引见"，年吃饭称"用膳"，请客叫"摆宴"。这一切都仿效皇帝的排场，当然为雍正所不容了。

对于臣道，年羹尧则凭恃雍正之宠不当回事。他在西宁军前，两次皇帝恩诏颁到，他都不按照规定在公所设香案跪听开读，宣示于众。一次陛见时，他在雍正面前傲然端坐。这样胆大妄为，已触犯了帝王之尊。捋了龙须，当然要自取其祸！

年羹尧远在边疆，却一直奉雍正之命参与朝中事务。耗羡归公的事，经山西巡抚诺岷提出后，雍正认为很好，但是廷臣们反对，雍正拿不定主意，于是征求年羹尧的意见。

律例馆修订律例，一边改定，一边上呈，雍正阅过后，都发给年羹尧看，要他在可斟酌地方提出修改意见；康熙将朱熹升入十哲之列，雍正还想把周敦颐、二程拉进这个行列，但周、程生活时代早于朱，要升格就必须排在朱前面，雍正觉得朱熹是康熙所定，若再将周、程置于朱熹之前，于孝道来讲不好，取决不定，便要年羹尧"详细推敲奏来"。

　　等到年羹尧提出意见，雍正特地展示给九卿，说他"读书明理，持论秉公"，要他们细心参考他的意见。在用人和吏治方面，雍正更与年羹尧频频相商，给予他以特殊的权力，有时可以说是言听计从。

　　在年羹尧的辖区内，大小文武官员都听年羹尧安排使用。雍正对陕西巡抚、兵部侍郎这些官职的任命安排，都是在同年羹尧相商后才决定。川陕境外的官员的使用，年羹尧也常提出意见。葛继孔原任江苏按察使、内阁侍读学士，年羹尧参奏后，葛继孔被降为鸿胪寺少卿；长芦巡盐御史宋师曾，年羹尧对他大为保荐；安徽官员朱作鼎，年羹尧奏请将他罢职，雍正都依允了；赵之垣署理直隶巡抚，年羹尧密参他庸劣、轻浮，不可担当巡抚重任，雍正就将他撤职，改用李维钧。

　　江西南赣总兵职务空缺，雍正准备采用宋可进，年羹尧奏称他不能胜任，请求让一个名叫黄起宪的来填补这个空缺，雍正采纳了；雍正二年二月，李绂就任广西巡抚，保荐徐用锡一起上任，年羹尧却说徐人品不端，不能用，雍正也听了。

　　雍正二年十月至十一月间，雍正特别命令礼部拟定迎接年大将军的仪式，侍郎春泰草拟得不够妥善，就受到降一级的处分。每遇到文武官员职务空缺，无论大小，都一定要选择年羹尧的私人亲信来填补。吏、兵两部对他的人事安排根本说不上话，形同虚设。

　　尤其可怕的是，连巡抚、布政使、按察使、提督、总兵官等地方大员也出于年羹尧的授意安排，这就把皇帝也架空了。

　　按照清朝法律，奴仆没有出籍不许做官。而年羹尧的家仆桑成鼎就以军功先任西安知府，后又升至直隶道员；另一仆人魏之耀也论功当到署理副将，这全是年羹尧私下的专断安排。不但如此，年羹尧还狂热地接受贿赂，于是鲜廉寡耻行贿钻营之徒争相投奔于他的门下。

特别是在青海平叛成功之后，年羹尧的意见几乎可以左右政局。为此雍正曾在平定青海之后对年羹尧发布上谕说："要你所办分内之事外，实不忍劳你心神，现在依赖上天成全，大局已定，凡是你的所见闻，与天下国家吏治民生有兴利除弊，内外大小官员的对错，有空的时候慢慢告诉我，我再根据你的提议来办理。"

借此表面鼓励他发表意见，实则试探他的政治倾向。如此这般器重和受宠，更长了年羹尧的骄人气势，使他更加目空一切、为所欲为，因而必然遭到其他官员弹劾。

果然，此事之后许多大臣便开始向雍正密奏，指斥年羹尧擅作威福、目无君上，要求把他留在京师，以免放虎归山造成后患。但雍正当时认为时机还不太成熟，没接受某些人的建议，还用貌似推心置腹的话向年羹尧表明自己对他的信任和器重。

雍正对年、隆两人的放纵，使得他们自不量力，犯下了许多罪行，从而遭到群臣攻击。这样雍正就抓到了把柄，要惩罚他们就师出有名了。

俗话说，溺爱和骄纵并不是好事。雍正有意识地培养年羹尧飞扬跋扈的作风，而年羹尧凭恃功高，做出了种种越权枉法的事。例如年羹尧在做川陕总督时一味地任用自己的亲信手下，徇私枉法，以致被山西按察使蒋炯参奏了许多擅权用人的罪状。

蒋炯在奏折中说："年羹尧作为川陕大员，恣凭胸臆，横作威福。每每遇到文武官职缺位，不论大小都要用自己的亲信作为替补……"

这就是说年羹尧已犯下了暗中培植党羽以及假公济私的大罪，而雍正此前早已设好了埋伏，用《御制朋党论》禁止朝臣私结朋党。另外，由于年羹尧权高位尊，雍正又曾对他"大加信赖"，以至于使许多人为了升居高官而竞相投到他的门下，并用巨资买通年羹尧，求他留心照看、多在皇帝面前说好话。

因此，年羹尧在犯下私结朋党罪的同时，又犯下了贪污受贿罪。而雍正从即位开始就已下严令要惩治官吏贪污受贿、吏治腐败的问题了，所以年羹尧此举无异于自投罗网。

在打击年羹尧势力的问题上，雍正知道不能着急，一旦把年羹尧逼急，恐怕他会起兵造反。雍正深知：年羹尧在西北经营了那么多年，实力深厚，而且培养了那么多心腹，如果突然打击他造成其部署造反的话，必然造成局势大乱，到时不好收拾。

更严重的是，当时内部敌人并未彻底清除，允禩、允禟余党随时可能死灰复燃，如果里应外合共同倒戈的话，雍正的皇位就危险了。经过仔细考虑，雍正采取了有步骤、有计划地打击年羹尧的策略。为了稳妥起见，在决定打击年羹尧之后，雍正并没有先向他本人开刀，而是首先采取了分化瓦解年羹尧集团的措施，使年羹尧孤立起来、众叛亲离。

以前年羹尧经常凭借雍正对他信任和宠爱，不断向雍正推荐身边人去担任朝中职务，当时雍正从不会拒绝。但现在雍正想铲除年羹尧，就绝不会再帮其培植党羽，因而不再同意年羹尧推荐的人担任朝中职务。

雍正还向有关人员打招呼，要他们警惕年羹尧的活动。在采取这一步骤时，雍正首先选择了年羹尧的亲信李维钧作为突破口，暗示他不要与年羹尧站在一条战线上，并在李的奏折上批道："近日年羹尧陈奏数事，我很怀疑他居心不纯，大有舞弊弄巧、暗地培养势力、欲揽大权之意，你们是同年，关系密切乃奉旨所为，不必恐惧……"

雍正这番话的用意非常明显，即一方面指出自己对年羹尧已有所戒备，另一方面暗示李维钧，叫他不要和年羹尧沆瀣一气，但又替李维钧开脱，把责任揽在自己身上，以示李维钧与年的区别，让他重新选择立场。

接着，雍正又分别向湖广总督杨宗仁、川抚王景灏和河南总督齐苏勒等人表明自己的态度。他对杨宗仁说："年羹尧是怎么样的人？你自己怎么认为的就怎么说。'纯'之一字可许之乎？否耶！密之。"他对王景灏则说："年羹尧今天来见我，我发现他有好多缺点，对我也傲慢无礼，不知其精神颓败所至还是功高志满而然。你虽然是年羹尧所荐，切不可依附于他，须知朕非年羹尧所能如何如何之主也！"

此时雍正已经把话挑明了，希望王景灏不要依附年羹尧，以免因此招致杀身之祸。他又提醒齐苏勒说："目前隆科多、年羹尧招权纳势，作威作福。他们若不知改悔，将来必受严惩，你们应当疏远他们；同时你们还应当知道怡亲王才是我真正信赖的人，你们应当向他靠拢。"

此时雍正已明确表示自己要惩治年羹尧和隆科多了。这些情况表明，在分化瓦解年羹尧的问题上，雍正行动相当谨慎，对不同的人采取了不同的措施：

一是对年的亲信李维钧和王景灏等人措辞谨慎，委婉地表达了对年羹尧的不满，以希望他们与年划清界限，争取保全自身。

二是对齐苏勒、高其倬等人公开表明自己要处理年羹尧、隆科多二人的态度，因为这些人原是年羹尧的政敌。他们得知皇帝要打击年羹尧时，必然是坚决拥护的。

三是对与年羹尧关系一般的大臣发出警告，要他们不要站错阵线，并要求他们站到怡亲王允祥这一边来。

经过这些深思熟虑的准备，雍正决定面对面地对付年羹尧了。在向年羹尧开战时，雍正也是别出心裁，先抓住年羹尧的一个小辫子，然后再不断地深究，使年羹尧并没有意识到问题的严重性，没有做好充分的思想准备，就已经糊里糊涂地被夺去了权力。

由于年羹尧一点也不知收敛，还放肆张狂，依旧我行我素，公然以权谋私，为自己的儿子年富争取捐造兵营的差事。结果被吏部右侍郎李绂以违例驳回了。年羹尧因此"痛诋九卿，切责吏部，怨恨李绂"。他的这种行径，招致了雍正的极大愤慨。恰在此时，年羹尧在一部奏折里又出现了笔误，即误把称赞雍正"励精图治，朝乾夕惕"写成"励精图治，夕阳朝乾"了。

于是，雍正就加快打击步伐，借这个笔误揭开了打击年羹尧的序幕。他御笔批复："年羹尧自恃己功，显露其不敬之意，其谬误之处断非无心。"接着就下令调换年羹尧辖区内的官员，以去除年羹尧的亲信，使他不能阴谋作乱。

在这次突然袭击发生后，年羹尧顿时乱了手脚，急忙向雍正上表称罪，并发重誓表明自己绝对忠诚于雍正皇上。为防止年羹尧孤注一掷，雍正来了个就坡下驴：将年羹尧调回了他的老巢，命他到杭州任将军。

雍正还编了一个谣言：“我听说早有谣言说，‘帝出三江口，嘉湖作战场’，我现在让你到那里任职，因为你也奏过浙江省观象的事。我想你若自称帝号，乃天定数也，我也无法挽回。你如果自己不想当皇帝，有你为我统领数千兵，也断不容三江口有人造反。这两句话你听说过吗？另外，你明白回奏二本，我看了之后实在心寒之极。看此光景，你并不知感悔。上苍在上，我若负你，天诛地灭。你若负我，不知上苍如何发落你！”

雍正的这番话，可谓是绵里藏针。即他明明是要削夺年羹尧的兵权，却找出一个“帝出三江口”的理由，以儆戒年羹尧别做叛乱的美梦。同时，雍正还用赌咒的形式反击年羹尧，问题起自年羹尧本人心术不正、自讨苦吃。

雍正在打击年羹尧时先抓住他的小辫子，然后借题发挥，用威胁利诱、绵里藏针的手段迫使他离开川陕军事重地，将他调往杭州。这样，年羹尧就成了无根之木、无源之水，只能听凭雍正的宰割了。

此外，雍正还通过密折来实现对年羹尧的挑拨离间，借以分化年羹尧的势力，同时拉拢一些人。在年羹尧案结案前，雍正在臣僚奏折上，通过朱批，用升官许诺等手段分化年羹尧党羽。

雍正二年十一月，雍正在湖南巡抚王朝恩的奏折中批道：“即隆科多、年羹尧亦不能为你带来好处，二人就曾在我面前说你不可用。”

雍正二年十二月，雍正又通过密折告诉河道总督齐苏勒：“舅舅隆科多说你操守不好，而年羹尧奏你不能料理河务，说你不学无术。”

雍正三年二月，雍正又谕告云贵总督高其倬：“年羹尧曾奏你不称云贵总督之职，年羹尧如果有与你作梗为难，只管密以奏闻，我恐他愚弄你，陷你于不是，误了国家大事，所以明白写来。”

此后，雍正又向年羹尧的亲信、四川巡抚王景灏阐明利害关系，并说："你若能不听年羹尧令，毫不掣肘，各抒己见办理，保你是朕的上等封疆大臣就是了。"

是年三月，雍正又密谕陕西凉州总兵宋可进："年羹尧不大喜欢你，你防着些，不要将把柄着他拿住。"

雍正利用密折分化政敌在当时的确收到了明显的效果。高其倬再三跪读雍正朱谕，不禁泪如雨下，表示："年羹尧若有巧行愚弄及作梗为难之处，臣断不入其术中，断不受其胁压，即遵旨密以奏闻。"又说，"臣只知道有皇上之恩遇，皇上之封疆，此外非所知也。"

王景灏也称自己"感惧涕零"："臣虽愚昧，也知道君父为重，只有恪遵谕旨，实在内外奉行，做好官好人，以仰报皇上仁德于万一。"

李维钧三次上书，攻击年羹尧"挟威势而作威福，招权纳贿，排异党同，滥冒军功，侵吞国帑，杀戮无辜，残害良民"。李绂则指斥年羹尧是"阴谋叵测，狂妄多端，谬借阃外之权，以窃九重之威福"，又说他"大逆不法，法所难宽"，要求将他诛戮以正国法。

雍正看到时机已到，当即根据其罪行再次施以打击：一方面下令革去年羹尧的将军之职，另一方面则开始肃清年羹尧的党羽和亲信。将年羹尧的儿子大理寺少卿年富、副都统年兴、亲信骁骑运使宋师曾、鸿胪寺少卿葛继孔等一干人等捉拿归案，并以攀附年羹尧的罪名给予相应的惩处。这样，年羹尧的势力范围就更小了。

但是，雍正并不因此而罢休，因为他的目的不仅仅是削其重权，更是为了将年羹尧置之死地。为此，他又发布了一道上谕，以带动满朝文武来攻击年羹尧。

上谕称："年羹尧自任川陕总督以来，擅作威福，罔利营私，颠倒是非，引用匪类，异己者屏斥，趋赴者荐拔；又借用兵之名，虚冒军功，援植邪党，以朝廷之名器，循一己之私情。"

雍正明确告诉满朝文武，年羹尧犯了营私舞弊、排除异己、援植邪党等数大罪状，是罪不可赦的，谁站在他的一边，都不会有好下场。正所谓墙倒众人推。这样，在雍正的暗示下，绝大多数朝臣纷纷把矛头指向了年羹尧，并为他罗织了九十二条罪状。

在九十二条罪状中，涉及大逆罪五条、欺罔罪九条、僭越罪十六条、狂悖罪十三条、专擅罪六条、贪婪罪十八条、侵蚀罪十五条、忌刻罪四条等等。在九十二条中按规定处于斩立决的就有三十多条。

但是，雍正仍表示开恩，而且年羹尧的妹妹是贵妃，雍正当然卖个人情，令年羹尧自尽。并指责他说："你也是读书之人，历观史书所载，听说过有悖逆不法比你更厉害的吗？自古也有不法之臣，但是在未败露之前，还都知道掩饰自己、装作忠臣，而你却公行不法，全无忌惮，古来曾有这样的人吗？我对你之恩如天高地厚，且对你的父兄及儿子合家之恩不啻天高地厚……那是我以为你实心为国，断不欺罔，故尽去嫌疑，一心任用。你却作威作福，植党营私，如此辜恩负德，你自己想想忍吗？"

由此看来，雍正不但要处死年羹尧，而且还要使他死得心服口服、毫无怨言。他要让年羹尧死，还要让世人知道年羹尧是死有余辜、罪有应得。这样，雍正就将诛杀功臣的罪名推卸得一干二净了。

雍正在命年羹尧自杀时说："我要让你死个心服口服，不得含有抱怨之心，否则就得像佛学上所说的那样永远处在地狱里，不能升天，遭千遍万遍的劫难也抵消不了你在阳世所犯的罪。"

同时，雍正借助此举，也再次向满朝文武和世人证明了他并不是受年羹尧操纵的傀儡皇帝，相反他要比年羹尧高明千万倍。因为事实上，在雍正一步步整治年羹尧时，年羹尧几乎毫无反抗能力，只能俯首就诛。

打击滥权的隆科多

与年羹尧一样，隆科多也是雍正初期炙手可热的人物，极受雍正的宠爱。雍正的宝座得来不易，在争夺皇位时，隆科多是步兵统领，掌管京城九门和皇帝的保安任务，相当于京城卫戍司令，整个京城都在他的掌握之中。

雍正知道自己取得皇位有赖于年羹尧、隆科多二人之力，所以把他们视为功臣，恩宠有加。为了拉拢人心，他贿赂亲臣，采取加封行赏的办法掩人耳目。当然，第一功臣便是隆科多，雍正封他为总理事务大臣，袭一等公，授吏部尚书衔，又加封太子太保，赏三眼花翎和黄马褂。

雍正把公爵头衔赏给隆科多，过了两天，下命称隆科多为"舅舅"，让他当总理事务大臣。同年十二月，又任命他为吏部尚书，仍兼步军统领，次年命兼管理藩院事，任《圣祖仁皇帝实录》和《大清会典》总裁官，《明史》监修总裁；赐太保加衔、双眼孔雀花翎、四团龙补服、黄带、鞍马紫辔。

这时的隆科多作为"密勿重臣"，真可谓是集权力与荣宠于一身了。照他自己的话说："皇上如此加恩，使臣深愧无以为报，惟誓死以效犬马。"由此看来，雍正对隆科多的恩宠确实收到了他想达到的效果。

年羹尧和隆科多两人权力炙手可热，权倾朝野，但又互相排斥和妒忌，二人之间难免会经常发生冲突，产生矛盾。有几次，年羹尧当着雍正的面指责隆科多是"极平常人"，不足以经事；而隆科多攻击年羹尧是狂傲之徒、见风使舵、不可深信之人。

为了协调年隆二人之间的关系，雍正只好经常向二人施恩，不断给予各种封赏，并从中进行斡旋，以使"将相"和睦。为了使年羹尧改变对隆科多的态度，雍正甚至自作主张将年羹尧的长子过继给隆科多做儿子，并对年羹尧好言相劝："舅舅隆科多对你非常尊重，朝中每有大事，总说该与你商量。"

雍正又说："舅舅隆科多，我先前并不真正了解他，真正大错了，此人真正是先帝的忠臣，也是我的功臣，更是国家的良臣，真正当代第一超群拔类之稀有大臣也。"

在雍正的撮合调停下，年羹尧、隆科多二人的关系终于有了改善。隆科多在得知雍正赐给他年羹尧的儿子做继子后，上书称："臣命中该有三子，如今得皇上所赐，即如同上天所给的。"

此后，隆科多为了表示要跟年羹尧团结共事，又说："我二人若少作二人看，即负皇上矣。"

年、隆二人终于能和衷共济共同为雍正效力了。从雍正调停年隆之间的关系看，他的确是深具长远眼光而又驭下有术的，因为在当时的情况下，将相不和必然会打乱雍正的全盘施政计划，必然会分散己方的力量，甚至给政敌以可乘之机。

但是，隆科多在与年羹尧关系融洽之后，也犯了与年羹尧同样的错误，自恃功劳盖世，便骄横一时，有恃无恐、为所欲为，难免会同其他权臣发生冲突。

有一次，果郡王允礼进宫，隆科多正好遇见，他自认为得宠于皇帝，竟然只是起立表示致敬，而没有跪安，这是大大的不敬。此外，由于隆科多执掌用人大权，而他又专断揽权，这就或多或少地侵犯了皇权。雍正同样也是容忍不了隆科多的。

与年羹尧相比，隆科多更显得老谋深算。早在雍正决定打击年羹尧之前，隆科多就已嗅到了危险的气息。因此，他早早就为自己留了退路，将自己的财产分藏到了各处，以防雍正有朝一日查其家产时，查出他贪污的罪状。

这就是说，隆科多在事发之前，就已经在悄悄为自己销赃了。销赃一事，恰恰证明了他贪污的事实，被雍正拿住了他不守人臣大义的把柄。

当隆科多感觉到雍正对他的销赃行为有所察觉后，为了保全性命，主动向雍正提出辞去步军统领一职。隆科多是想以交出京师军权的行动争取雍正对他网开一面。这就是隆科多的狡猾之处，他想以此来换取雍正的信任。

但是隆科多没有想到，雍正做起事来是不会善罢甘休的，除去年羹尧这颗眼中钉之后，下一个目标便是他了，对待这些政治上的敌对势力，雍正从不会手软。

因为隆科多虽交出了军权，但他仍掌管着吏部重权。而吏部是专门为国家选拔官吏的一个机关，当时吏部各级司官，对隆科多"莫敢仰视"，一切公事惟听他一人裁决。这对雍正的君权乃是一种触犯。因此对隆科多的处罚只是时间早晚的问题。

还在查办年羹尧一案时，雍正就想将隆科多一起处理，他故意将隆科多说成是帮助年羹尧和阻挠查案的人，例如他曾说："隆科多亦如年羹尧一般贪诈负恩，揽权树党，擅作威福。"

雍正甚至对其他官员说："似隆科多此等诳君背主小人，相见时不需丝毫致敬尽礼。"可见雍正对隆科多已经是恨之入骨，欲除之而后快。

不过，雍正对隆科多首先采取的是"围而不打"策略，即在处理年羹尧时只对隆科多进行责备，而不予以实质性的打击。同时雍正指责隆科多，还能起到稳住允禩、允禵的作用。

为此，雍正专门指责隆科多，说他屡参允禩，一心要将其置之死地，却包庇鄂伦岱、阿尔松阿等允禩集团人物，其用意不过是为了将允禩的党羽收在自己的门下。

此后，年羹尧的势力被瓦解了，雍正才开始着手剥夺隆科多的权力，并将他逐出京师，命他到阿尔泰山负责修城垦地。而就在将隆科多派往阿尔泰的同时，雍正加快了对他的打击步伐。

雍正特意指示当地总兵宋可进："隆科多也像年羹尧一般贪诈负恩、揽权结党、擅作威福，似他这种欺君专权的小人，你对他不必过于客气！"

这就是暗示宋可进，别拿隆科多当朝廷重臣看待，他和年羹尧一样揽权独断、背主负恩，迟早要受到惩罚的。雍正一方面对宋可进作了如上指示，另一方面却对隆科多说："如果你能实心任事，戴罪立功，我肯定会宽恕你。"

这么做，主要还是因为雍正不想担诛戮功臣的罪名。雍正在处理隆科多一案上，采取的是稳狠兼备的策略。他一定要拿到隆科多的确切犯罪证据后，才会对他施以严惩。首先对其围而不打，逼其惊慌失措，然后再将其调为外任，使之失去实权，陷入四面楚歌之地。

雍正四年，就是1726年，隆科多被派去与俄国代表萨瓦·务拉在思拉维赤谈判。在谈判过程中，隆科多力争要求俄国归还侵占的中国大片蒙古地区。

正当隆科多想好好表现一下，以便让皇帝对自己更加重用和信任时，没想到厄运降临到他头上，有人揭露出他私藏"玉牒"底本的事情。这件事情被雍正抓住后大做文章，准备以此为起点对隆科多开刀。

所谓玉牒，就是皇帝的家谱，非常神圣。据说除了宗人府，其他官员均不得私看，就算因公事要查阅时，也要首先奏明皇帝批准，然后才能"敬捧阅看"。但隆科多却倚仗自己权高位尊，从辅国公阿布兰处私借了玉牒底本，私藏在家。这就表明：隆科多犯了大不敬罪。

雍正抓住这一点，立即大做文章，决定对隆科多进行彻底打击。因此，他随即命人调回了正在谈判的隆科多，并命诸王大臣共议隆科多罪状。

结果，隆科多被拟定四十一条大罪。其中不大敬罪五条：即私藏玉牒罪，将康熙所赐御书贴在厢房之不敬罪；又有奸党罪六条；不法罪七条；贪婪罪十六条；自比诸葛亮侮君诳上罪等。至此，雍正下令将隆科多永远圈禁在畅春园附近，命他守园思过。

此后，隆科多死于禁所。雍正为表示犹念旧情，下令赐金为其治丧。雍正作为皇帝，他并不是恩断义绝，而是还记着隆科多往日功绩。从雍正禁死隆科多，赐死年羹尧一事来看，他在打击这两个功臣的问题上既有先后顺序，又分轻重主次。年羹尧张狂太过，目无王法又手握重权，党羽众多，必须及早铲除；而隆科多表面上至少还尊重皇帝，不太张狂用事，因而罪不至死，所以只采取圈禁惩罚就收到应有的效果。

由此可见，雍正既达到了打击年、隆以集中皇权的目的，又给自己留下了个开明君主且不妄诛功臣的形象。雍正给年羹尧、隆科多的恩宠只是暂时的，他也明白养虎为患的道理。因此年羹尧、隆科多虽权势显赫，但雍正对他们却早有提防。

例如隆科多尽管职高位重，但雍正始终没用他为大学士；而年羹尧虽手握兵权，但雍正却始终没让他在朝中任职，这就起到了制约年隆二人的作用。即隆科多权位再高，也控制不了外省兵权，年羹尧权力再广，也无法左右朝中大臣。

雍正极力拔高隆科多和年羹尧的地位，必然会招致满朝文武对他们的忌惮，从而使这二人长期处于被孤立的地位。这才是雍正的高明之处。即将他们捧得越高，他们日后就摔得越重。

严加约束官员们

　　雍正非常注意防止大权旁落，直接体现在他对官吏的驭下能力和自身素质的涵养上，那就是排斥宠臣和太监。雍正非常善于"借题发挥"，就是抓住下属的一个小错、一件小事大做文章，以达到更大的目的，或者仅仅是为了震慑下属，使其心怀畏惧，不敢轻举妄动，从而树立起帝王的权威。

　　而从统治的角度看，从严治下有时也确实要从小事抓起，从抓一些不起眼的小事上唤起下属的纪律意识、责任意识，增强组织的凝聚力。而且，为了树立权威，雍正曾告诫属下：

　　　　言之中听，于事无益，务必将地方时刻作自己营谋一样，
　　用心去，哪有不办之理？三年后只要还朕个'是'字来，日下
　　奏对之间，朕亦难以考成，务必实心实力奉行方好。若视为泛
　　泛，康熙元年曾行过，十年曾谕过，三十年曾察过，日久不无

奉行之怠臣等再加严整，对天指地，发一派乱誓，此等支吾，当日雍正即今日之皇帝，当加小心。

雍正元年七月，雍正偶然间发现一本文书中丢落了一个字，于是把大臣们都找到书房，大发一通议论："你们不要以为小事就可以疏忽。抄写漏字虽然是中书的事情，但如果你们用心细问的话，也不会出现这样的错误。而如果大学士把责任推给学士，学士推给侍读，侍读再推给中书，那么我也可以把过错都推给大学士。类似这样的小错不断，就会让天下的人都怀疑我和大学士平时连奏折都不看，这还了得？"

同年九月初五，雍正参加一次祭祀活动，因为发现更衣房内有异味，就罚主管工部的廉亲王允祹以及工部侍郎、郎中等人在太庙前跪了整整一夜。雍正二年四月的一天，雍正升殿，见到刑部官员李建勋、罗檀在群臣还没有落座的时候，也不行礼就坐下了，于是立即下令，将李、罗两人拿交刑部问罪。

并告诫百官说："我发现这几年上朝礼节执行得很松弛，我父亲康熙并不是不知道，但都很包容，因此监察官员也就睁一只眼闭一只眼，把这些当做常事，不认真去管。我即位以来，看到这些现象很多，这是个不好的苗头，必须严加整饬。今后如果再有类似的失礼事情发生，我就要杀了这两个人了，到时候可别说是我要杀人，而是你们杀了他俩。"

威吓之下，必能执法。大臣们从此都老实、规矩多了。"模范巡抚"河南巡抚田文镜是雍正亲手树起来的一面旗帜，却屡屡遭到大员们的参劾。御史谢济世参他的文告送到田文镜手上时，田并不知参的内容是什么，所以田文镜在奏折中道："臣实未见谕旨。既无部文行知至于豫省提塘。臣曾经戒饬不许在京探听事情，亦不许混行抄报，所以至今尚无一字见闻。即平日京报中所抄之事，臣亦不敢冒昧轻信。今蒙皇上天恩，不但不因谢济世纠参治臣之罪，并谕内阁遵旨寄闻……不知谢济世参臣是何款迹。"

雍正看后，当即御批如下："过两天你就知道了。我对你加恩，并不是要给你一个人网开一面，特别庇护，而是让所有大臣吏员知道我对待臣子的态度，'令贪夫廉，懦夫立。'有人参劾你这样巡抚，不仅谢济世，还有傅敏。不过你好好做你的，岂怕十目所视，十指所指哉！"

　　这给了各级官吏一个警示牌，就看下面的官吏如何去做了。在治吏方面，雍正重视利用密折达到启示臣下、训饬不法官吏的目的。田文镜被提拔为河南巡抚后，雍正考虑到他感恩图报心切，可能会犯急躁冒进的错误。因此，他在田文镜的奏折上批道：

　　　　豫（河南）抚之任，汝优为之。但天下事过犹不及，适中为贵。朕不虑不及，反恐效心切，或失之少过耳。

　　雍正此言意即，河南巡抚一职，你比别人有能力，所以我才把这担子交给了你。但天下事不能做过了头，能做到适可而止才是最好的。我不担心你任职不努力，倒担心你因报效国家心切，反而会犯了错误。

　　果然不出雍正所料，田文镜千小心万注意，还是真的就犯了错误。于是雍正再次指示田文镜："大凡临事，最忌犹豫，尤不宜迎合，没一味揣摩迁就，反致乖忤本意……今后勿更加是犹疑不定，随时变转，始于身任封疆重寄，临大节而不可夺之义相符也。切勿忘！"

　　雍正这是在提醒田文镜，要他正确理解皇帝的意思，不要只顾曲意迎合。雍正对爱臣关心至切而又要求极严，促使他们正确地处理好君臣两者之间的关系。雍正宠臣年羹尧之兄年希尧奏陈，自己上任伊始，即拒收各种节礼，既表忠心，亦想撇清。

　　雍正看到广东巡抚年希尧关于节礼规绳的奏折后，马上批示道："览尔所奏，朕心甚悦。全是真语，一无粉饰，这才是你大造化来了。用心做去，不可始勤终怠。至于巡抚进路，必于指定某项无有是处；朕也不知何是该取，何是不应取？此等碎小之事，朕亦不问不管，只问你总责成一个好字。"

清世宗雍正传

雍正还说："从来督抚将此事上奏沽名钓誉，裁去不取，转弯另设他法，所得更甚。此等私套，皆不中用。有治人无治法。朕如今要定规矩绳限你们，万无此理，只要你们取出良心来将利害二字排在眼前，长长远远地想去，设法做好官就是了。不必在这些面前打哄，好歹朕自有真知灼闻的道理，不可仗从前私恩大胆放纵。你们要负了朕，朕倒要加倍处分的呢！勉之，慎之。"

在这里，雍正真是把人心都看透了。雍正仍是一贯地从严说教，一面说，真心干事就是你大造化来了，一面又说，当一个督抚，表面不捞，但拐弯抹角又去大捞特捞，能哄得了谁？故而叮嘱，好好做官，不必打哄。对于官吏之间的关系，雍正也常常给予许多启示。如李卫的同僚鄂弥达在赴京拜见皇帝期间，李卫曾上奏请求雍正允许鄂弥达早日回到任所，并替鄂弥达讲了许多好话。

雍正在读了李卫的奏折后，非常高兴，因此批道："尽心奉职之人，同城共事，焉有本彼此相惜之理。鄂弥达于驻防武臣中论，实一好将军，你今天奏他约束驻兵之长，他在我面前极口赞报你的勤敏，也是出于公诚。我今天看了很高兴，如是方好。"

为了使诸大臣能够和衷共济，雍正不遗余力地做他们的工作。如禅济布与丁士一共同被任命为巡抚台湾的御史后，雍正曾在他们的奏折中批道："和衷二字最为紧要，倘有意见不同处，秉公据实密奏。万不可匿怨而友，尤不可循友误公。"

这就是说，雍正不怕他们产生不同的政见，但担心他们会因私废公、不秉公办事。对于另外一些认真任职的官员，雍正对他们采取极力表彰的策略。如雍正在读到高其倬的请安折后批道："我看高其倬此奏，字句之外，实有一片爱君之心，发乎至诚，非泛泛虚文可比。我看了之后不觉泪落。故传谕嘉奖之，以表其诚。"

对于某些沽名钓誉的官员，雍正则毫不客气，严加训斥。有一次，雍正召见河南禹州知州孙国玺时，问孙国玺的寡母年龄，孙国玺说母亲七十四岁。雍正说等孙国玺的母亲八十岁时，叫孙国玺请御赐匾额。雍正六年，孙国玺任台湾道。因为这一职务按规定不能带家属，孙国玺就将老母寄居福建漳州，并将这件事情报告给了雍正。雍正为使孙国玺能够迎亲老母，又改任孙国玺为福建盐驿道，没让他去台湾。

雍正十年，孙国玺的母亲八十岁。孙国玺于是奏请皇帝赐匾额和诰封，雍正却大变自己的言行，说："我当初盼望你能领会我的心意，不料你竟然辜负了我的希望，现在不但不要再提为你母亲赐匾的事，你如果不知悔改，仍然贪图虚名，欺骗隐瞒自己的劣迹，身家性命，目前难保，再累及你母亲的名声，尚在未定。却还厚着脸皮来讨封！我看你此奏甚属荒诞，可恶之至！"

孙国玺倚仗皇恩，不思进取，反滋骄矜，以为皇上并不知晓，这可是咎由自取。看来在皇帝下面做臣子，是不能松懈的。为了能收到警示臣工的效果，雍正还作过长篇大论的批语。

如当鄂尔泰向雍正奏报滇黔两省大小文武官员的情况后，雍正就批道："治天下惟以用人为本。其余皆枝叶事耳。览汝所论之文武大吏以至微弁，就朕所知者，甚合朕意……贤卿之奏，非大公不能如是……朕实嘉之，但所见如是，仍必明试以功，临事经验，方可信任。便经历几事，亦可只信其已往，犹当留意观其将来，万不可信其必不改移也。"

雍正这一批文不但肯定鄂尔泰的某些见解，而且还启发他为政要以用人为根本。并由此指出，在用人时主要要看属员有无实际经验，同时还要留意他们将来的一举一动。

通过上述做法，雍正给了下臣许多启示，并以此指导他们具体执行了许多政务。按雍正的话来说，密折所起的用人方面的作用是："通上下之情，以利施政；启示臣工，以利其从政。"

其实，密折制度的妙用，并不仅仅如此而已。当时的贵州布政使刘师恕上奏折建议与下属共相策励剿土苗等事："日与僚属共相策励，务期实心实政以仰酬高厚十万一。惟是黔处天末，历来未免废弛。而升任抚臣金世扬又惟主安静，诸事因循。"

刘师恕还说："臣于地方民生有关紧要者，力为争执，犹多回挽，至关题奏事件，全在抚臣主持，实不免于掣肘，即如收买水银，虽为筹补军需起见，然既动库银，自应据实陈奏，臣到任后详请两次始终不从。今亲抚臣毛文铨，具悉始末，实实奏明。"

雍正一看就知其中之诈，立马批道："此奏甚属巧诈。你当初赴任的时候我怎么告诉你的？金世扬在任既掣肘，不能行其志，那时为何未奏？今督抚已将地方事件料理清楚了，你却又来贪他人之功以为己利，无耻之甚。作为国家的臣子，又怎么能怀如此权宜之志以对君父？如果不是因为你居官尚能洁己，我必严加处分。我之前惟以真实二字方可保久长，若在如此作用上留心，不但自阻上进之路，而且后必有殃。慎之。"

雍正明察秋毫，勘破巧诈，说刘师恕"贪他人之功以为己利，无耻之甚"，对刘师恕之辈当头棒喝，实在是想拯救他。雍正管人有一套，他能根据官吏的忠诚程度和政绩来施恩。对忠于他的有功之人当然大加赞赏、体恤备至，像田文镜、鄂尔泰、岳钟琪、李卫等；而对于一些不干实事、谎报政绩的官吏则严厉斥责，时不时地敲打。

在对贤人的选拔上，雍正看重德行，一再强调当官者必须不徇私情、不谋一己之私，竭尽全力为国家办事。依此标准，雍正指出："凡为人臣，但为讲求一身尽职之道，不必牵缠兄弟手足以及子侄亲友。此即营私之巢窟，不可不知。"意思是说，做大臣的，为了自己能尽职守责，就不能顾念手足兄弟之情，因为一旦牵连上这层关系，就必然会导致营私舞弊的发生。做人臣的不可不明白这个道理。

为了要求官吏能够大公无私，雍正不但力图打破满汉界限，而且还向自己的亲族开了刀："一切需要刚果严明。属员中遇有世家子弟，权要亲族，丝毫不可瞻徇，宜先加教诫。如不知畏，怙恶不悔者，立即参处数人，则官方严肃，而蔑法妄行之人自必潜消默化矣。"

雍正对云南布政使常德寿说："你是鄂尔泰属员，得到他的亲身教诲，这是你的幸运，当竭力效法之。"

一是效法鄂尔泰"秉公察吏"，二是效法他的"竭力奉公"。雍正一生都在惩贪反腐、整饬吏治，但对大臣也体现出了宽怀仁德的态度。

雍正元年，湖广总督杨宗仁因病奏请皇帝，让其子杨文乾到武昌侍养。雍正立即批准，为了使杨宗仁安心养病，特给杨文乾加按察使衔，又派御医赵士英赴武昌为杨宗仁治病，颇显仁慈。

雍正三年七月，两广总督孔毓珣折奏："广东按察使宋玮才守兼优，宜进京提升。可惜有病。"

正好雍正在接到孔毓珣的奏折之前，已下旨命宋玮赴京引见。看了孔毓珣的奏折，知宋玮有病，即命宋玮暂停来京，以免长途车马颠簸劳苦，并指示孔毓珣："转告宋玮，等病好了，可以走路了，再来北京，切不可让他勉强扶病而行，免得赶路把身体拖垮了。"

到十一月，孔毓珣折上宋玮已痊愈，正要起程赴京，雍正很高兴。从这里也可以看出，雍正十分爱才怜才。

雍正八年，即1730年，浙江按察使方觐调任陕西布政使，在赴任途中病倒了。雍正知道后，就命方觐回到家乡好好休养，等候自己派遣的御医去给他看病，并告诉他陕西之职已另委他人，要方觐痊愈后即报告，另有重任安排。御医变成了出诊行医，雍正待大臣的情谊确实优厚。原河南开归道陈时夏在封丘罢考事件中被参留任，两年后又升为江苏巡抚。陈时夏是云南人，家中有八旬老母。陈时夏孝顺，奏请皇上，愿将母亲迎养江苏任所。

雍正就命云南督抚派员护送陈母到江苏，并特地指示："起身日期一听其母之便，在路随意歇息行走，不必因乘驿定限。"只此一言，足可令天下儿女感激涕零。当大臣问皇帝为何对陈时夏这么好时，雍正说："我既然起用陈时夏，想用他的能力以报朝廷，自然不忍心让他的白发老母相带领数千里外，两相牵挂。"

雍正对先帝康熙"天下大权，惟一操之，不可旁落"的政治主张显然是颇为赞同的，但康熙治国以宽，以官场弊病积重难返。雍正登基后，矫枉过正，铁腕治国，从而实现澄清吏治的目的，不愧为一代帝王的行事风范。

清世宗雍正传

残酷镇压反清思潮

雍正即位之初，当时朝廷内外矛盾重重，并不时激化。为了打击政治上的异己势力、镇压反清思潮，他就用制造文字狱来作为对反对派极端报复的首选手段。

雍正在养心殿西暖阁写了一副对联："惟以一人治天下，岂为天下奉一人。"显然，这是他君权至上思想的表露。

雍正元年，川陕地区出了一个旨在"反清复明"的大案，这就是"曾静案"。年羹尧被除掉后，接替他川陕总督之位的是他原来的得力部将岳钟琪。

后来，朝野上下传言岳钟琪是岳飞的后代，将要起兵替汉人报仇。曾静就给岳钟琪写了一封劝其谋反的"逆书"，但岳钟琪不为所动，立即将逆书呈报给了雍正以示忠诚。

雍正六年，雍正在给岳钟琪的信中写道："我看了你上交的逆书，惊讶坠泪。我做梦也没曾料到天下竟然有人如此评我，也未料到逆情如此之大！这种大逆不道的东西竟然自投罗网，难道这是天意吗？我在此深深感谢上天对我的大恩，曾静的这番言论没有隐讳的必要……事情明白后，我外给你命令。"

这封逆书在雍正的心海里顿时翻起了波澜，引发出一连串的案情。能使雍正惊讶坠泪的"逆书"就是案发之后被总督岳钟琪查出的那本《知新录》了。《知新录》为曾静所著，其内容包括以下几个方面：

一、指责雍正是暴君，并历数了他的十大罪状，即谋杀康熙、逼死生母、弑兄、屠弟、贪财、好色、嗜杀、酗酒、怀疑诛忠、好谀任佞。

二、反对满族统治者，主张"华夷之分大于君臣之伦"。曾静认为雍正虽是皇帝，但他不是汉族人，依照他的观点，臣民虽然应当绝对忠顺皇帝，但对满族人的皇帝却要进行反抗，这并不违背君臣之义。"管仲忘君仇事，孔子何故恕之而反许以仁？盖以华夷之分大于君臣之伦，华之与夷，乃人与物之分界，为域中第一义！所以圣人许管仲之功。"

三、希望拯救黎民于水深火热之中。由于曾静家道贫寒，缺屋少地，因此他能看到当时社会上贫富悬殊的情况，"土田尽为富室所有，富者日富，贫者日贫"。

如此等等，不胜枚举，从事实上来看，雍正的确蒙受了许多不白之冤。因为雍正自觉问心无愧，敢于直面，因此非但没有禁止这种传言，而且还认为曾静的这番言论没有隐讳的必要，即可以将这番言论公之于社会，由世人来评说。

雍正对曾静对他的攻击非常震惊，但又感到高兴。暴露出来更好，他正可以借此机会刷清朝野上下对他的议论，同时借机查清曾静这些消息的来源。

经过严密审讯，曾静诬蔑雍正的话辗转来自允禩、允禟的太监。他们被发往烟瘴之地时，在路上沿途诬蔑雍正，被百姓听到而传播。同时查清了曾静的思想主要得之于吕留良。

整个案件基本调查清楚之后，雍正下令将论述这个案子的上谕与曾静的言行及口供整理成一个案件汇编，集成为一部《大义觉迷录》，加

清世宗雍正传

以刊刻，颁行全国，以使读书士人知道这件事的经过与详情。

同时，雍正还采取了强制措施，称假如读书士人不知此书，一经发现，就将该省学政、该州县学教官从重治罪。这就是说，读《大义觉迷录》一书是强制性的，作为中央文件，大家必须要读。

雍正这样做的目的在于，在《大义觉迷录》中，不但有雍正本人的最高指示，同时还有曾静"弃暗投明"为雍正宣传的文字，如称雍正至仁至孝、受位于康熙，兼得传贤传子二意；又说雍正朝乾夕惕、惩治贪婪、一心爱民。

所以《大义觉迷录》一书，由曾静现身说法，体现了他不明情由、听信流言诬枉雍正，到真正体会到雍正恩德，提高认识，进而歌颂雍正的思想转变，成了替雍正做宣传的工具了。

同时，雍正对曾静、张熙二人作了宽大处理，将其无罪释放，并称此二人是误信了奸佞之言。此外雍正还公开宣布，非但他不再追究他们的责任，就算自己以后的皇帝也不会再追究他们。

雍正认为留他们比杀他们的用处更大，雍正可以拿他们来现身说法，即利用他们来宣扬雍正的仁德爱民。雍正还命曾静到江南、江宁、苏州、浙江、杭州等地宣传《大义觉迷录》，进行广泛演讲，然后再将其押送原籍，安排到观风整俗使衙门里当差。

又命张熙到陕西及其他地方做类似的演讲宣传，然后送回原籍，在家候旨，以便随传随到。雍正此案的处理，用他自己的话说是"一番出奇料理"。

雍正的"奇料理"，奇就奇在敢于抓曾静的观点，公开辩论，敢于把不利于他的观点加以公布，敢于把曾静、张熙放到社会上，这个"奇"，表明他有政治气魄，善于料理重大政治事务。

当雍正颁布关于曾静的上谕，鄂尔泰说："捧读上谕，可见皇上内心坦然，处事谨慎，自问自谦，不为一曾静，而为千百亿万人，遍示臣民，布告中外，自非大光明，大智慧，无我无人，惟中惟正，这样圣明的君主真没有几个人能比得上。"

鄂尔泰说到了雍正心坎上，他是拿曾静做文章，争取舆论同情。由此可见，曾静这个案子是雍正在思想上打了一仗，被他用作说明继统与初政的工具了，即用作政治斗争的工具了。它是雍正嗣位和初年政治斗争的延续和总结，它的出现是雍正朝政治斗争的必然结果。

但雍正对吕留良等人的处分却很重，焚禁了吕氏的著作，把吕留良和严鸿逵开棺戮尸，沈在宽与吕留良一子斩决，其余子孙发配到宁古塔为奴，家产充公。案中牵扯人等，包括刻书人、藏书人都一律处斩。

因为吕留良和曾静的性质不完全相同。清初，汉族士大夫中一部分人具有强烈的反清思想，吕留良就是其中的一员，他是思想家而不是政治家，他宣传夷夏之防主要是认识问题，出家不仕虽涉及政治，然而是次要的方面。

曾静的政治事件把吕留良株连上，他的思想被曾静接受并产生出政治行动，这应由曾静负责，已故的吕留良自不能成为这个事件的主谋。

雍正把吕留良作为元凶，处以戮尸酷刑，是按政治犯对待的——尽管吕留良本身非政治活动性质，并不因人为加以政治罪名而改变。吕留良、严鸿逵、沈在宽的获罪，在于他们具有和宣传反清思想，是文字之祸。

这个案子搞得那么严重，是雍正处理曾静案的需要。他在曾静案辩嗣位问题中，是被置于被告席的，被告自然愿意把事情讲清，然而纠缠不休，总使自身处于被动地位，于己不利。

雍正要改变这种状况，夺取主动权，就要放大视野，扩大事态，抓住吕留良，大讲华夷问题，扭转嗣统问题上的被动状态，所以吕留良案是掩盖曾静案的，是为解决曾案问题服务的。不难明了，吕留良案中人是无辜的受害者。

这个冤狱，充分表现了雍正和封建文化专制主义的残暴，还反映了清朝统治者的民族压迫。由此可见，曾静案和吕留良案是既有联系又有区别的两件事，不是一个案子。曾静案和吕留良案发生后，雍正和官员更加注意对人们思想的控制，文字狱和准文字狱接踵发生。

雍正七年十二月，湘抚赵弘恩折奏，浏阳县发现《朱姓家规》一书，端首称谓条内，有"侏僇（造字）左衽，可变华夏"二语。赵弘恩就此说："当此圣明之世……乃敢肆其犬吠，狂悖亵慢"。以为朱姓是曾静一党，严加审讯，没有结果，于是将《朱姓家规》送呈雍正。

"侏僇左衽，可变华夏"，是汉人观点，具有普遍性，《朱姓家规》所写，并没有反清的特殊意义，而且与曾静案毫无关系。因此雍正指示不必深究，但要对朱姓严加教育，以警其余。

张熙往见岳钟琪时，说他听说广东有屈温山，诗文很好，亦不出仕，可惜没有见过，岳钟琪为引诱他上钩，说藏有屈温山集。

雍正八年十月，署理广东巡抚傅泰看到《大义觉迷录》。由"屈温山"想到广东著名学者屈大均号"翁山"，认定屈温山是屈翁山读音之误，于是搜查到屈翁山文外、诗外、文钞诸书，发现其中"多有悖逆之词，隐藏抑郁不平之气"，遇到明朝称呼之处俱空抬一字。

这时屈大均已死三十多年，其子屈明洪任惠来县教谕，自动到广州投监，交出所存的父亲诗文及刊版。

傅泰又拿这些作为线索，进行严审，并上报雍正。刑部议请按大逆律问罪，屈大均戮尸枭示。雍正指示："其子自首，减等论处。"终将他的后人流放福建，诗文毁禁。

徐骏，江苏昆山人，刑部尚书徐乾学的儿子，中进士，选庶吉士。作诗有"明月有情还顾我，清风无意不留人"句，被人告发"思念明代，不念本朝，出语讪毁，大逆不道"。

雍正指示说："这是讥讪悖乱的言论，将他照大不敬律斩决，文稿尽行焚毁。"

徐骏出身大官僚家庭，青年时骄狂暴劣，据说暗置毒药，害死其塾师，因而为情理所不容。但他"明月清风"诗句，本为文人骚客所滥用的辞藻，与反清复明思想风马牛不相及。他死于文字之祸，不能不说是冤枉的。

雍正八年，就是1730年，福建汀州府上杭县童生范世杰读到《大义觉迷录》，向福建观风整俗使刘师恕投递呈词，斥曾静，颂雍正，刘师恕称赞他"忠爱之心可嘉"。

待到福建学政戴瀚按考到汀州，范世杰又上呈文，说曾静的话是"逆天悖命越礼犯分之言"，对曾静指责雍正的言论一一加以驳斥，说雍正在继位之前，以子道事父母，以臣道事君父，授受之际，"三兄有抚驭之才，钦遵父命，让弟居之，而圣君不敢自以为是，三揖三让，而后升堂践天子位焉"。

说明雍正同诸兄弟和睦，得位正当，没有弑兄屠弟的事。他还说雍正世道比三代还强，为生于这样的盛世而庆幸。他满以为会得到学政的赏识，岂料遭到拘禁审问。

戴瀚问范世杰："'三兄让位'的话从何而来，是什么意思？"

范世杰供称，在汀州城里，人人都是这样说的。戴瀚很敏感，理解为这是讲诚亲王允祉有抚驭之才，应该当皇帝，所以严厉追问，并立即将范世杰呈词上奏。

雍正认为戴瀚做得很正确，说地方大员若能对这样的事情不隐讳，范世杰之类的"棍徒匪类"必能尽除。于是下令戴瀚会同督抚密审，又准情度理，认为范世杰是一个企图侥幸进身的小人，不会有多大背景，不必铺张扩大事态。

随后，戴瀚与福建总督刘世明、巡抚赵国麟密讯范世杰，重点审问"三兄让位"的话头。

范世杰供称，他知道雍正序居第四，他即位，必是三个哥哥让位；说三哥有抚驭之才，也不是真知道，只是想天家的龙子龙孙自然都该是贤才，他们让位，更说明皇上聪明天纵。

范世杰将"三兄"解释为"三个兄长"，是为避允祉的实质所进行的诡辩，因为他听人说过："朝廷家有个三爷，虽然有才，乃是秉性凶暴，做不得人君。"不过他的原意还是说允祉尽管有才，但做不了皇帝，雍正不是抢皇位，谦让再三才坐的龙廷。

三位疆吏审不出什么来，只能说他造言生事，建议将他押交原籍地方官，严加管束，每逢朔望，令其宣读《大义觉迷录》，若再多事，即行治罪。雍正于九年六月同意了他们的处置办法。

范世杰写呈词时二十三岁，不甘于童生地位，想借指斥曾静、颂扬雍正为晋身之阶，哪知这是政治斗争，岂是儿戏。这是他利令智昏，也是咎由自取。颂圣是范世杰呈文的主旨，仅因"三兄让位"的话饱尝铁窗滋味，亦见雍正朝文字狱的凶残。

范世杰说雍正推辞帝位的话，在雍正即位之初，派遣使臣到朝鲜告康熙之丧，朝鲜接待人员就听说：雍正在康熙死后六七天才登基，是因"新皇屡次让位，以致迁就"。官方讲雍正推让，范世杰也讲这个问题，就有了错，真是只许州官放火，不许百姓点灯。

江南崇明县人沈伦，著有《大樵山人诗集》，于雍正十二年九月病故。该县施天一与沈家争田产，于是就告沈伦诗内有狂悖语句。江南总督赵弘恩查出沈伦名在沈在宽案内，诗版藏在苏州沈苍林家，就捉拿了沈伦的孙子沈自耕、沈苍林、施天一等人，彻底查究。

雍正对此极表赞同，在赵弘恩的奏折上写道："凡似此狂妄之徒，自应彻底究惩，以靖悖逆风习。"

施天一以诗句狂悖告诘仇人，则是文字之祸成风的一种表现。吴茂育，浙江淳安人，官宛平县丞，著作《求志编》，被同族一个弟弟告发，浙江总督程元章立即拿审，认为该书评论古今，"语言感慨，词气不平，肆口妄谈，毫无忌惮"。

该书一种本子上的李沛霖序文，于纪年处只用干支，书"癸卯九月"，不写雍正元年，更干法纪。

雍正夸奖程元章办理得体、用心，要求他严加审究，不要有一丝宽容，并向他讲解这种"匪人"比盗贼有害的道理：盗贼有形迹外露，该管有司不想惩治也不可能，而托名斯文，借口著述的"奸匪"，尽可置之不问，所以除盗贼易，除思想犯人难。

在雍正前期，也发生过几起文字狱案。汪景祺是浙江钱塘人。此人颇有才华，但仕途却不得意。因此才投到年羹尧门下。年羹尧在平定青海叛乱之后，汪景祺曾善意提醒过年羹尧不要居功自傲，并作了一篇《功臣不可为》上呈年羹尧。

雍正在该文中说"庸君听说兵荒马乱就惧怕了，因此他必须信赖得力大臣平息叛乱。但是，他认为能够平息叛乱的功臣一定也能作乱，仍然会威胁自己的统治地位，因此，功劳越大的人越会遭到庸君的妒忌甚至杀害。这样，不立大功反而更好……"

在查抄年羹尧府邸时，雍正得到了汪景祺这番言论，并查到了汪景祺对年羹尧的许多谄媚之词。诸如他称年羹尧是"宇宙第一伟人"，又说历代名将郭子仪、裴度等人功绩跟年羹尧相比简直不值一提。

汪景祺甚至不惜以讥讽康熙来恭维年羹尧，说康熙皇上只不过动动三寸不烂之笔，会写一点诗文罢了，年羹尧比康熙帝还要有作为。雍正在看到汪景祺的这番言词后非常震惊。

雍正内心虽然也很欣赏《功臣不可为》一文，但他抓的却是汪景祺诽谤康熙的罪名。这样，汪景祺被定了个大不敬罪，被判处斩刑。还有惩戒钱名世，也是冲着他的主子年羹尧来的。

钱名世是江南武进人，当时为翰林院侍讲。他与年羹尧没有朋党瓜葛，只是二人同为康熙三十八年中举，南北乡试同年，但仅据这一点又怎么算得上年党呢？

再来研究他投赠年羹尧的诗：第一首有"分陕旌旗周召伯，从天鼓角汉将军"，把年羹尧比为周代的召伯和汉代的卫青、霍去病，算是拍马屁，但没有什么政治问题。

再看第二首："鼎钟名勒山河誓，番藏宜刊第二碑。"

钱名世怕人读不懂，还作注解说："公调兵取藏，宜勒一碑，附于先帝'平藏碑'之后。"

原来，在康熙五十九年，皇十四子曾经督兵入藏，康熙帝为他特立"平藏碑"。当时年羹尧任四川总督，佩定西将军印，参加了调兵入藏之役。钱名世认为，应立碑于康熙帝的"平藏碑"之后，表彰年的功劳。

当时，钱名世不过是从五品的清闲翰林，发表"宜刊第二碑"的意见丝毫没有政治影响，更何况以同年赠诗，也不该有什么问题吧。总之，钱名世可抓的辫子就这么多，雍正再三斟酌，决定还是不能随便地放过他。

雍正自有他的道理，惩治钱名世，绝不是有意和他个人过不去，而是他的所作所为代表了官场中一种恶劣的风气——妄自揣摩、趋附权贵。如果一任其蔓延，就会助长朋党之风，威胁皇权。

单以年羹尧而论，他就借着受到皇帝眷宠，大肆招摇，而大小臣工竟以年大将军为权势之所在，集于他的麾下，结成了一个盘根错节的年党。使雍正帝深受触动的有这样一件事：雍正二年，年羹尧平定青海后，帝加封一等公爵。这年年底，年羹尧入京陛见，九卿、督抚级的大臣竟跪在广宁门外大道旁迎接，甚至体制尊贵的王公也有下马问候的。

在这一群谄媚权臣的无耻之徒中，雍正帝最为警惕的是某些"名士"。雍正从自己的政治阅历中，深深觉得此辈居心叵测。这可以举出陈梦雷与何焯。

陈梦雷文思敏捷，很年轻时成为进士，以后涉嫌附逆，被流放到了盛京。康熙三十六年蒙恩召还京师，在皇三子诚亲王门下，以布衣身份编纂《古今图书集成》。

康熙帝十分赏识他，曾赐他一副对联，上面写着"松高枝叶茂，鹤老羽毛新"。康熙晚年，诸王争储，诚亲王也是有力的竞争者之一，下面有陈梦雷这样的名士为羽翼，气势大盛。

雍正即位伊始，马上将陈梦雷再次发遣关外，栽给他的罪名是："累年以来，招摇无忌，不法甚多"，总算发泄了对陈梦雷多年的隐恨。

何焯与陈梦雷相类似，他遵照康熙的指示，效力于皇八子廉亲王府中。这皇八子与皇三子一样是雍正的政敌，而且是更厉害的对手。他宽仁好文，深得士大夫的信任和支持。

康熙五十年前后，围绕着皇太子立而复废的事件，最高统治集团内部各派势力的明争暗斗达到高潮，康熙帝为削弱皇八子的势力，将何焯的翰林院编修、进士全部革去。令当时的雍正帝暗自高兴。

雍正帝在考虑是否处置钱名世时，十分自然想到了陈梦雷与何焯，因为他们三人同为依附权贵，又都是"名士"。整顿钱名世也就是要整顿卑污的士林积习。

钱名世才华横溢，有"江左才子"的美称。他早年师事浙东著名史家万斯同。万斯同请他作纂修《明史》的助手，每成一篇，就交给他。让他润色，由此可见对钱的器重。

钱名世的诗名更大，当时雄踞诗坛的王士祯，就曾对他的诗才大加赞赏。康熙四十二年，钱名世又蟾宫折桂，考中本科进士第三名——探花。趋附年羹尧的大有人在，但是像钱名世这样的名士却不多，拿钱名世开刀，就可以杀鸡给猴看，使读书人生畏，不再趋附权贵。

另外，正好钱名世在士林中的名声十分臭。钱名世是个典型的才高品污之辈。他的老师万斯同是浙江人，在北京去世时，亲属不在身旁，于是钱名世披麻戴孝，主持丧事。

可是办完丧事后，竟把老师的数十万卷藏书席卷而去，据为己有，这种"没人性"的做法，真是让天下人所不齿。在康熙五十年，钱名世官翰林侍讲，就曾因"行止不端，声名不好"，奉旨革职。

对钱名世这样的人，不管怎样糟踏，别人都不会同情。雍正帝是这样想的，所以，借整钱名世而整肃官场的方案便确定了下来。雍正四年三月，即处置年羹尧、汪景祺之后三个月，钱名世被拉出来审判了。

大学士、九卿等迎合雍正帝的旨意，奏请将钱名世革职，交刑部从重议罪，在罗织的罪名中，除作诗谄媚年羹尧外，特别强调钱名世把平定西藏的功劳，归美于年，大学士、九卿认为此举十分属"悖逆"。这个罪名假如成立，那么钱名世处死且不说，他的亲属也要跟着遭殃。

雍正帝却不同意大学士、九卿的奏请，他降旨说，"向来如钱名世、何焯、陈梦雷等，皆颇有文名，可惜行止不端，立身卑污。而钱名世谄媚成性，作诗填词，颂扬好恶，措词悖谬，自取罪戾。但其所犯，尚不至死。"

话讲到这里，雍正帝显得十分严肃，十分公允。但接下去宣布对钱名世的处分时，竟是令群臣不胜惊骇的恶作剧："钱名世革去职衔，逐回原籍禁锢，御书'名教罪人'四字。由地方官制成匾额，张挂于钱名世所居之宅！"

从古到今，恐怕再也找不到这样一块不伦不类的"匾额"；古往今来，恐怕再也找不到这样一位别出心裁的君主。不过，说起来，如此近于儿戏的举动也十分符合雍正帝乖张的个性。两年前雍正帝曾给党附皇八子的阿灵阿和揆叙亲书墓碑。

前者碑文是："不臣不弟暴悍贪庸阿灵阿之墓"；后者碑文是："不忠不孝阴险柔佞揆叙之墓。"

钱名世不便处死，不好如法炮制再御书一座墓碑。但循着挫辱阿灵阿、揆叙的同样思路十分容易想起送他一块御书匾额，让他无脸见人，虽生犹死。

钱名世不张挂此匾怎么办？雍正帝想得非常周到，他命常州知府、武进知县每月初一、十五去钱宅查看，如不悬挂，呈报督抚奏明治罪。但是，对钱名世的处分还不止于此。

兴致勃勃的雍正帝觉得，挂"名教罪人"匾，只能把钱名世在老家搞臭，还不能充分发挥警戒大小臣工的作用。故此，雍正又命在京现任官员，凡由举人、进士出身的，都要仿照诗人刺恶之意，每人写一首诗，赠送钱名世，喜笑怒骂，热讽冷嘲，越刻薄越好。

正詹事陈万策的诗有如此两句："名世已同名世罪，亮工不异亮工奸"。

前一句很好懂，钱名世与康熙晚年著《南山集》而处斩的戴名世同罪；后一句也十分巧妙：年羹尧的表字也是亮工，"亮工不异亮工奸"是说钱、年同为奸恶之徒。

陈万策的诗不管内容，还是风格，都深得雍正帝的嘉许，在诸多讽刺钱名世的诗中，被评为"第一名"。但并不是说所有遵旨写的诗都适合帝意。翰林院侍读吴孝登的诗作被认为"谬妄"，遣发宁古塔，给披甲人为奴，所受惩处比"正犯"钱名世重得多。

还有侍读陈邦彦、陈邦直兄弟的诗也有问题，都被革了职。他们的诗为何触怒了雍正，不得而知。但可以推想得到，在统治集团中，对钱名世一案的处理确实存在着不同的意见。

雍正帝不惜重刑惩处吴、陈等人，与钱名世的行政处分相比，轻重倒置，可谓违背常规，令人深感"君心不可测"！出身官员所写的刺钱之诗，依照雍正的谕旨很快刊刻付印了。据说是武英殿板，雕写极工，宣纸印题：《御制钱名世》。

这部诗集在雍正朝各省学校都颁发一部，用以教训准备入仕的读书人。晚清时，有人还见过，但民国以后却忽然绝迹了，这确实是研究清代文字狱以及了解雍正帝个性的一大损失！

雍正前后期的这几起文字狱案是有所不同的：前期是政治斗争的一个组成部分，后期则是加强思想统治的问题，有着不同的性质和内容；前期遭祸的人，以及曾案中人，是政治斗争的牺牲品，后期冤情更增，多是无辜受害者。

雍正大兴文字狱，以之作为控制思想、打击政敌、提高自己权威的手段。从此以后，清政府经常因文字给人定罪，而且都以大逆不道论处，治罪重，株连众。

雍正的文字狱，主要打击对象是具有反清思想的士大夫或政治上的反对势力，获罪的大多是官吏和上层知识分子。但是，在知识分子中造成了浓重的恐怖气氛，显示了皇帝生杀予夺的专制淫威。

严密监视官员行动

雍正极有政治抱负，要成一代明主、尧舜之君，这就必须首先做到在用人上耳聪目明，避免大的闪失；其次还要明察暗访，对所用之人进行动态观察，进退取舍，基本趋于合理、公正。

雍正执政初年，官场结党倾轧之风屡禁不止，人心难测，口是心非、阳奉阴违、被视为负恩者大有人在；政敌们故意添乱，搅乱视听，播散流言。这些都使雍正的疑心加重，以致形成一种职业性的病态心理。

雍正曾一度过于轻信人，对宠臣过于依赖，说了许多过头话，办了一些过头事。年羹尧事件以后，雍正一度又过于怀疑人，深悔以前的幼稚，大有"怀疑一切、打倒一切"之势。

雍正一度怀疑河南河北总兵官纪成斌和年羹尧关系暧昧，屡次特加试探，初不相信对方的表白，直到纪成斌拿出实据，说明年羹尧不但不赏识自己，反而痛恨和压抑自己时，雍正才明确表示："览此奏，朕心释然矣。"

只到雍正主政五六年后，用人上才定型化，得出"过疑则失人，过信则自失"的至理名言。他将不敢轻信别人一句话作为用人第一妙诀，声称："别人有一事见信，不可就信其百事皆实；一事见疑，也不可就疑其将来百事皆诈。"这表明雍正在政治上越来越成熟了。

雍正为了监视朝中的大臣，建有一套严密的情报网。对政敌们所散布的谣言，雍正都能及时予以驳辩，甚至允禩在府上偶尔发几句牢骚，雍正也能知道，这就是情报网的作用。

而且，雍正自己偶尔也透露出一些已失去价值的秘密。雍正很不放心自幼在藩邸侍奉的属人傅鼐，曾密令隆科多不时监视稽查，原因是二人住址相近，便于访察。后来，傅鼐不法骗诈财物事败，隆科多也因其他的事失宠。

雍正为罗织隆科多背地结党、不遵圣旨的罪名，竟然将隆科多监视傅鼐这一秘密公布于众。傅鼐身败后，本应发遣黑龙江，不久，雍正又别出心裁，令傅鼐去盛京，监视已经失势、正在接受审查的奉天府尹蔡珽，明令蔡珽所办之事都让傅鼐知道，但傅鼐只管监视，不需干涉。

用举荐人监视被举荐人，主子监视奴才、为官尊长者约束族人亲戚，这是雍正惯用的控制官吏的权术。为广纳天下贤才为朝廷所用，雍正明令内外大臣有荐人之责。大臣们闻风而动，纷纷举荐所知的属员，甚至跨省区推荐。

不久，雍正发现有徇私舞弊的荐人现象，明诫人们要公私分明，要求推荐人对被推荐人的过失负有连带责任，发现被荐人有过，必须积极参劾，对被荐人要时时加以访查。

所以，田文镜主动揭发所荐的江西瑞州府知府刘元琦、山西汾州府同知杨飞熊有不法行为，得到雍正的谅解，没被追究误举过错。相反，年羹尧等滥举地方大吏，后又不查，终成日后的罪过之一。

同样，雍正令诸王公旗主对放为外任的属人进行稽查，也起到了一定的效用。至于亲属间的监督，是寓监督于训诫之中的，雍正很提倡为官尊长者督率为官卑幼的，认为这不仅有利于卑幼者上进，进一步光宗耀祖，还可以使尊长者不为兄弟子侄和亲朋所累。

在雍正心目中，他始终把大臣是否能约束家人亲友作为考察其人品行操守的一个视角，不过他也不强求，有些大臣的子弟出了问题，只要大臣不徇私情掩饰，他并不将罪过算在大臣头上。

张廷璐为官名声不好，总有人打他的小报告，曾被夺职，但雍正并没有因此怪罪其兄张廷玉。

通过正常的制度建设，也可在一定程度上达到约束监督官吏的目的。

都察院是全国的最高行政监察机关，雍正对监察御史和给事中寄予厚望，屡颁谕旨鼓励科道官下举参劾内外所有不称职不守法的官吏，一度许给封章奏事的特权，对上可规谏皇帝用人得失。但是，由于体制、时代等各方面原因，这些"耳目之官"并没有起到其应有作用，雍正对此极为不满。

对于中小官吏，主要有针对他们的"京察""大计"等考核制度，届时，可根据才、守、政、年四项标准，发现"卓异"贤才，罢革调罚贪酷、浮躁、年老、不谨、罢软、有疾、才力不及等劣官。

但是，这种定期的考核制度早已形式化，所以，雍正便要求地方长官可随时题参贪劣属吏，并将"察吏"作为地方长官最重要的一项常务性工作，不许松懈，否则要连带受处罚。

其实，雍正监视、控制文武百官的拿手秘密武器还是密折制度。地方官员密报皇帝公私事宜的文书制度即密折制度，虽并非始于雍正，但在清代，只有雍正把它运用得出神入化，发挥了多种功效。

其中，密折制度最主要的功能，一是使皇帝不出宫门就周知、遥控天下事；二是造成了地方官之间互相监视稽查的效果。可以说，雍正仅仅运用一种文书制度，就在全国设下无处不在的监视网，大小地方官都难以逃出他的视野。

这张无形的监视网的编成，来源于雍正的勤政，根植于他对地方吏治的高度重视。为了整饬地方吏治，雍正重点抓的是地方人事安排，他认为，某县有个好知县，则全县受益。

一个贤能的知府，必定使该府大治，以此类推，总督、巡抚的好与坏，与地方吏治民生休戚相关。所以，他不但在密折朱批中让督抚将军、布按提镇等文武大吏发表对属官的看法，而且，还向这个大吏打听那个大僚的情况，或向属吏探问其长官的情况。

如此，源源不断的信息都集中到雍正那里，然后再经"信息处理"，几乎所有的地方高中官吏和部分低级官吏，都在雍正的掌控之中。当然，有的"巧宦"做官圆滑，密折信息也有失真的时候。

谢旻早就被雍正所赏识，雍正继位后，将其从户部郎中提拔为湖南、河南的按察使、布政使，因其历任上司督抚都说他为官优等，再升为江西巡抚。

但雍正发现此人在巡抚任上有许多虚伪可疑之处，遂密令各处访察。结果，大家没有一个说他坏的。不得已，雍正将谢旻内调为工部右侍郎，放在眼皮底下亲加试看。

同时，雍正令继位巡抚常安留意调查谢旻任期内所有不妥之处。结果，真相大白，谢旻在任期间，江西吏治废弛，官粮欠征，营伍旷废，社会治安情况很坏。这下把雍正气得暴跳如雷，对谢旻如何赢得一片赞誉大惑不解，立即撤销了他的职务。

不过，像谢旻一样能躲避密折监督的人不是很多。这种情况的发生，有如下三个原因：

一是像鄂尔泰、田文镜等已有定论的一流宠臣，一般人不敢惹祸参劾，皇帝也认为没有再深入访查的必要，对于他们不利的密报很难产生。

二是像谢旻这种"巧宦"，他们善于八面讨好，虽无所作为、安于现状，却上不得罪长官、朝臣，下不苛求属吏、百姓，甚至土豪劣绅流氓无赖都是一片叫好声。这种人在任时能赢得多方称誉，离任时官民拦轿挽留，甚至罢市以抗朝命，他们实在是貌似忠诚谨慎，实际上却是一伙地地道道的欺世盗名之徒，对国家有害无利。

三是边远省份的将军、督抚等大吏，他们上下狼狈为奸、沆瀣一气，邪气压倒了正气，西风压过了东风，到头来，使皇帝所得到的信息失真。

但第三种情况不会持续很久。譬如，雍正五年春以来，广东巡抚杨文乾先是请假，料理其父、湖广总督杨宗仁的丧事，同年八月，他又奉命去福建，调查该省仓库亏空大案，尽得实情。

次年年初，杨文乾回广东后，发现米价腾贵、百姓流离，八旗兵偷窃成风，社会治安情况大坏，盗贼横行，广东已面目皆非。

杨文乾发现了更为严重的问题，广东将军石礼哈，署抚常赉、阿克敦，布政使官达，按察使方愿英等，串通一气，互为朋蔽，石礼哈怕官达告状，以兄相待；阿克敦又惧石礼哈密奏，故趋奉石礼哈并结为儿女亲家；常赉既畏石礼哈之狂妄，又惧官达之强横，迎合曲从于其间。

杨文乾将此情况密奏于雍正，雍正一直比较信任杨文乾，看到奏折后大怒，即传命总督孔毓珣与杨文乾会同调查审讯。不久，将阿克敦、常赉革职。

但杨文乾没等看到案子结果，就因积劳成疾于当年七月去世。据说，杨文乾病故后，阿克敦、官达、方愿英等，演戏摆宴庆贺，气得雍正恼羞成怒，差点没把阿克敦处死！

其实，上述广东省的案子很具代表性，雍正要想获得真实情报，辨别真伪虚实，实际上必须费尽苦心。杨文乾之所以密参广东诸大员，也是有内情的。他与石礼哈向来不合，而石礼哈是一介武夫，经鄂尔泰推许，雍正对其很器重，故一路升迁。

所以，他敢于不把同僚放在眼里；常赉、官达都是雍正刻意培养的藩邸旧人，一般人不敢轻易触怒他们，特别是常赉，出于将门之后，正受宠信，只有不知深浅的石礼哈敢折冲他。

常赉此前为福建巡抚，而杨文乾去福建查亏空，实际上查的就是常赉，常赉为先发制人，恶人先告状，疏参杨文乾招权纳贿。雍正向来相信杨文乾的操守，这时被常赉蒙蔽，反而怒责杨文乾也是个弄巧成拙的"巧宦"，警告杨文乾若不悔悟，将身败名裂、后悔莫及！幸而杨文乾在福建查案很卖力气，重新获得了雍正的信任。

同时，常赉在福建的亏空案已有定论，在广东"讳盗"丑事也是路人皆知。所以，当杨文乾反戈一击时，才能一举成功，更因他死得正在节骨眼上，雍正才不便再追究往事，反而将他作为一个公忠体国的典型予以表彰。雍正所掌握的情报，经综合印证，大多数是相当准确的。

河道总督齐苏勒以近七十高龄，奔走于治河第一线，此人操守颇好，但隆科多在雍正面前讲他的坏话，说他操守平常；年羹尧也数次对雍正说，齐苏勒不学无术，难以胜任河务。

为此，雍正屡次密令察访，其中，刚任河南布政使的田文镜初次奉命"访察河臣齐苏勒其人究竟如何"时，曾顺着皇帝的口径说，齐苏勒确实像皇上评价的那样，冰清玉洁、一尘不染，对河务极其熟练；同时，也说齐苏勒为人性格微躁，所以经常独断专行，不许别人说话。

雍正览折后，承认田文镜评价比较公道，但对齐苏勒还不放心，指示再加细访："齐苏勒真的就那么一尘不染吗？"可见，他对传言务必澄清后才罢手。后来，通过多方印证和齐苏勒个人的自我表白，雍正确认隆科多是在落井下石，齐苏勒果真是个清、慎、勤均具备的难得人才。

雍正时期，具有专折奏事的人范围大大扩充了。除了大学士、尚书、侍郎、科道等朝官，地方督、抚、藩、臬、提、镇等大员外，雍正还视亲疏关系及需要，特许一些道员、知府、同知、学政、副将、参领等中低微末官员专折密奏事务。

当然，雍正这样做，并不是一定要形成以下制上的违反官场等级的效果，因为他常常告诫中下级官员中有密折奏事权的人，千万不要僭越！一次，雍正对鄂尔泰的侄子鄂昌说："今许你们下僚也得以密折奏事，不过是想扩大耳目，但是我万万不会有不信督抚两司而专听信道员之理！"

不过，雍正同时也说，对同省或别省的文武长官谁公谁私等等，不必一定有真知灼见时入奏，可以风闻入告。可见，雍正虽不专听下僚的小报告，但事实上，凡有密折奏事权的人，对上司，对属官，都具有一定的威慑力。

雍正就利用这一点，把所有人都玩在掌上，那些拥有密折奏事特权的人，都成了皇帝一人直接操纵和控制的公开特务。他们一方面可以监督别人，另一方面又处在许多人的监督之下，谁都难以躲过皇帝的耳目，要想欺骗皇帝更难上加难。

雍正驾驭臣僚另一种常用的权术是使功不如使过，总让人在心惊胆战中过日子，这也是因为是雍正疑心重所导致的。在雍正看来，天下人中材居多，才智超常和超笨的人为少，用人不患人才杂，关键在于如何驾驭，使人尽其才，有一份才就能为我所用。

雍正曾向鄂尔泰透露用人观点，说庸碌、安分的人，驾驭虽然省力，只恐误事；用那些有才能的人，要费一番心力，方可操纵，若遇不到有才能的大员，转不如用忠厚老成之人。他这段话，实在是自己的经验之谈。

静态地看，雍正朝地方大吏像鄂尔泰、田文镜、李卫等干练之人，非常有限，当时多是一些维持性人物，其中不乏庸碌、安分、洁己、沽名之徒。动态地看，一旦因官吏平庸而使地方吏治废弛，社会不稳，雍正就思量调换干才代之，待该地情况大局好转时，便以中才官吏代之。

鄂尔泰、田文镜、李卫等离任或死后，代他们治理云贵、河南、浙江等所属难治之地的，都不是雍正眼中的上等人才，而是属忠厚老成型的。对这些人，雍正总是不厌其烦地告诫他们改掉优柔寡断、沽名钓誉等毛病，时而还故意找茬制造点"错误"出来，令其改过，使用起来反倒顺手。

雍正对尹泰、尹继善父子的驾驭，就含有浓重的权术在内。尹泰原为国子监祭酒，康熙末年因病罢职，闲居在锦州。雍正在藩邸时，曾奉命到奉天谒祖陵，过锦州，留住在尹泰家。

那时，雍亲王正在网罗助己争储的亲信，与尹泰交谈，觉得此人很有思想，而且更感觉尹泰之子尹继善聪明有为。雍正继位次年，尹继善考中进士，同年，尹泰也被召回京，授内阁学士。

自此后，父子俩官运隆旺，尹泰以左都御史衔协理奉天将军，但因年已七十，思想保守，精力不及，盛京吏治废弛，因而两次受处，雍正六年，一度被夺官。

正在这时，雍正发现尹继善是个人才，短期内可以造就成独当一面的封疆大吏，所以，于六年将其放为外任，先以内阁侍读身份协理河务，不久即命署理江苏巡抚。与此同时，尹泰也官复原职。

但是，雍正没有忘记使用权术，一方面告诫尹泰要改掉以前的毛病；另一方面，又明告尹继善："不要效法你父亲的保守陋习，辜负我的希望，此番之所以赦免其罪，一是怜其衰老，二是看你尚可造就，为国家效力。"

尹继善马上具折谢恩，感谢皇帝将父亲破格拔于泥淖之中，置于青云之上，又屡屡宽恕其过，并说父亲也已寄信于自己，除感激皇上再造之恩外，还勉励做儿子的要忠公为国、实心出力。

最后，尹继善表示，"愿生生世世永效犬马微劳"，以酬报圣恩。雍正看到此折后，心中自然高兴，但是，他对尹继善不肯说心里话，朱批中说"朕从不枉法冤人，亦不违法宥人"，用人一本"公平"二字，并说尹泰原无罪过，谈不上什么宽宥。

如此，尹泰父子只能在心惊胆战中恪尽职守、不敢疏怠了。由于日后父子俩互相勉励，像犬马一样供天子驱使，雍正自然予以回报，尹泰以七十高龄授为东阁大学士兼吏部尚书，仕路平坦无波折；尹继善步步高升，最初虽做署官被试用，但云贵广西总督鄂尔泰于雍正九年内召后，雍正只让素来优柔寡断、性情平和的高其倬做一段过渡总督后，就令尹继善接替高其倬的总督任。

尹泰本来属于前朝废弃不用的人，而雍正观其可用，马上让他恢复为官。与尹泰情况大致同类的，并不少见，像久沉下僚不得施展的田

清世宗雍正传

文镜，因科举出事而在河工赎罪的才子李绂等，都是雍正大胆加以起用的，致使这般形同废人的人"柳暗花明"。

不过，其中有的人经受住了考验，得以重用，有的则起落无常，如李绂之辈即是。雍正对这些人驾驭起来很方便，想惩治则让他们俯首贴耳，欲用则使他们感奋图报，颇好摆布。

尹继善则属新进之辈，是雍正刻意按自己的方式加以培养的人才，对于这些人，他往往量才任用，放在具体职位上试用观察，若其才可以造就，常常故意任以繁难之事，亲加训诲，有过错虽然也原谅，但却常以此为话柄激励其上进，这实际上是一种善意的造就人才的权术。

当然，如果其人才短心邪，雍正则毫不犹豫地去之。雍正在藩邸时曾拉拢过鄂尔泰，而当时做内务府员外郎的鄂尔泰正色拒之。雍正实际上是一个比较记仇的人，他刚继位，就差鄂尔泰到边远的云南做乡试副考官。之后，又派遣他到一向属于难治的江苏做布政使，虽则是升迁，但其中却又有坏处，因为江苏乃是非之地，雍正随便就可找个借口治罪于他。

实际上，鄂尔泰不仅因为从前拒绝雍亲王的好意而遭清算，而且，很可能还因为当年排错了队，或后来钻营年羹尧的缘故，总之，直到二年底时，雍正还在责难他。

从江苏巡抚何天培的奏折及折批中，就可看出，雍正责难鄂尔泰"乱跑门路，寻倚仗"；鄂尔泰承认自己是"一介书愚"，是"庸才"，表示彻底悔悟。

在此之前，鄂尔泰因其在京兄弟私看密折而遭严旨训诫，与犯有同类毛病的闽浙总督满保、山西巡抚诺岷、云南巡抚杨名时等人一起，被剥夺密折奏事的特权。

雍正同时表示，日后有督抚大吏的折子被在京子弟亲朋私启者，一经发觉，定将私看之人正法。那么，雍正不久后的那次谴责，很显然与这次泄密有关。

在鄂尔泰没得宠前，雍正一直在考验他，其中不排除旧怨作祟的可能性，也有因年羹尧曾保荐而怀疑其结党的因素。雍正还善于分化和瓦解政敌和随时出现的被视为异己集团中的人。他所用甚至一度重用的人中，有许多人就属这种情况。

对这类人的驾驭，其拿手的法宝就是"使过术"。最后的结果是，一些人经不住考验，被排除到统治层之外了；有一部分人小心谨慎、任人摆布，受到信任，但即使身居显要，也不敢作恶为非；有的人数起数落，活得很累。

两江总督查弼纳深知允禩、苏努、隆科多等人的内情旧事，雍正为挫败政敌，尽情罗织罪名，曾八次诏令查弼纳提供线索和证据。而查弼纳坚持不吐实情，雍正只好调其入京亲自审问，动之以情，晓之以法，终于得到所需要的重要口供。

王公大臣们根据查弼纳涉身"邪党"的罪行，请将其正法，而雍正一方面表示，查弼纳既然已据实招供，岂能正法。另一方面则威胁查弼纳如不痛改前非，定行正法，决不宽恕。同时，改夺官为起用，后竟授为兵部尚书、征准噶尔蒙古的北路军副将军。雍正九年，北路军大败，查弼纳不愿再次面对狱吏，冲入敌阵战死。

至于雍正对藩邸旧人，除了对年羹尧大宠大恨外，戴铎、戴锦、博尔多等人因没有提拔价值而置闲散；其他如常赉、沈廷正、傅鼐等稍有出息的，都遭到罪谴或严责而后再起用，在此过程中，雍正也屡屡降旨训诫。这些人在主子做皇帝后，几乎都在心惊胆战中度日，反倒不如从前逍遥自在了。

安定边疆

雍正猜对了，还没等中国的使臣到达，安南国王就上表谢罪，并欢迎使臣到来。于是，雍正便自找台阶，见好就收，于雍正六年正月三十日颁发安南国王敕谕一道，以前此四十里之地赐给安南。并说：安南国王既然已悔过尽礼，那么，就可加恩赐给其地，更何况安南是本朝属国，此四十里之地在云南则属内地，在安南仍为中国的外藩。

于是，杭奕禄等钦差，便带着雍正的浩荡恩典敕谕，出使安南，用四十里的国土争回的是安南国王的三跪九叩大礼，中越边界勘分案就这样结束了。

平定西北和西藏问题

康熙在位之时，清朝的陆疆问题远比海疆问题复杂。主要问题存在于西北和西藏两大地区，其中影响两个地区稳定乃至清帝国存亡的因素，一者来自外部沙皇俄国，再者来自于内部准噶尔蒙古，其间又夹杂着青海和硕特蒙古与西藏僧俗上层的矛盾。

康熙亲政之后，经过几年努力，已将以吴三桂为首的地方割据势力、郑氏家族在"台湾"的统治、噶尔丹率领的准噶尔蒙古军都解决了，特别是在"雅克萨之战"中，阻遏了穷凶极恶的沙俄侵略者，与俄国签订了中国历史上第一个国际平等条约《尼布楚条约》，规定了中俄两国东段边界。

雍正执政后，在《尼布楚条约》的基础上，于雍正五年（1727年）与俄国签订了《中俄布连斯奇界约》，达成了规定中俄中段边界的初步协定，并以此界约的原则精神，于第二年签订《中俄恰克图条约》，概括了中俄两国的各方面关系共11条，规定了中俄中段边界为：自额尔古纳河至沙毕纳依岭之间以北归俄国，以南归中国。

与此同时，又签订了具体勘分恰克图以东至额尔古纳河岸阿巴哈依图齐岭边界的《阿巴哈依图界约》，以及具体勘分恰克图以西至沙毕纳依岭边界的《色楞额界约》。

《中俄布连斯奇界约》，使沙俄取得了对外贝加尔到色楞格斯克以及安加拉河一带的控制权，从而捞到了巨大的领土利益。但是，它的签订，标志着清王朝多年希望解决的中国北部疆界问题终于画上了句号。

此后，作为俄方签约大使的萨瓦曾向沙俄政府献策，声称将来把中国人从黑龙江上扫除干净，以便顺黑龙江出海，绕过朝鲜，打通向中国内地的航道。但事实上，此后中俄双方在东段和中段的边境上，并没有发生激烈的领土纠纷，维持了很长一段时间的相对和平。

雍正既看重与沙俄的关系，又将俄罗斯视为"外藩小国"。他之所以急于与俄国签约修好，目的很明显，主要在于解决西北的心腹之患，即准噶尔蒙古问题。

当时，蒙古四大部中，漠南蒙古早已臣服清朝；康熙初，漠北喀尔喀蒙古三部归附；后康熙亲征准噶尔部噶尔丹，青海诸部也倾向朝廷，漠南、漠北、青海蒙古三大部"混为一家"。

只有漠西厄鲁特蒙古自恃荒远，居新疆北部，又有土尔扈特、和硕特、杜尔伯特和准噶尔四部分，因此与朝廷分庭抗礼。康熙年间，一代枭雄噶尔丹所率领的准噶尔部强大起来，危及到了清朝西北边疆的安全，康熙帝被迫亲征三次，终于大败噶尔丹。

噶尔丹败死后，其侄策妄阿拉布坦趁机复兴准噶尔部，于是便有康熙晚年派遣十四皇子允禵为抚远大将军率军亲征之事，其结果，只将准噶尔蒙古势力驱逐出西藏，威胁并没有解除。

雍正改元当年，固始汗嫡孙、亲王罗卜藏丹津不满朝廷对西藏平叛后的善后措施，企图恢复在西藏的政治利益，于是会盟青海诸蒙古部族首领，废除朝廷加封的爵号，自称"达赖浑台吉"，统率蒙古，其实质就是分离反叛清王朝的统辖。

雍正得密报后，先礼后兵，遣人劝说不成后，即命川陕总督年羹尧为抚远大将军，驻西宁，以四川提督岳钟琪为奋威将军，参赞军务，终于于雍正二年春大败敌军，罗卜藏丹津一个人逃脱，投奔准噶尔，其母、弟、妹及大小头目均被生俘，斩敌八万。

这是雍正时代第一个也是唯一一个漂亮的战役。年羹尧因此被雍正呼为"恩人"，晋封一等公，岳钟琪也从此地位升腾起来。但罗卜藏丹津逃往准噶尔部以后，问题反而变得复杂起来。

雍正既怕准噶尔部利用罗卜藏丹津再度反叛，又担心其乘虚侵入刚刚稳定的西藏，更怕策妄阿拉布坦联合沙俄骚扰西北边境。雍正幸好早已经与俄国修好签约，这样不但使准噶尔失去了沙俄的公开援助，断绝了一旦兵败而逃往俄国的退路。

同时，也使清王朝寻到了反击准噶尔蒙古的途径。和约签订前后，雍正曾遣使往俄国，联系早被策妄阿拉布坦逼走俄国的土尔扈特部，以期能得到配合或支援，终于得到了对方的友好承诺。

策妄阿拉布坦于中俄签订和约的当年年底死去，其子噶尔丹策零更是狡黠好兵，不止一次地建议俄国人协助出兵中国，而对方以俄国"与中国皇帝陛下和睦"为由，拒绝了他的请求。

这都说明，雍正在处理西北边疆复杂问题时，头脑清醒，很讲求策略。雍正外绝准噶尔之退路，内而偷偷输运粮饷，调兵遣将，西、北两路布重兵，采取诱敌深入的策略，想一举歼灭准噶尔蒙古。

但是雍正没有想到，清军在前线连连失利，特别是雍正九年夏季，北路军主帅傅尔丹误听俘虏的话，轻举冒进，结果几乎全军覆没，副将军巴赛、查弼纳以下都战死。

次年秋，额驸、亲王策凌大败噶尔丹策零于鄂尔昆河之侧的额尔德尼昭，才稍稍扭转了战局。只可惜，新任北路军主帅的马尔赛拥兵万余，坚持己见，拒不出兵援助，甚至副都统傅鼐下跪请求，仍无动于衷，坐视准噶尔残部逃脱。

有人指出，假如马尔赛以数千兵迎击，则可令敌人一骑不返。与此

清世宗雍正传

同时，宁远大将军岳钟琪所统帅的西路军，不但无大战绩，反而屡屡败北。无奈，雍正只好将岳钟琪调京降罪，永远监禁于兵部。用查郎阿、张广泗为西路军正副帅。同时大开杀戒，斩马尔赛等人于军前。

之后，西路军稍有起色，但准噶尔蒙古自知不能再战，遣使请和。这正中雍正下怀。雍正鉴于两路兵丁和从役人员达二十余万，数年来，耗费军饷数千万两，劳师靡饷，又不能速决胜负，只能见好就收，于雍正十二年七月开始与准噶尔和谈，但一直持续了多年之后和议始成。

准噶尔战事的连连失利，有雍正用人和战略上的失误。但是，雍正一直将西北边疆的稳定放在头等的战略高度，积极备战，多方运筹，坚持诱敌深入歼灭敌人的策略，来勿纵，去勿追，反对远涉绝域；叛则伐，服则和，在前线将士表示再战而敌方请和的情况下，不再穷兵黩武，不因好大喜功而空耗民财，能够适时掌握契机议和，也是明智之举。

雍正对于青海平叛后的处置和处理西藏问题时，则颇富有创意，对后世产生了深远影响。雍正认为："蒙古之人，尊信佛教，惟言是从，故欲约束蒙古，则喇嘛之教亦不轻弃……正所以帖服外夷，乃长驾远驭之意。"雍正在处理西藏问题时，兼顾准噶尔问题，具有全局观念。

青海与西藏是互相连带的两个问题。西藏，古称吐蕃，元明时称乌斯藏，当地人称"唐古特"或"土伯特"。唐古特原有四部：东部称"喀木"；西有卫、藏二部，清时，卫的中心布达位于大昭寺一带，称"中藏"，后又称"前藏"，而藏的中心在扎什伦布，时称"后藏"。

另外就是青海湖、柴达木盆地一带的"青海部"，这里汉时为诸羌所居，唐以前为吐谷浑部族占据，唐末并入吐蕃，当地人崇佛成俗，明时曾设西宁、河州诸卫，用当地头目授以国师、禅师等名号分别用来统治，明中后期，一度为蒙古土默特部俺答汗兼并，明末清初再为厄鲁特蒙古的和硕特部固始汗占据。

后来，固始汗与尚未掌握卫藏僧俗实权的黄教领袖五世达赖、四世班禅商谋，率兵入藏，推翻了黄教劲敌第悉藏巴地方政权，控制了大部分藏族地区，确立了法王达赖的政教首领地位，由"第巴"，即俗称的藏王代达赖总理政事，黄教寺院集团在政治、宗教、经济等诸方面取得绝对优势地位，喇嘛教的其他教派影响锐减。

清初顺治、康熙二帝都支持黄教首领，并确立了达赖、班禅须经中央政权册封的制度；同时，给固始汗及其后嗣以汗、亲王、贝勒、贝子等封爵，承认其在西藏、青海的统治权。

这样，虽然可以笼络一时，却不能坚持长久，朝廷只能用平衡达赖、班禅、第巴、固始汗及其继承人的复杂关系，从中以某人为朝廷的代理人，以求间接遥控西藏。固始汗于顺治十一年病逝，其子达延汗、达赖汗、拉藏汗相继袭位；固始汗的其他儿子多居青海，是青海的实际统治者。

自固始汗入藏始，至康熙五十六年，就是1717年，拉藏汗被准噶尔蒙古兵所杀，前后由其实际控制西藏达七十五年之久。这期间，发生了第巴勾结噶尔丹、策妄阿拉布坦企图驱逐固始汗系统的暴乱，以及第巴与固始汗子孙的火并。

康熙末年，清军入藏，驱逐了策妄阿拉布坦势力，立即更改了西藏的地方统治方式，于康熙六十年，废除第巴职位，设立三名噶伦，共同总理西藏政务，这是清王朝对西藏实行有效管理的重大改革措施。

雍正平定青海罗卜藏丹津之乱后，年羹尧遵旨提出了一系列善后措施，具体措施基本在雍正二年五月十一日所上的《条陈西海善后事宜折》内说到了。

雍正认为年羹尧运筹周密、措置精详，与大臣等详议，形成了著名的"青海善后事宜十三条"决议，公布实行。根据这些措施，一改从前和硕特蒙古贵族对青藏地区独享的世袭政治特权，清王朝可以对诸部首领论功行赏、按罪降罚。

将该地区蒙古编设札萨克旗29个，由西宁办事大臣召集诸部会盟，取消由某人做世袭"盟长"制度；青海诸王台吉要定期来京朝贡，以示尊崇朝廷，改变过去听其自便的松散抚绥措施；过去沿边藏族只知有蒙古，不知有朝廷，而今将沿边藏族改归朝廷控制的行政机构管辖，向其征收赋税。

同时，通过修筑边墙、增设镇营等军事措施，杀马贸易定期定地、利用发配流放的犯人开垦屯种等经济措施，以及限制喇嘛教寺院势力等宗教措施，强化了对当时和硕特蒙古势力所及的以青海为中心的广大地区的管理。

雍正主持对青海统治方式的重大改革，使和硕特蒙古在青海和西藏的强大势力锐减，以致一蹶不振。而青海等地由清王朝直接控制，不但有利本地区的稳定，也使准噶尔蒙古不敢东进。

同时，由于青藏通道掌握在朝廷手中，所以，从此清王朝便可更方便地控制西藏了。对于西藏，雍正很重视达赖喇嘛的影响，但政务仍按康熙末年旧例，由几名噶伦共同掌理，以防个人专擅而生事。

雍正初年，除贝子衔的康济鼐、阿尔布巴、辅国公隆布鼐三人为噶伦外，又增任颇罗鼐、扎尔鼐二人为噶伦，形成以康济鼐为"总理"、阿尔布巴为"协理"的五噶伦联合理政的格局。

但是，阿尔布巴自恃自己的名声和地位，不甘屈于人下，他与七世达赖的父亲索南达结和隆布鼐勾结，三人结成一党，排斥康济鼐、颇罗鼐。

而康济鼐虽对清王朝忠心不二，但却自恃前此助官军入藏驱逐策妄阿拉布坦势力有大功，近又得新君宠信，位于首席噶伦，对比自己贵族身份高的阿尔布巴很轻视，显示出一种专横跋扈的样子，于是种下了祸根。

雍正接到入藏钦差鄂齐关于众噶伦不睦的密报后，立即做出偏袒康济鼐一方的决策，令将隆布鼐、扎尔鼐二人以原衔解任，以孤立阿尔布巴。雍正五年正月，雍正遣派内阁学士僧格、副都统马喇前往西藏宣旨。

阿尔布巴事前探知了朝廷的意向，遂与隆布鼐、扎尔鼐及佛父等精心策划，于雍正五年六月十八日在大昭寺谋害了康济鼐，以此造成既定事实，迫使朝廷承认并确立自己在藏的统治地位。

颇罗鼐识破了阿尔布巴的阴谋，没有上当而侥幸漏网，事后逃往阿里，与康济鼐的哥哥才旦扎西共谋复仇。雍正得知初步情况后，立即做出迅速反应，令陕西各路和四川、云南各备兵马，听候调遣。他的意思很明显，那就是乘此机会把西藏事"料理清楚"，以求一劳永逸地解决从前不妥之处。

但是，雍正最担心策妄拉布坦趁机插手此事，又怕万一藏中人挟制年少的达赖喇嘛出奔准噶尔，那事情便难办了。所以，雍正一直犹豫不定，备兵又止兵，其间只与怡亲王允祥、岳钟琪、张廷玉、鄂尔泰等少数内外心腹大臣计谋此事。

直到十二月，雍正综合各方面情报，以及西藏的目前战事状况，认为时机和火候都到了，下定决心出兵入藏。雍正认为时机成熟，其理由主要有三：

一是得到颇罗鼎与阿尔布巴战事大概已定，前者反败为胜，越来越占上风，而阿里是颇罗鼐的大本营，阿尔布巴等难以从此必由之路挟持达赖逃奔准噶尔，从前最担心的事不必过虑；

二是准噶尔已经请求和解，如此，准噶尔不能插手西藏事务；相反，雍正倒想乘人之危，欲派大兵声讨准噶尔，准噶尔与西藏事一起解决；

三是出师有名，这以前，颇罗鼐、阿尔布巴等都请朝廷出兵援助自身一方，互相指责对方有罪；那么，朝廷出兵入藏，哪方都认为是支持自己的了，谁都不会阻拦，因为这中间雍正一直没有公开表态支持谁，只是在暗中告知驻藏钦差偏袒颇罗鼐，阿尔布巴并不了解内情。

雍正对西藏之事表现出出奇的冷静和老谋深算。他一直静观事态的发展变化，坐山观虎斗，任凭颇罗鼐与阿尔布巴两派内斗厮杀，迟迟不出兵。

雍正六年五月二十六日，颇罗鼐控制了对方的大本营拉萨，二十八日擒获阿尔布巴、隆布鼐、扎尔鼐等大小头目。而清军主力于七月二十九日才抵藏，大军未发一矢，未伤一人，难怪雍正称"如此大事，而成功之易"，绝非人力所能为！

战争持续前后仅一年，其结果决定了日后很长一段时间内西藏政局的基本走向。西藏战事平定前后，雍正亲自规划了善后措施，主要有四点：

一、汲取从前教训，派驻西藏相当数量的军队，形成三年一换防的驻兵制度，以资弹压，此制一直保持到清末。

二、加强中央政府对西藏政务的直接控制，于雍正五年始，在西藏设驻藏大臣，此后，清王朝更实行定职、定员、定期地向藏地派遣办事大臣、帮办大臣。驻藏大臣的设立，标志着清朝治藏政策步入一个新阶段。

三、将西藏东部的打箭炉等地划归四川管辖；南部的中甸等地区划归云南管辖；赐拉孜、昂仁、彭措林等归班禅专管，从而使西藏地方政府所辖之地缩小，实力有所削弱。同时，内乱平定后，阿尔布巴、隆布鼐、扎尔鼐等均被处以极刑，而总理全藏事务的职责付托颇罗鼐，结束了众噶伦共同执政、分管前后藏事务的体制。

四、将七世达赖迁至离拉萨较远的康定之北的噶达地方，置惠远庙让他居住，派重兵防守，以防准噶尔及别有用心的人利用达赖喇嘛而制造事端，直到准噶尔不再成为清王朝的首要问题时，才将达赖礼送回布达拉宫。同时，对达赖之父索南达结恩威并重，调京斥责认错后，赐以辅国公爵。

雍正在阿尔布巴事变后所采取的一些善后措施，以实力作后盾并加以施压，加强了中央政府与地方政府的联系，多为日后清王朝所效仿，成为中央王朝治藏的转折点，有利于统一的多民族国家的巩固。

实行改土归流措施

雍正时代，在西南广大边疆地区实行的"改土归流"的重大改革措施，其历史意义尤为重大；同时，对黔东南和湘西等"生苗"地区，实行设治管辖，使那些从前与中央政府联系最薄弱的千里"苗疆"步入了社会发展的新阶段，这是雍正执行西南边疆政策的一个重要方面。

中国西南地区居住着苗、瑶、侗、彝等许多少数民族，由于地理和历史等方面的原因，这个广大的多民族聚居区，社会发展水平低而缓慢。所以，中央政府对之一直实行松散的统治方式。

元朝以来，开始在这些地方实行一种新的地方政治制度，即土司制度，设宣尉司、宣抚司、土知府、土知县等，以当地各族的首领为各级"土官"。到明代时，朝廷又制定了有关土官的承袭、等级、奖惩及对朝廷的义务等各种制度，土司制度完善化。同时，从清初开始，就在个别地区实行废除世袭土官而代之以朝廷统一任免的"流官"，此即所谓的"改土归流"。

雍正时期的"改土归流"，是明清时期规模最大、最彻底的一次。土司制度是元明清历代中央政府对西南少数民族地区实行的带有权宜性的特殊统治制度或方式。

随着时间的推移，土司制度越来越成为历史发展的障碍物，消极因素占了主导地位，有些大土司辖地上百里，拥兵数万乃至数十万，在其世袭领地上成为一个实际的土皇帝，经常抗拒朝廷命令或拥兵反叛，中央集权与土司的独立性、封闭性的矛盾日趋尖锐。

土司与土民、土司之间的矛盾激化，土民反抗土官的风暴此伏彼起，土司之间的械斗连连发生，严重影响了国家的稳定。因此，清初尤其是康熙中期以来，朝野上下改土归流的呼声日高，为雍正下决心实行改土归流奠定了舆论基础，因此，这一重大举措有其历史的必然性。

雍正四年，即1726年，云贵总督鄂尔泰奏请改土归流，雍正立即表示支持。从此至雍正九年，在皇帝具体指导和支持下，鄂尔泰全权主持了湖广、贵州、云南、广西、四川等省的改土归流事宜。

在鄂尔泰正式提出改土归流之前，广西、云贵等地大员韩良辅、石礼哈、高其倬、毛文铨等人，已相继奏请，雍正都予以否决，但他为何最终同意并坚持支持鄂尔泰的建议呢？

这是因为：一、雍正登基之初，主要的问题是解决皇位稳固问题，政敌不解除，就难以考虑改土归流这个带有极大风险性的问题；二、雍正一直在物色能够胜任西南边疆重任的得力大臣，鄂尔泰此前在江苏这个繁难之区时，政绩突出，被雍正看中，很快调往云贵。在雍正看来，以前奏请者难当此重任。三、雍正每做出一重大决策，都习惯考虑周详，一旦时机成熟，便迅速决断。就是说，他对改土归流的利弊得失是有一个认识过程的。

鄂尔泰提出的改土归流总方针和具体的实施策略、措施，以及他的进取精神、远大的政治抱负、经邦理边的卓越才能，都是保证这项改革大业能够顺利进行、最终获得成功的重要因素。

雍正时代仅县级以上的土司被改流者就达六十多个，涉及湖广、云南、贵州、广西、四川等广大西南地区。对这些地区的土民而言，摆脱了昔日受土官野蛮压迫和剥削的悲惨境遇，而成为国家的编户齐民后，毕竟减轻了许多负担，很多人还有了土地，生活有所保障。

同时，土民不再受土官的限制，可以读书科考入仕，大有重见天日的感觉。从前，土司叛乱和彼此间互相仇杀，最受祸害的是土民，而今，土民们可以过上相对安生的日子了。所以，土民们是拥护改土归流的，这也迫使大多数土官情愿不情愿地交出世袭特权，改土归流运动付诸武力的时候较少，比预料的要顺利。

对于国家而言，改土归流后，中央政府对西南广大边疆地区改间接控制为直接统治，消除了地方割据势力，稳定了边疆地区，巩固了西南边防，增加了政府的财政收入，尤其有利于日后对这个广大地区的经济开发、民族融合、社会进步，其现实意义和历史进步作用不容低估。

雍正在西南"改土归流"时，还对黔东南和湘西等"生苗"地区进行设治管辖。在西南边疆地区，有的早已设流官管辖；有的是土流兼治；有的则在雍正时大规模地进行改土归流；而有的地区在雍正以前，既未设置流官，也无土司统辖，称"生界"，或"苗"，或"生苗"。

这种中央政府并没有建立起实际统治的"化外"之区，主要集中在黔东南和湘西。在鄂尔泰主持改土归流的同时，雍正对广大的"生苗"地区也给予了充分的注意，用招抚、征剿、招抚的方式，即恩威并用的办法，将其纳入中央政府的统一管理之内。

招抚之后，清王朝一方面安营设寨，建立军事据点，派重兵防守，以资弹压；另一方面，设与府、直隶州平行的直隶厅，或与散州、县平行的"散厅"等，进行有效的直接管辖。直隶厅隶属省，散厅隶属府，设流官通判或同知为其长官。用一种与内地有别的特殊机构"厅"来统辖边疆少数民族地区，是一种因地制宜的新举措。

雍正的"改土归流"的政策，打击了土司等地方割据势力，加强了中央政府对边疆的统治。政体的统一，有利于社会秩序的安定，其实质是通过一种集权措施实现一定程度的统一和解放。

与周边国家和平相处

雍正时期，清朝对于周边国家和地区，并没有多大的危机感，一般只以"天下之主"的大国君主的架子，接受朝贡，回赐并不丰厚的物品。在这些国家中，东部的朝鲜和琉球王国，对清王朝比较恭顺，除害怕中国内乱而殃及自身外，对清王朝并不构成威胁。

倒是雍正一方面用削减贡米等方式对朝鲜加以笼络；另一方面动辄对李氏国王进行品评、训诫，吓得他们赶忙解释、谢过。其实，雍正对海疆不是不重视，他除了屡次整饬沿海和加强军备尤其是水师外，还特设天津水师营，以弥补满洲兵丁只注重骑射而轻视水上作战的弊漏，同时借以加强近京海防。

雍正同时认为，日本历来对中国虽有威胁，但只要加强稽查，严防内地"匪类"与之勾结，没有必要用停止贸易的手段迫使对方改善通商状况。事实上，日本当时确实不是中国的海上威胁。

不过，雍正时期沿海地区基本上没有遇到外敌的侵扰，但这并不说明没有隐患。除日本外，东南海域的菲律宾已为早期殖民者西班牙所占领，而中菲只是一水之隔的邻邦，沿海地区的商人、农民等早在明朝末年就开辟了从泉州经台湾南部去菲律宾的新航路，私自出海贸易、定居彼地者很多。

清初为防范沿海地区的反清势力，厉行"海禁"，康熙时统一台湾后，一度松弛海禁，百姓到南洋贸易合法化；但因出洋者半数左右不回来，康熙末年又做出禁止国内与南洋贸易及华侨限期回国的决定。

雍正继位后，得知此法既行不通，又影响关税收入，所以，除坚持华侨限期回国的禁令外，再度开放与南洋贸易。实践证明，雍正的做法比康熙高明，开放南洋海禁后，并没有引起东南沿海的紧张局势，相反，菲律宾南部的苏禄国摆脱西班牙殖民者的阻挠，于雍正四、五年间首次向清朝遣使入贡，大受雍正君臣的欢迎。

这表明，早期的西方殖民者对中国沿海地区还不能构成威胁。其实，对中国沿海地区较大的隐患是英国等新兴的西方殖民者。但是，当时中国对西欧各国已经和继续发生的历史剧变并不了解。

英国确立资本主义制度后，率先向印度洋和南洋等地区推进，其船队已来到广东海关。雍正虽然昧于外情，对西方殖民者东来目的不甚了解，但他有很强的求知欲，曾专门向两广总督孔毓珣等人打听海洋情形，承认自己对此一无所知，故令其"代朕博访广询"，务得实情。

雍正在位期间，对东南海疆强化了内部的治理，尤其重视对台湾岛的治理和开发。康熙时统一台湾，设一府三县及兵备道、巡台御史等文职进行管辖，隶属福建省；另设总兵官、水师副将、陆路参将、游击、守备等分兵防守。

雍正继位之初，正是台湾朱一贵大起义刚被镇压下去之时，所以，他很重视台湾的内外防务，升台湾镇总兵为挂印总兵官，添设城守左右两营，改北路营为三营，汛地和兵员各有调整增设，台湾驻兵达到一万余人。

另外，文职官员又增设彰化知县、海防通判及巡检若干，完善了建制。与此同时，雍正汲取康熙时任人不当而激起民变的教训，特别注意驻台官员的选用、奖惩，时时加以赏赐，多方加以笼络。

雍正还一改康熙时"为防台而治台"的政策，放宽内地人民移台的禁令，首次准许台湾民众搬移家眷，既解决了海峡两岸家分两地而不得团聚的问题，又改变了台湾有史以来地旷人稀、男多女少等状况，岛内顿增数十万劳动大军，土地得到全面性开垦，所产稻米不但可满足岛内之用，还被源源不断地运往大陆，大陆的货物也大量涌入台湾。

雍正时代对台湾的开发和利用，大大增强了东南沿海的防务能力，是雍正治理东南海疆的突出新政。雍正即位之初，鉴于西方传教士在华活动猖獗，教徒人数已达三十万人，传教士又与朝廷争"礼仪"，甚至参与皇族内部斗争等因，严令禁止其传教，改各省天主教堂为公所，传教士限期驱往澳门，可暂住在广州。

这样，广东既有粤海关与外通商门户，又有一批传教士集聚在此，再加上早为葡萄牙人租占的澳门为多事之地，雍正自然对广东格外重视。雍正时期，外交主动权完全掌握在中国方面，雍正严令广东地方官稽查外国商船，不允许夹带违禁物品出洋，不准将内地人带出国外，这些都能轻易做到。

当时，在广州城的传教士有三十余人，不听禁令，继续传教，"煽惑愚民"，地方官于雍正十年下令将其全部逐往澳门，没费吹灰之力。同时，雍正曾听两广总督孔毓珣之请，定澳门"夷船"数目为二十五只，各编列字号，发给印票，地方官对其出入严行稽查，不准有身份不明的西洋人居留。

同时将香山县城移至前山寨，以便就近管理。如此一来，广东海疆一直比较安宁。另外在西南边疆，曾发生引起一场轩然大波的中国、安南边界纠纷案。

雍正时，在西南边疆陆路接壤国中，南掌国是清初以来首次通贡成为保护国的；所谓的"八百息妇国"人受缅甸攻击，求通贡中国以自重，被云贵总督鄂尔泰"疑而却之"；而与云南有着数千里边境线的缅甸，自清初以来一度"不臣不贡"，不通中国达六七十年，虽有隐患，但此时没有骚扰边境的大事。

只有与广西、云南接界的安南国，一度为边界纠纷事，险些发生不愉快的边境冲突。雍正三年，云南总督高其倬发现，云南开化府与安南交界处，自开化府马伯汛外四十里至铅厂山小河内，有逢春里寨等六个地方，在康熙时被安南国侵占，证据相当充分。

同时，据《云南通志》所载，自开化府南二百四十里至睹咒河与安南为界，而今，自开化府南至马伯汛，只有一百二十里属中方，即使到铅厂山下小河，也只有一百六十里，可知尚有大量的土地原属云南旧境，这些国土在明朝时被安南侵夺。

因此，高其倬一面折奏皇帝，一面咨照安南国王，双方各遣人定期到边界会同查勘。雍正看到奏折之后，马上指示高其倬：对失在明代的土地，不予追究；铅厂山下小河以内四十里之境，另议立界。

但是，当安南使臣与中方官员勘界时，无视中方所提供的地方志、钱粮征收册、寨人的衣饰风俗等充分证据，硬说那四十里之地也属自己的国土，谈判陷入僵局。

雍正四年初，鄂尔泰就任云南巡抚，以接管云贵总督事务。鄂尔泰对安南君臣的贪得无厌甚是气愤，以为中方只清查回四十里之地，而将其余明显属于中方的八十里被侵之地，全数赏给安南，已是天朝的浩荡之恩，所以，对安南索要那四十里之地的奢求，态度非常强硬，在致安南国王的咨文中，略带威胁之意。

而安南在复柬中，巧言抵赖，声称中方所提供的证据不足为凭，反把责任都推给此前的中方勘界官员。雍正看过安南国的复柬文，批道："不通欠理，朕未料其如此痴迷。"

鄂尔泰得到雍正的支持后，一面以严词回复安南国王；一面遵旨在铅厂山对面立界建关。破土动工那天，鄂尔泰下令树立多面大旗，击鼓吹号，放炮示威，大大渲染了一番。

雍正收到折子后，称赞鄂尔泰此事的处理方式大出意料之外，"大笑览之"，但仍表示不敢相信安南就此罢休。正如雍正所料想的那样，安南并没有被中华大国的威势所吓倒。

雍正五年春，鄂尔泰又接到安南国公文一份，其中无非是重申前说，不肯让步。为此，鄂尔泰一面将这件事上奏给雍正，一面表示调兵兴师，直取安南，两国空气骤然紧张起来。

雍正一直以为，与安南这件小事并不难办，只要以皇帝名义颁敕谕一道，便可摆平。所以，当他收到鄂尔泰奏折后，立即命人代写谕旨，寄鄂尔泰差人转送。

但是，当敕谕转送关口时，安南方面把关头目声称没有国王的指令不敢擅接，并扬言，凡是云南公文一概不收，只有仍旧从广东方面递交才行。

而此前，雍正已明令鄂尔泰全权处理勘界事，一切外交公文、圣旨都由广东改为云南关口交接。为此，边疆将士非常气愤，声言要兴师问罪。

鄂尔泰受此影响，虽认为用兵是下策，但因事关天朝国体和脸面，决不能坐视不理，建议给安南两个月期限，如到期仍执迷不悟，必兴兵问罪。

同时，鄂尔泰报告雍正，表示他已准备一万余兵力，一旦需用，即刻命所属将帅赶赴边界线待命。

雍正立即做出了反应。他在给鄂尔泰五年八月十日的奏折上，批示用兵"使不得，使不得""不但下策，不可"；即使两月后安南仍不悔悟，也不可用兵。他表示："可以用来防备万一；但如果进兵攻灭安南国，以复汉唐旧制，我却不忍心这样大动干戈。"

雍正还进一步解释说："朕生平乐天知足，苟无害于生民之事，朕不敢起好大喜功之念也，凡事小不忍则乱大谋……"

雍正对安南这个属国一再容忍的道理很简单：

一者由于云贵正在实行改土归流，这是当时西南边疆的主题，不容分散精力和兵力；

二者是因为此时西藏已发生阿尔布巴事件，而西藏安危这才是大事，被雍正视为"肘腋之患"；相比之下，因四十里之地而与安南意气用兵，则必将顾此失彼、因小失大了，这是主要原因。

对于安南，雍正并非不重视，也不是不想用兵。当鄂尔泰得到西藏内乱发生的消息后，认为皇帝既然想遣使安南讲和，则已预备一万兵力就没用了，请示抽调三千赴西藏，雍正则说："近日滇省新定，地方事甚多，兼有安南之备，兵力不足弹压不行，万不可轻易将就。"

可见，他还是预留一手的。对态度强硬的安南，雍正料定他们必不敢顽固到底，故于雍正五年底指派左副都御史杭奕禄、内阁学士任兰枝往安南宣谕，以观其动静。雍正猜对了，还没等中国的使臣到达，安南国王就上表谢罪，并欢迎使臣到来。

于是，雍正便自找台阶，见好就收，于雍正六年正月三十日颁发安南国王敕谕一道，以前此四十里之地赐给安南。并说：安南国王既然已悔过尽礼，那么，就可加恩赐给其地，更何况安南是本朝属国，此四十里之地在云南则属内地，在安南仍为中国的外藩。

于是，杭奕禄等钦差，便带着雍正的浩荡恩典敕谕，出使安南，用四十里的国土争回的是安南国王的三跪九叩大礼，中越边界勘分案就这样结束了。

放眼历史，打开清朝的画卷，"康熙盛世"和"乾隆盛世"耀眼夺目，是所谓"双峰"现象。相比于前后两个超过六十年的盛世王朝，雍正王朝只有短短的十三年时间，表面看来，雍正名声远不及自己的父亲，也不及自己的儿子。

然而，正是雍正开创了一个过渡期，建立了一个政绩显著的雍正王朝。雍正对清朝的最大贡献就在于：使康熙开创的盛世由后期的停滞再度走上发展之路，并为乾隆鼎盛局面的到来奠定了雄厚的基础。所以正确的称谓应是"康雍乾盛世"。

后宫妃嫔

在雍正七年时的端午节筵席上，因为皇后筵席上的膳食跟他的相同，他大发雷霆，还专门下一道谕旨，斥责说："皇后用的东西，怎么能跟朕相同呢，成何体统！"

刚好那段时间皇后的生日快到了，宫里的太监奏请在钦安殿为皇后建祝寿道场，"新仇旧恨"一起，雍正在当天又发一道谕旨，把太监骂了一顿，说："你们到时候肯定要说是奉了圣旨的，那不成了我做皇上的给做皇后的祝寿，成何体统。"

与皇后的相处与关系

皇后乌拉那拉氏为人温和恭敬，在藩邸和宫廷生活近四十年，虽经历宫廷斗争，但得善终，实属不易也。乌拉那拉氏，是步军统领费扬古的女儿，从曾祖到父亲，三代一品，典型的根正苗红。康熙二十九年被康熙帝册封为雍亲王嫡福晋。

她在雍正的藩邸生活了二十年，亲历了康熙年间宫廷斗争的多事之秋。胤禛即位，是为雍正皇帝。那拉氏的地位也随之提高。雍正元年，她被册封为皇后。

雍正没有声色犬马之好，继位后放掉了宫内所养全部珍禽异兽。他喜欢园林，常年办事的地点就在圆明园。闲暇时，喜欢流连于园中山水之间。其他生活用具，亦不太讲究。吃喝方面，只喜欢喝点酒，也有节制。

当时传来西方的新鲜东西，像温度计、望远镜等等，他接受得很快，还让宫廷匠役仿造，赐给亲近大臣。乌拉那拉氏深知雍正公务繁忙，日理万机，所以对他生活上的一些爱好无不满足。

在掌管六宫时，和嫔妃、宫娥之间关系也很好。这是因为那拉氏为人孝顺恭敬，无论在藩邸的年月还是被封为皇后以后，她始终如一。她曾为雍正生下长子弘晖，长到八岁，不幸夭折了。

此后在正史中，她的生平简单至极：雍正即位时，被册封为皇后；雍正九年九月二十九日病逝。在史料中，雍正与皇后交集甚少。雍正喜欢在圆明园办公，可每每皇后前脚去圆明园，雍正后脚就离开了。

在雍正七年时的端午节筵席上，因为皇后筵席上的膳食跟他的相同，他大发雷霆，还专门下一道谕旨，斥责说："皇后用的东西，怎么能跟朕相同呢，成何体统！"

刚好那段时间皇后的生日快到了，宫里的太监奏请在钦安殿为皇后建祝寿道场，"新仇旧恨"一起，雍正在当天又发一道谕旨，把太监骂了一顿，说："你们到时候肯定要说是奉了圣旨的，那不成了我做皇上的给做皇后的祝寿，成何体统。"

也许在雍正眼里，与皇后的关系，只有"体统"二字比较重要吧。可是到最后，他自己也损了"体统"，乌拉那拉氏病逝，入殓仪式和祭奠礼，雍正都没去参加。这不合皇室规矩。想当年康熙帝时，孝诚、孝昭、孝懿三位皇后病逝，康熙都亲往祭奠，其中孝懿皇后停枢期间，康熙还早晚临奠。

大概雍正也知道这么做于理不合，于是命王公大臣帮忙想一个上得了台面的理由。大臣们绞尽脑汁，最后从明朝会典里找到突破口，明朝的丧仪里就没有过皇帝亲临祭奠的记载，皇后有皇子和诸大臣祭奠就够了，皇帝是可以不亲自出面的。

雍正对这个理由很满意，在随后颁布的谕旨中称，他是一心想去亲自祭奠皇后的。可惜他患病多时，好不容易才痊愈，大臣们怕他触景生情过度悲伤，非拿明朝的例子说事儿，说皇帝不用亲往，竭力阻拦他，他只好作罢。

雍正确实曾经病得很严重，可却是与另一个人的死有关。早从雍正七年冬天开始，雍正就生病了，但他没当回事，也没找医生治疗，结果病情越来越重，到第二年二月出现寒热不定、饮食失常、睡眠不好的症状。

偏偏到了五月间，雍正最心爱的弟弟怡亲王允祥又病死了，雍正受打击非常重。允祥与雍正虽不是一母所生，但从小朝夕相处，感情很好。争储位时，兄弟们都恨不得置对方于死地，只有允祥忠诚地站在他这一边。

允祥去世当天上午，雍正还在乾清宫接见新科进士，到了下午忽然得知怡亲王病危的消息，马上扔下政事前去探视。可惜他到的时候，怡亲王已离世。

当时正是雍正生病最严重的时候，但他不顾大臣反对，几次亲往祭奠，悲伤激动有时甚至到了失控的地步，病情也因此更加恶化。有大臣说，看到他下颌上都起疙瘩了。

到乌拉那拉氏病故时，雍正的病经过数月静养，已慢慢康复。但西北兵事又起，漠西蒙古准噶尔部首领噶尔丹策棱派兵三万，东犯清朝北部军营。雍正少不得忙着筹划军机，这或许也是雍正不想亲往祭奠的原因之一。

不过他给了皇后很盛大的丧礼，还在谕旨中高度评价了皇后，说他们成婚四十余年，夫妻感情相融，皇后为人极好，孝顺恭敬，四十年如一日。又称，自己没有尽到夫妇间的礼数，心中很难受，因此特令皇子们朝夕祭奠。字里行间，流露出莫大哀痛。

不过，这一点也没有影响到皇帝的勤政不辍，其间他还坚持批折子，在雍正九年十月初三参赞大臣傅尔屯等奏请万安折上，赫然有朱批："尔等使朕如此畅快，何疾不治，何病不除？朕躬甚安，已痊愈。"

雍正九年九月，皇后病故。上谥号曰孝敬皇后。后来，与雍正合葬于泰陵。

最宠爱的贵妃年氏

雍正最宠爱的妃子是年羹尧的妹妹年氏,这几乎成了大家的共识。关于他俩的爱情,野史演义里有不少版本,或说两情相悦,或说雍正横刀夺爱。可事实上,两人是康熙给指婚的。

年氏的母家是镶白旗汉军。康熙四十八年,胤禛被封为和硕雍亲王时,拥有了镶白旗的佐领,年家因此归于允禵门下。年氏的父亲年遐龄曾任湖广巡抚,其子年羹尧,文韬武略,出将入相。

年羹尧是明珠的孙婿,明珠一家又与八阿哥允禩交好,也许出于防止结党之意,康熙把年羹尧送入胤禛门下。年氏被指婚于胤禛做侧福晋,当时她大约十四岁。

入藩邸的头十年里,年氏仅生下一个女儿,还夭折了。然而到了康熙五十九年,年氏突然交到了好运,接二连三地生起了孩子:康熙五十九年生下福宜,六十年生下福慧,雍正元年五月初十生下福沛。其间,雍正即位时,册封她为贵妃,其名号仅次于皇后。

这恩宠来得实在突然，不过联系到生第一个儿子之前外朝发生的事儿，也就不奇怪了：康熙五十七年，夺嫡劲敌十四阿哥允禵被任命为抚远大将军，率军西征。

同时，年羹尧出任四川总督，后又被任命为定西将军，协助允禵驱逐占领拉萨的准噶尔军队。简言之，年羹尧是能克制雍正夺嫡劲敌的最佳人选。

在雍正即位之后，内有兄弟们觊觎皇位风波不断，外有准噶尔部和漠西蒙古虎视眈眈，有拥立之功的年羹尧，势必继续扮演保国尽忠的角色。

雍正初年他率军平息青海罗卜藏丹津之乱后，雍正向怡亲王允祥和隆科多述说年羹尧的功劳时，都感激得流出了眼泪。妹妹是专房之宠的妃子，哥哥是功高盖主的臣子，不知是谁成全了谁，最后，年氏兄妹俩连灾祸也相辅相依。

雍正三年，内外初平，对年羹尧收受贿赂、结党营私、作威作福容忍许久的雍正，对他开始进行公开追问罪责。九月二十八日，年羹尧披枷戴锁被押送进京。在伤心之下，本就身体抱恙的年贵妃一病不起，时时处于昏迷之中。

雍正三年十月，雍正为皇后举行了册后大典，皇妃公主及命妇们要向皇后朝贺。本来按照惯例，向皇后朝贺后，还要向贵妃也祝贺一下。但是雍正却取消了向贵妃祝贺行礼，他以此表示在这个国家里只有一位皇帝、一位皇后，他不愿意让女人们来左右他。

年妃本来身体就很虚弱，雍正就说过她"体素羸弱"。她在怀皇九子福沛时，正好是康熙的大丧。这时候举哀磕头行礼之事，数不胜数，以她怀孕之身，不免动了胎气，导致难产，福沛生下后就死了或者就是一个死胎，她自己的身体也是一落千丈。

雍正三年十一月，此时的年妃已经到了弥留之际，从宫里搬到圆明园。雍正看望她后又匆匆回到了宫里。他给礼部下了一道上谕：晋封贵妃年氏为皇贵妃，但是年妃没等到加封之礼就于当月二十三日死了。谥

清世宗雍正传

号为敦肃皇贵妃。

雍正在册书中还是充分地肯定了年妃的品性。称她：

> 秉性柔嘉，持躬淑慎。在藩邸时，事朕克尽敬慎，在皇后前小心恭谨，驭下宽厚平和。朕在即位后，贵妃于皇考、皇妣大事悉皆尽心尽礼，实能赞儴内政。

雍正也暂时缓和了对年羹尧的处分。年妃死后，留下皇子福惠。雍正对此子十分宠爱，甚过别的皇子。雍正六年，八岁的福惠也夭折了。雍正十分伤心，下令"照亲王例殡葬"。年过十八的弘历和弘昼连贝子都还不是，而八岁的福惠就以亲王的规格礼葬，可见雍正对他的喜爱。

乾隆帝登基后，追封弘晖，就是雍正嫡子和福惠为亲王时，就说过："朕弟八阿哥，素为皇考所钟爱。"

证明了雍正宠爱福惠是弘历等兄弟所深知的。综合来看，年妃的一生，多少还是受到了年羹尧的影响。但是，以雍正对她的评价和对她所生儿子的喜爱，还是能看出他对年妃是很有感情的，这点对年妃也是很大的安慰。

与第二个皇后的关系

历史上真正的熹贵妃钮祜禄氏，她其实并不受雍正宠爱，能在史书上留下笔墨，全因为有个孝顺儿子，就是乾隆。乾隆即位后加封她为孝圣皇太后，对其有言必从，遇万寿节必率大臣行礼庆贺。

钮祜禄氏生于1692年11月5日，满洲镶黄旗人，父亲是四品典仪官、加封一等承恩公的凌柱。她与康熙朝四大辅臣鄂必隆是一个曾祖父，而曾祖父是大清王朝的满洲开国五大臣之一、后金第一将巴图鲁额亦都。

钮祜禄氏在康熙四十三年被指婚给当时二十六岁的胤禛，由于其父亲凌柱身份官位不高，而当时胤禛的封爵是贝勒，所以当时钮祜禄氏是格格身份，也没有因生下弘历提升地位，十余年间皆号格格。

出身不高贵罢了，钮祜禄氏相貌也不美，因而一直不为允禛看重，入府多年一直是侍妾。关于相貌，可参看她日后六十大寿时乾隆命画工为她画的盛装像《孝圣宪皇后朝服像》。

画中老太太身体微胖，方面大耳，鼻肥嘴阔唇厚。这在面相学上来说是福相，但有福气不代表有姿色，这种长相在年轻时，跟"美"字大概不怎么沾边。到康熙四十九年冬，钮祜禄氏偶尔得到了一次真正"入侍"胤禛的机会。

康熙年间，雍正患上了时疫，病情非常严重，几乎丧命，钮枯禄氏侍奉殷勤，煎汤熬药，无不周到。雍正康复后，对其尤有钟爱。后康熙五十年八月十三日，生皇四子弘历于雍和宫邸。

弘历十岁时，随父雍正初侍康熙帝，宴于圆明园牡丹台，康熙帝见皇孙弘历聪颖过人，十分喜爱，便接至皇宫去读书，亲自抚养，并称弘历"是福过于予"；连声称钮祜禄氏是有福之人。为此，钮祜禄氏更得雍正的恩宠。

雍正登基为雍正帝，先封钮祜禄氏为熹妃，进而晋为熹贵妃。雍正元年八月，雍正帝密建皇储，将弘历名字书写好，放于乾清宫"正大光明"匾额之后，弘历二十五岁即帝位。

根据雍正帝遗命，母以子为贵，封熹贵妃为皇太后。乾隆帝视其为国母，有言必遵，有一次太后偶然提及顺天府东有废寺当重修。乾隆帝立即遣员拨款修盖，并告诫宫监，今后有事应事先看出，不应让太后劳神指派。

乾隆在位期间三次南巡，三次东巡，三次巡幸五台，一次巡幸中州，以及谒东陵，猎木兰，皆奉陪太后同行。平日与其左右不离，遇万寿节必率王大臣行礼庆贺，六十、七十、八十庆典，一次比一次隆重。特别是太后八十大寿，年已六十的皇帝还彩衣蹈舞，承欢膝下，使太后享尽了人间的"福、禄、寿"，善至于终身。

乾隆四十二年正月初八日，乾隆帝奉皇太后到圆明园。皇太后驻跸圆明园期间，几乎都住在长春仙馆，因为这里距皇帝处理政务的正大光明殿和皇帝的寝宫九洲清宴都很近，便于皇帝给皇太后问安侍膳。

正月初九日，乾隆帝陪着皇太后在九洲清宴一边进膳，一边观看节日的灯火，妃嫔和皇子、皇孙们也都陪侍在旁，"五世同堂，同伸欢忡"。乾隆帝见皇太后"慈颜康豫，不减常年"，非常高兴。

这一年，皇太后八十六岁，乾隆帝六十七岁。他想皇太后九十岁大寿时，自己也是七十一岁的老人了。那时一定要为皇太后更隆重地庆祝一番。正月十四日行完祈谷大祀后，乾隆帝闻知皇太后身体不豫，赶到长春仙馆看望，当天晚上还陪着皇太后在同乐园进晚膳。

皇太后当时的病情并不重，只是偶尔违和，抓紧调治后，病情大有好转。可是没过几天，病情出现反复，而且较前加重。皇太后不想把病情转重的事让皇帝知道，怕引起儿子烦心，影响理政，所以在皇帝问安时，故意谈笑如常。

到正月二十二日，皇太后病情已十分严重，这一天乾隆帝看望了母亲两次。这天深夜，皇太后已进入弥留状态。乾隆帝守候在旁。到了二十三日子刻，皇太后"痰忽上涌，遂于丑刻病逝"，终年八十六岁。举国致哀，尊谥号定为"孝圣慈宣康惠敦和诚徽仁穆敬天光圣宪皇后"，因此后世称其为"孝圣宪皇后"，葬于泰东陵。

晚年生活

　　雍正有一次看戏，演的是郑儋打子，看得高兴，赐给伶人食物，该伶受宠若惊，遂与皇帝攀谈起来，因剧中主角是常州刺史，就问今日常州太守为谁。

　　雍正一听勃然大怒："一个贱优，怎敢问起长官！不加惩治，形成风气还得了！"立即下令将伶人杖死。他一激动不要紧，就造成人命关天的惨事。

不断变得刚毅和急躁

雍正五年，雍正严厉批评浙闽总督高其倬优柔寡断：

> 观汝办理诸务，必先将两边情理论一精详，周围弊效讲一透彻，方欲兴此一利，而又虑彼一害，甫欲除彼一害，而又不忍弃此一利，辗转游移，毫无定见。若是则天下无可办之事矣。夫人之处世如行路，然断不能自始至终尽遇坦途顺境，既无风雨困顿，又无山川险阻，所以古人多咏行路难，盖大有寓意存焉。

> 凡举一事，他人之扰乱阻挠已不可当，何堪自复犹豫疑难，百端交集，如蚕吐丝，以缚其身耶！世间事，要当审择一是处，力行之，其余利害是非，概弗左盼右顾，一切扰乱阻挠，不为纤毫摇动，操此坚耐不拔之志以往，庶几有成。及事成后，害者利矣，非者是矣。无知阻挠之辈，不屏自息矣。今

汝则不然，一味优柔不断，依违莫决，朕甚忧汝不克胜任，有关国家用人之得失也，奈何！奈何！

雍正教诲臣下，办事要拿定主意，不能游移不决、莫衷一是。这一朱批贯穿了反对优柔寡断思想，体现了雍正办事不怕艰难、不顾阻挠、认准了就干的作风。从而说明他具有刚毅果断的性格。

雍正的这一性格，表现在政治上就是决策果断。对一件事情的利弊，一旦有所把握，就做出裁决，即如黄炳创议实行摊丁入亩，他认为时机不成熟，不准许，数月后李维钧又提出来，促使他进一步思考这一问题，及至议出实施办法，立即决策施行。

拖泥带水，颠三倒四，犹豫不决，和他的性格不相容。他办起事来，说干就干，要干就要有干的样子。如他为推行新政策和整顿吏治，大批地罢黜不称职官员和破格引进人材。

别人批评此项措施"进人太骤，退人太速"，他也毫不顾恤。这种坚毅性格，才便于冲破反对势力的阻挠，坚定地实施他的政策。凡是开了头的事情，他就坚持下去，力求达到目的，所以他的重大的社会政策都没有改变。

雍正的刚毅果断，同他的急躁毛病连在一起。他自己说康熙训诫他遇事时要"戒急用忍"，他就把这个训诫书写出来，置于居室，以便朝夕观览。

雍正二年闰四月，他就拿对辅国公阿布兰的态度检讨自己，说没有详察而急于启用阿布兰，及其犯罪又不能隐忍，就是没有实现"戒急用忍"。

康熙早在康熙四十七年评论他的儿子们时，说雍正幼年"喜怒不定"，雍正认为自己此时已过而立之年，居心行事，性格已经稳定，不再是幼时喜怒无常的情形，特向乃父说明，并请求不要把这个谕旨记载在档案里。

康熙说这十几年来四阿哥确实没有这种情况了，可以免予记载。雍正少年时代的这种忽喜忽怒，后来是否改变了，暂且不说。喜怒不定，也是脾气暴躁的表现，感情说爆发就爆发出来。所以康熙说他喜怒不定，要他戒急用忍，都是说他性情急躁的毛病。

雍正注意改变他的急脾气，在给李绂的朱批中写道："朕经历世故多年，所以动心忍性处实不寻常。"

就是说，多年来，在重大的事务中，他一直以坚忍的毅力锻炼耐性，克服急躁毛病。在储位斗争时，搞《悦心集》，研究佛学，就是动心忍性的表现。

做皇帝后也时常留心不犯老毛病。三年春，直隶总督李维钧奏报广开沟渠，雍正以开沟不是不可等待之事责备他，说他急急忙忙去做，"殊属悖谬"，又警告他，"你不怕做贻笑于人的督抚，朕不甘为轻举妄动之人主"。

然而雍正轻举妄动的事并不少，像强迫闽粤士人学官话，坚持朔望宣讲《圣谕广训》，停止浙江人的乡会试等。对待官员，也常常是喜怒无常，如对福建陆路提督丁士杰原是赏识提拔，在他于四年十二月初一日写的折子上批云"所奏甚是，但勉行以践所言可也"。

不久，丁士杰借执事给回乡的少詹事陈万策使用的事，被雍正知道了，就把他交部议处，丁士杰又上一折为己辩解，这下激怒了雍正，朱批非常苛刻。丁士杰折子上说他借执事的"隐微之处更不敢不为我皇上直陈"，雍正就此朱批"无耻之极"。

丁士杰说他对上司"并不知如何逢迎"，朱批"不知逢迎上司，惟知曲意逢迎钦差，其罪更甚"。丁士杰说"臣立意自矢，时存无欺隐之心，亦不敢萌一逢迎之私"。朱批"好无欺隐""好不逢迎"。丁士杰又说"逢迎之事，不惟目前不为，即臣终身实断不可为也"。批"可谓天良丧尽矣"。丁说他不知陈万策的狂妄行为，所以没有参奏他，批"看尔光景，小人之福有限矣"。

除了这些行间批外，雍正又在折尾写道："观尔不知悔过，不知愧恧，一味强词饰辩，必不知感朕恩遇，愚贱小人之态露矣，'卑贱无耻'四字当深以为戒，莫令人指唾。""无耻之极""天良丧尽"，骂得真凶。

然而仅仅过十几天，也即二十六日，丁士杰奏报福建仓储情形的折子上，雍正又夸奖了他："尔奏甚属可嘉，一切皆似此据实无隐，乃报朕第一著也，勉之，朕甚嘉尔之存心立志。"

丁士杰随即获知，陈万策事使他降三级留任，遂于五月二十八日具折谢恩，折中说："臣闻命自天，愧感无地。"

雍正朱批："若再愧为数事，恐不能有感之一字矣。"丁又表示今后"恪遵慈训，终始如一，以仰答高厚之恩于万一。"朱批则说："朕因尔向不欺隐，所以训尔终始如一，但饬尔痛改前非矣。"

陈万策是正四品的官员，丁士杰是从一品的大僚，丁借给他轿舆执事，仅是碍于情面，谈不上有意逢迎，他的奏辩原合情理，而雍正原认为丁忠诚，而隐蔽陈万策在乡活动不报，就生他的气，及至看到他的辩解，气上加气，于是指斥激烈，言词过当，迨及有所觉察，便于丁的谢恩折中改过来了。

可见雍正气恼时也不能克制自己，仍有暴怒的毛病。他有时好走极端，说话很不反映实际，以之办事就会出差错。即位初年，对朋党痛恨至极，在《御制朋党论》里大肆伐挞欧阳修，说他的君子有党、小人无朋的说法造成清代的朋党之风。因此，如果他还活着的话，"朕必诛之以正其惑世之罪"。好家伙，欧阳修没遭开棺戮尸之刑真是万幸！对欧阳修发这样大的火真是毫无道理的，所以他的臣子在撰写《实录》时，替他害羞，就把欧阳修造成朋党流毒的话删掉，将"诛之"一句改为"朕必饬之以正其惑"。

雍正有一次看戏，演的是郑儋打子，看得高兴，赐给伶人食物，该伶受宠若惊，遂与皇帝攀谈起来，因剧中主角是常州刺史，就问今日常州太守为谁。

雍正一听勃然大怒："一个贱优，怎敢问起长官！不加惩治，形成风气还得了！"立即下令将伶人杖死。他一激动不要紧，就造成人命关天的惨事。

雍正在他的统治后期，指责一些疆吏轻易改变旧制。他说："常见督抚提镇等于莅任之初，或轻听人言，或自凭臆见，率尔具奏，更改旧章，不计事之永远可行与否，及至再经条奏，仍复旧规，多费曲折，地方官民未必不受更张之扰累。"

其实，雍正很可以反躬自问，正是因为他锐意改革，有的人搞曲意迎合，经过申请，由他批准实行，所以这些官员犯的过失，可以说是他一手造成的。他的急躁病应为出现此种败政的原因之一。

有人批评雍正，"性高傲而又猜忌，自以为天下事无不知无不能者"。有人指责他"以黑为白""群臣莫能矫其非""为人自圣"。归纳这些评论，无非是说雍正刚愎自用，听不得不同声音，不能采纳臣下的建议。这样说有一定道理，但不完全符合事实。

雍正对许多问题的决策，事先就曾与有关官员商讨，多方进行考虑，吸收众人的意见。前述在朱批奏折中讨论政事，已说明了这一点。他对于有些事情中的错误也是乐于承认的。

年羹尧的事情发生之后，他在多种场合表示自己识人不准、用人不当。两广总督孔毓珣因与年羹尧有往来而引罪，雍正则说："朕无识人之明，惧宠匪类，正自引咎不暇，何颜复株连无辜。"

认错的态度是比较诚恳的。再如四年九月甘肃巡抚石文焯建议在该地开炉铸造制钱，以便禁绝私钱，雍正朱批不准，不久，在石的十一月的一份奏折上的批示就改变了态度，他批道："禁止私钱一事，果如所议，钱法既清，而民用亦裕，区画甚属妥协。彼时朕虑未周详，故谕暂缓，今已准部议矣。"

老老实实承认自己原来考虑不周全，很快把事情改过来。雍正对他的纳谏问题向大臣作过表白："朕非文过饰非之人。人非圣贤，孰能无过。尔等果能指摘朕过，朕心甚喜。君子之过也如日月之食，人皆见之，及其更也，人皆仰之。改过是天下第一等好事，有何系吝！"

因此，把雍正完全看成是文过饰非、刚愎自用的人，恐怕与事实不符。但是他确实也有过于自信的情况。他以为通过各种渠道完全掌握了下情，其实有的官员的报告是道听途说，不足为信，他却凭之对事情作出错误判断。

总之，雍正的性格，主要是刚毅果断，急躁和喜怒不定是老毛病，虽有所警惕、克服、改正，但仍极不彻底。他刚毅，但不愎拧。自信，但有点过分。

雍正的刚强果决，产生雷厉风行的作风，办事迅速，讲究功效，所以他即位就开展革除积弊的活动，时间不长，就取得一定的效果。他的急躁使他的果断不能完全建立在对客观事物深入认识的基础上，对有的问题分析不够，行动上陷入盲目性，于是事情受到挫折，或开展不下去，达不到预期效果，犯了轻举妄动的毛病。

自信心有助于他坚强果敢，自信太过，作为皇帝，就容易阻塞言路，影响政治的改良。雍正的才能、性格，对于他的政治的出现，给予重大影响，使它赋有他的特色、他的形象。政治像人，也有鲜明的个性，雍正如果不是那样的性格，他的时代的面貌也将不完全是那个样子。

展现卓越才能与性情

雍正提倡三教同源之说，学兼佛老。他能崇佛用佛，乃因通于佛学。在自然科学方面，雍正师从裕亲王福全之子保泰学习"经书算法"。不过那时所学算法是初等的，雍正本人对此所知有限。

大体说来，雍正的自然科学知识远不及乃父，也不及于乃兄允祉、乃弟允禄等人。他迷信天人感应说，不可能深入钻研和相信自然科学。相反，他用自然科学的知识为他的敬天愚民政策服务，搞天文律历，"用以敬天授民，格神知人，行于邦国，而周于乡闾"。

雍正极其迷信神鬼命运，办事一定要选择黄道吉日，如岳钟琪西路军大本营迁移，由雍正翻看历书选定，通知移营时间。有的地方官赴任，雍正也给他择定上任日期。

雍正事事讲求吉祥如意，大臣出行，赐予如意，每到过年，诸王大臣向他进呈如意，"取吉兆之意"，从他这儿开始，形成了习惯，流传后世。

他笃信八字。有一次，年羹尧要进京陛见，雍正不允许，向对方说明理由是，"有看八字人说年熙不宜你来"，又告诉年氏："你的真八字不可使众知之，著实审密好。番僧中镇厌之事，实不能侵正人，虽属荒唐，然亦说不得全无，未免令人心彰些。"

这是怕被人知道八字，遭仇家厌胜。他又要求年羹尧把岳钟琪八字告诉他。他还要鄂尔泰报告八字，回奏人觉得这是受到极大关怀，他则告诉鄂尔泰："因你身体弱，故要你八字，看你的寿数，今知竟是'大寿八字'，朕之心病已全愈矣。"

因信八字，和算命的结了不解之缘。有个浙江人史瞎子，名声很大，所谓"言休咎奇中"，有人把他推荐给雍正，大约奏对时说了不中听的话，被发遣到辽左为民。

雍正文思敏捷，于日理万机之中，亲自书写朱谕、朱批，少则数字、数十字，多则上千言，都是一挥而就。他的朱谕，从存于中国第一历史档案馆的所见，书写都很整洁，文字流畅，间有口语，很少涂抹。朱批、朱谕不是为作文，是处理政事，于行文之中，说明他对某事处理意见，全系政事内容，更可见他的才思和从政能力相一致。

康熙的诸子多善长书法。康熙三十八年王士看到允祉的作品，赞叹"遒美妍妙"，又说"东宫暨诸皇子皆工书如此，盖唐宋明以来仅见之盛事也"。这就把雍正包括在里了。

雍正元年八月，《景陵圣德神功碑》碑文撰成，雍正命善于书法的允祉、允祐和翰林院中书法精妙者书写。他说自己学过康熙的书法，得到乃父的"嘉奖"，这时也书写一篇，以便与诸臣比较选择，以供刻石。他说这不是"自耀己长"，不过是为表示对乃父的恭敬。

显然，雍正自认为有精于书法的特长。据记载，康熙欣赏他的书法，每年都令他书写扇面，多达一百余幅。他留下的手迹很多，大多是小字行书，今藏中国第一历史档案馆的赐年羹尧宝石的石朱谕、命督抚推荐懂得医学的人的谕旨等原件，均可看出他运笔流畅、娴熟。结构严整的书法工力。

雍正的政治才能，突出表现在三个方面，一是比较了解下情，二是比较了解自己，三是建立在这种了解基础上的改革政治的抱负。雍正把他和父亲作了一个比较，说他事事不及乃父，"惟有洞悉下情之处"，比乃父高明。

雍正认为康熙八岁即位，深居宫中，很难了解真实情况，而他自己则有藩邸四十余年的亲身阅历，了解官场和政治实施情况："凡臣下之结党怀奸，夤缘请托，欺罔蒙蔽，阳奉阴违，假公济私，面从背非，种种恶劣之习，皆朕所深知灼见，可以屈指而数者。"

雍正又因在藩邸时间长、阅历深，自认为其见闻远超汉文帝之辈。继位之后，他通过奏折制度，派遣侍卫和亲信私访，以及一般的官方公文等途径，了解吏治民情，比较多地把握真实情况。

同时由于政事是他亲自处理的，事态的发展变化也就能在他的洞鉴之中。如程如丝贪婪案，为年羹尧所揭发，受蔡珽的阻挠，当年羹尧出事之时，雍正命石文焯往四川审理，石因过去同年有交往，这时更怕再审出实情，落个包庇年的罪名，就做出有利于程、蔡的奏折，后来蔡案发生，要重审程案，雍正还打算派石文焯去，为了他能秉公审处，给他如下批示：

> 程如丝夔州惨伤私商一案，汝前番审鞫大有不协之处，今另行审查，或著汝赴川亦未可定。不必惊慌，朕谅汝彼时原有许多不得已处，虽然终受软懦依违之累，有失公正刚方之体，不合为蔡所欺，又欲避年羹尧向日之形迹，未免傅会其间，今恐逃坑复落堑矣。

虽然在这件事情中，雍正原有欲诛年而偏袒蔡、程意图，石迎合而为程开释，不能怪罪于石，但雍正了解石、年关系，洞察他的腑肺，分析他的思想入情入微，无不中肯。

雍正曾让署湖广总督福敏路过河南向田文镜转传谕旨，后发现有

清世宗雍正传

讹误，又命浙江观风整俗使王国栋路过开封时加以改正，田文镜为此折奏，说一般人只知"皇上操生杀予夺之大权而可畏，而不知皇上禀至圣至神之聪明而不可欺"。雍正实在了解下情，不易被臣下蒙蔽。

雍正把他同乃父作比较，也是了解自己、非常有自知之明的一个方面。他相信自己政治上成熟，意志坚定，一往无前实施既定的方针。五年，他说："朕年已五十，于事务经练甚多，加以勤于政事，早夜孜孜，凡是非曲直尚有定见，不致为浮言所动。"

雍正对自己的了解还表现在有较强的自信心上。他相信自己的能力，在直隶总督李绂的一份奏折的石朱批中，颇有意思地写道：

> 尔自被擢用以来，识见实属平常，观人目力亦甚不及。朕但取尔秉彝之良，直率之性而已。凡聆朕一切训谕，如果倾心感服，将来智虑自当增长扩充……尔诚不及朕远甚，何也？朕经历世故多年，所以动心忍性处实不寻常，若能精白自矢，勉竭同心合德之诚，朕再无不随事训诲玉成汝之理，倘以为能记诵数篇陈文，掇拾几句死册，而怀轻朕之心，恐将来噬脐不及。朕非大言不惭，肆志傲物，徒以威尊凌下之庸主，极当敬而慎之，五内感激，庶永远获益无穷，尔其钦承此谕毋忽。

要这种有文名而又刚直的臣子服膺他，并非仅凭帝王的权威，也并非不知羞耻地大言不惭，他自信见识在被教导人之上，自信不是庸愚的人主，能够驾驭群臣。他认识自己的地位，懂得做皇帝的难处，他说：若对弊政不加改革，众人会说皇帝懒于政务，若竭力整顿，又会被人目为苛刻。对于言官的意见若不采纳，则是不能受谏，若以其言谬妄而加处分，则是堵塞言路，怎样做才好呢？他感到这是"为君之所以难也"。他因此铸造了"为君难"的玉玺。这样认识自己的地位，有利于处理政事。

雍正还知道要使自己政策正确，要正确听取臣下意见，就要反对他们的揣摩迎合，为此屡发指示："尔诸臣宜矢公矢慎，共襄盛治，嗣后务宜屏去私心，勿事机巧，凡事只求当理，即合朕意，逢迎之术，断不可用。朕在藩邸，洞悉诸弊，岂有向以为非，至今日而忽以为是耶！"

了解情况，认识自己，就可以制定比较切合实际的施政纲领、方针和政策，而且有能力有信心去实现。正因为雍正把握了康熙末、雍正初的政情、民情，懂得历史，具有"振数百年颓风"的抱负，才能够提出"雍正改元，政治一新"的奋斗目标，适时地要求臣下"将向来怠玩积习务须尽改"，从而进行了一番改革。

清世宗雍正传

晚年暴病身亡之谜

一辈子要强的雍正，不会将内心深处的"病根"告诉任何人。持有雍正篡位观点的人，是从一些反常事件中，强烈感到了这一铮铮铁汉内心中无可名状的虚弱和恐怖，特别是只能由他自己一个人强忍独担的那种无助的虚弱和恐怖。

天有不测风云，人有旦夕祸福。雍正暴亡，不能不存在疾病突发的可能。一个铁血铁腕、旋转乾坤、叱咤一世的风云皇帝，一个胸怀凌云壮志、顽强进取、精力过人的豪杰，完全有可能是由于中风、脑出血、心脏病突发，顷刻之间变为神志不清、眉歪眼吊、口角流涎、四肢抽搐的废人。

雍正十三年八月二十三日，深夜奉召入圆明园的张廷玉之所以"惊骇欲绝"，仓皇间骑煤骡赶往宫中以致髀骨磨穿血湿骡背的鄂尔泰之所以"脱口惊呼"，很可能看到这样一派诡秘恐怖的情景。

然而人们不能相信这种可能，不管是雍正的拥护者还是反对者，不能相信的原因是：突然。突然，又何尝不是必然？人的肌体每时每刻都在发生变化，人每时每刻都不再是原来的自己。死的因素在悄悄地积累，积累的过程中，人还保持原有的躯壳，一旦积累到一定程度，这躯壳便轰然崩溃。

问题在于某些人把自己紧密包藏在重重面具之下，人们没有发现其躯壳下渐变的过程。雍正正属于这种人。事实上，雍正早已经得了病。

雍正八年五月，雍正曾面谕诸王文武大臣："朕自去冬即稍觉违和，疏忽未曾留心调治，今年三月以来，间时发寒热，往来饮食不似平常，夜间不能熟寝，如此者两月有余矣。"

这病来得怪，病状据雍正自己说，是"似疟非疟，或彻夜不成寐，或一二日不思饮食，寒热往来，阴阳相驳"。也就是忽冷忽热、惊悸不安、食不甘味、寝不安席。

为什么会得这样的病？雍正曾向鄂尔泰透露："朕今岁违和，实遇大怪诞事而得者。"

究竟遇到了什么"大怪诞事"，雍正没有说，只说待明后年鄂尔泰来京陛见时，再当面详细谕之。而且，后人也没有查到有关雍正这一段病状的医疗档案。

而从雍正接着延请道士诵经念咒、驱邪治病的情况看，他不愿说出口的病根，竟是白昼见了"鬼"，出现了令他无端恐惧的幻听、幻视。其间，雍正的病状曾一度减轻，究其原因，竟是他最亲密、最知情的兄弟怡亲王允祥去世。

雍正亲临其丧，痛哭一场，哀伤之情发透，胸臆间一时倒觉畅快了，他说："五月四日，怡亲王事出，朕亲临其丧，发抒哀痛之情。次日留心观察，觉体内从前不适之状一一解退，今日渐次如常矣。"

然毕竟病根未除，雍正略感轻松不过数日，那病又突然转生凶险之象。六月，雍正竟至危殆，已然留了遗嘱。据他的儿子乾隆帝后来回忆道："八年六月，圣躬违和，特召臣及庄亲王、果亲王、和亲王、大学士、内大臣数人入见，面谕遗诏大意。"

清世宗雍正传

俗话说，"病自心生"。铁腕的雍正因为什么陷入了一种莫名的极度恐惧中无法自拔？因为什么得了这种心慌心悸、以至于要命的重病呢？人们自然联想到雍正是否谋父篡位、做了亏心事，也就是雍正继位是否合法的问题。

康熙六十一年，十一月十三日凌晨两三点钟，在位六十年的一代英主康熙大帝宣告病危。关于康熙之死和雍正继位，《清圣祖实录》的记载与雍正本人在《大义觉迷录》中的陈述相似。

康熙六十一年十一月初九，康熙偶染风寒，在畅春园静养。命皇四子和硕雍亲王赴斋所，准备代行十五日南郊冬至祀典。十三日丑刻，康熙病危，急召在斋所的雍亲王入见。命吴尔占代行祀典。

寅刻，雍正尚未赶到，康熙又召皇三子诚亲王允祉、皇七子谆郡王允祐、皇八子贝勒允禩、皇九子贝子允禟、皇十子敦郡王允䄉、皇十二子贝子允祹、皇十三子允祥及步军统领、理藩院尚书隆科多到御榻前，谕曰："皇四子胤禛人品贵重，深肖朕躬，必能克承大统，继朕登基，即皇帝位。"

时除恒亲王允祺因冬至奉旨往孝东陵行礼不在京师外，皇十五子贝勒允禑、皇十六子庄亲王允禄、皇十七子果亲王允礼、皇二十子贝勒允祎等都在康熙寝宫外等候。

巳刻，雍正赶到，急入寝宫问安。康熙告诉雍正自己病情日增之故。雍正含泪劝慰老父。这天，雍正曾一连三次进见请安。当晚戌刻，康熙驾崩。

正在雍正"哀恸号呼，实不欲生"之际，隆科多宣布康熙遗诏，胤禛承继大统。雍正"闻之惊恸，昏仆于地"，诚亲王等向雍正叩首，劝其节哀，雍正"始强起办理大事"。大行皇帝康熙的遗体被连夜运回大内。先此一步，雍正已在隆科多的护佑下提前驰回紫禁城，以哭临大行皇帝梓宫。接着，皇城九门紧闭，隆科多亲守朝阙，非有旨令即亲王也不许入内，一直到二十日国丧。

十七日，谕皇四子雍亲王胤禛继位登极的康熙遗诏自宫中捧出。礼部堂官于乾清门外跪接，从中道捧至午门外，安于层台上，张黄盖。百官着素服，行三跪九叩礼，跪听宣诏。宣诏毕，百官起立默哀，再行三跪九叩礼。

礼部堂官将诏奉放于安龙亭内，又从中道出大清门捧至礼部，由礼部派员颁布天下。二十日，胤禛即位，免百官朝贺，诏告天下，以明年为雍正元年。而各种指斥雍正以阴谋手段矫诏夺嫡、谋父篡位的谣言，几乎同时沸沸扬扬地传布开来，甚至远播海外。康熙六十一年朝鲜使臣李混等回国后，报告朝鲜国王康熙之死、雍正即位的情况时说："或称秘不发丧，或称矫诏袭位。内间事秘，莫测端倪。而至于矫诏，则似是实状。"

在有关康熙之死、雍正即位的官方记载中，确有不能解释的很多疑点。首先便是"八人同受遗诏"的说法。官方记载，康熙临终有允祉、允祐、允禩、允禟、允䄉、允祥、隆科多八人，在病榻前同受命雍正继位的遗诏，另有允禄、允礼、允祹、允祎在寝宫外等候。

这确是雍正即位名正言顺最有力的证据。然八人中，允禩、允禟已经不明不白地死去；隆科多已经被禁锢而亡；允䄉正在禁锢中；允祉、允祄，一个被革亲王、一个被革郡王；允祐明哲保身唯求苟活；允祥正是雍正的心腹。没有一个人可能出来对证。"八人同受遗诏"正是出自雍正本人之口，从雍正对八人同受遗诏的不同说法，可以看出某些蛛丝马迹。"八人同受遗诏"，最早的版本是雍正七年九月成书的《大义觉迷录》，在这以前，从没有过相同的记载。

雍正元年八月，雍正在一篇上谕中说，康熙命他继位，是在病危之时仓促间"一言而定大计"，并没有一字提及"八人同受遗诏"的事。在雍正五年十月的一篇上谕中，雍正才开始说到诸皇子同受遗诏的情节，但也只是说："皇考升遐之日，召朕之诸兄弟及隆科多入见，面降谕旨，以大统付朕，是大臣之内承旨者惟隆科多一人。"

并没有具体指明是哪些皇子入见。即便是八人同受遗诏的说法出台之时，雍正仍一方面说允禩、允禟久蓄邪谋、希图争位，若不是亲受传

清世宗雍正传

位遗诏，怎么肯"俯首臣服于朕之前"？

一方面又说，"皇考升遐之日，朕在哀痛之时，塞思黑突至朕前，箕踞而坐，傲慢无礼，其意大不可测，若非朕镇定隐忍，必至激成事端"，"圣祖仁皇帝宾天时，阿其那并不哀戚，乃于院外依柱，独立凝思，派办事物，全然不理，亦不回答，其怨愤可知"。

这显然反映出他们对雍正继位全无思想准备，如已受遗诏，又如何会有此种表现？当然，在雍正前后矛盾的叙述中，可能有两种谎言：八人同受遗诏可能是假的；雍正所述塞思黑、阿其那在康熙辞世之日的反常表现，也可能是假的。

后者，也有可能是雍正捏造事实、夸大其词，以置塞思黑（允禩）、阿其那于死。但又有以下疑点：康熙病危之时，十万火急召雍正进见。雍正从天坛斋所赶赴畅春园，为什么竟用了五个时辰？

假如在雍正进见康熙之前，已有八人同受遗诏，为什么在他进见之后十个小时，包括一日三次的请安，康熙仅和他谈论病情缘起，并无一字提及传位大事，八人之中也并无一人向他透露传位遗诏之事，使他在康熙死后得知命他继位的遗诏时，竟至"惊恸昏仆于地"？

为什么宣布传位遗诏时，除皇子外，只有康熙并不欣赏，也并非唯一皇亲国戚及重臣的隆科多一人在场？为什么雍正一即位，即迫不及待地杀掉康熙晚年经常传达康熙旨令的近侍赵昌而使全国震惊？为什么即下令收回康熙所有的朱批谕旨，声言"若抄写、存留、隐匿、焚弃，日后发现断不宽恕，定从重治罪"呢？这些似乎都隐示雍正即位的不合法性，都隐示雍正的即位是一个阴谋。

那么，雍正既背叛其父康熙的意志阴谋篡位、做了亏心事，便似乎埋下了他日后犯发心病的病根。一辈子要强的雍正，不会将内心深处的"病根"告诉任何人。

持有雍正篡位观点的人，是从一些反常事件中，强烈感到了这一铮铮铁汉内心中无可名状的虚弱和恐怖，特别是只能由他自己一个人强忍独担的那种无助的虚弱和恐怖。

葬于易州的泰陵

雍正于十三年八月二十三日死于圆明园后，遗体连夜就被运回皇宫，安放到乾清宫。九月十一日将梓棺移驻"龙潜之地"雍和宫。乾隆二年三月初二日，梓棺始安葬于易州泰陵地宫。

众所周知，雍正的祖父顺治、父皇康熙都葬在遵化的马兰峪，而雍正为何葬在距遵化较远的易州而不随其父祖呢？这是不是乾隆的安排呢？

作为帝王"万年吉地"的选择，一般在某个帝王在世时就选定好，并着手修建了。雍正的陵寝也是在其活着的时候张罗的。所以，首先可以肯定地说，雍正死后所下葬的地点的选择，与乾隆并没有关系。

那么雍正为什么决定不随父葬呢？有传闻说：是因为他害怕"见到"康熙！传言，雍正通过卑鄙的手段，谋害了父皇，并盗改或篡改了康熙遗诏，以不正当手段登了帝位。他继位后，又大肆屠戮贬斥兄弟，这种对骨肉无情的行为，必是康熙所不愿看到的。

正因为雍正心里有鬼，加上他又迷信鬼神，所以，担心日后若与父皇葬在一起，自然会遭到报复斥责，永无宁静之日。于是，他在生前便选定了远离父皇所在的东陵较远的易州天平峪为自己的"万年吉地"。

这一传说是根据雍正篡夺皇位说而衍化来的，既然雍正继位问题还是个谜，那么，此说的是非真伪也应该是个谜了。据官方文献记载，雍正选择自己的"寿宫"还有段故事，想来比较可信。

其实，早在雍正四年时，皇帝就吩咐十三弟允祥等料理山陵事务，并作为军国大事去办。次年闰三月，雍正又命总兵李楠、钦天监监正明圆带着"风水先生"们去东陵遵化，意欲在那里选块风水宝地。可见，雍正起初是决定随父而葬的。

允祥等相中了九凤朝阳山地，征得雍正同意后，很快便开始施工，但很快发现这块山地地层内土质带砂，哪里是什么宝地？于是，雍正便放弃在遵化建陵的计划，下令在房山县等地继续寻找宝地，但也找不到令雍正中意的地方。

后来，经向以晓知天文地理的福建总督高其倬会同允祥物色勘查，才在易县泰宁山太平峪寻到了"山脉水法，条理详明"的上乘吉地。雍正对此很满意。遂决定在此建陵。

太平峪一地，西有云山，北为泰宁山，东是立陵地，南临易水河，真可谓奇峰异岭环抱、蜿蜒清水相临的宝地，而且，土质又不含砂，所以，从雍正到大臣都认为可在此辟为"万年吉地"。

当雍正下定决心后，忽又想到一件事似乎不妥：那就是这样选择陵地违背"子随父葬，祖辈衍继"的古制。虽然雍正做事向来我行我素，但他却最忌讳招惹人们的物议。为使此事顺理成章，他便假意让臣下会议一下，看看这样做是否与古帝王典制有不合之处。

可想而知，善体上意的大臣们只能引经据典，说古来就有先例，不碍情理的。如此，雍正才表示"朕心始安"，于雍正八年开始破土动工兴建，但一直到雍正死前还未竣工，也许他没想到死得如此早。可见，雍正并不是怕见康熙而另辟陵园，而是因为"风水"迷信而使他这样做的。

生前秘密立储之说

乾隆继位，不是雍正亲口宣布的，而是靠秘密立储和传位诏书顺利实现的。秘密立储制度，是雍正鉴于康熙晚年因立储不当而导致内宫动荡，于是绞尽脑汁想出的一个创举。

雍正即位不到一年，即创秘密立储，把继嗣写出，藏于匣内，密不示人。元年八月十七日，雍正召见总理事务大臣、满汉文武大臣、九卿于乾清宫西暖阁，宣布立储的原因和办法。

雍正说："圣祖仓猝立储，而能够得到成功，是因为他神圣睿哲，自能主持，今天，我为了社稷的长治久安，要及早为计，不过考虑自己的孩子尚幼，不便公开建立。"

于是，雍正想出秘密建储的方法。他说："今朕特将此事亲写密封，藏于匣内，置之乾清宫正中世祖章皇帝御书'正大光明'匾额之后，乃宫中最高之处，以备不虞。诸王大臣咸宜知之，或收藏数十年，亦未可定。"

　　这储君是谁，本人不知，诸臣不晓，只有皇上一人预定。而"正大光明"之匾，更是谁都不能碰的。雍正宣布之后，问诸臣有何意见。隆科多忙奏称皇上"圣虑周详，为国家大计发明旨，臣下但知天经地义者，岂有异议，惟当谨遵圣旨"。

　　诸王大臣九卿等也表示同意。雍正于是令众臣退出，然而留下总理事务大臣，将密封锦匣藏于"正大光明"匾后。这个方法不是雍正的最初发明，早在唐朝时期，波斯人就在实行了。据《旧唐书·波斯传》记载：

　　　其王初嗣位，便密选子才堪承统者，书其名字，封而藏
　　之。王死后，大臣与王之群子共发封而视之，本所书名者为
　　主焉。

　　就是说，国王一即位，就把接班人定下来，但是不公开宣布，连接班人自己都不知道。这个名单封藏在一个盒子里，谁也不能打开，要等到国王去世，才由众王子们和大臣一起打开来看，按上面所写的名字，来拥戴新国王。

　　这个方法和雍正的一模一样。雍正建储不知是学习古波斯人，还是他的创造。总而言之，雍正实行的是中国历史上没有过的新的立储方法。

　　雍正预定的接班人是皇四子弘历，即乾隆。康熙生前就非常喜爱这个小孙子，以致有说法说康熙之所以传位给雍正，就是为了将来让弘历当皇帝。

　　为了保密，雍正对待弘历在对待诸子上没有异样，特别是令弘历、弘昼承受基本相同的待遇，时或命他们代行祭天、祭祖之礼，同日封王，共参苗疆事务。但有两件事，被后来乾隆君臣认为是雍正立弘历为储君的一种暗示。

　　一是元年，雍正登极后第一次到天坛祭天，回到大内后，将弘历召

至养心殿，给他一块肉吃，而没有赐给弘昼，因此弘历认为乃父在第一次祭天时，是将定其为储君的心愿默告于天，所以赐他一块胙肉，大有深意焉。二是弘历被雍正封为"宝亲王"，这封号被《清高宗实录》监修总裁官庆桂等解释为将授大宝的表示。

这些虽是他们根据弘历嗣位事实进行的推测，应该说也符合于雍正的心愿。雍正于乾清宫放置密诏之外，另书内容相同的传位诏置放在圆明园内。保留两封诏书分头放置，可见雍正对立储的高度谨慎。

八年九月，雍正生了一场重病，自觉寿命不长，于是将圆明园诏书之事，秘密告诉张廷玉、鄂尔泰两位近臣。雍正又于十年正月向鄂尔泰、张廷玉作了说明，说："汝二人外，再无一人知之。"

及至雍正死在圆明园，弘历以尽孝子之分，惟事哀号。张廷玉、鄂尔泰这时向允禄、允礼等人说："如今新主继统是急事，大行皇帝曾示我二人有密旨，应急请出。"

诸人同意，但总管太监说不知圆明园有这样一道密旨，所以不知藏于何处。张廷玉说："大行皇帝当日密封之件，谅亦无多，外用黄纸固封，背后写一封字者即是。"

于是据之取出，这便是传位于弘历密旨，由张廷玉就灯下宣读，众臣拜请弘历受命，弘历随即令允禄、允礼、鄂尔泰、张廷玉辅政。这样，以两位皇叔和满汉大臣代表的鄂、张四人组成的总理事务大臣辅佐弘历，保证雍正继嗣统治的稳定。

整个接班过程，毫无差迟。雍正的秘密立储制度十分成功！雍正密建太子，收到了立国本以固人心的政治效果；同时避免了历史上屡见不鲜的由"明立东宫"导致的诸皇子勾心斗角争储位、储君与皇帝争权、储君骄纵等弊病。

这个制度，可以挑选合适的皇子为储君，不限定长子继位，有"传子传贤"的意思，比汉族搞了上千年的嫡长制要好得多。乾隆继位后，认为这个办法好，于是遵奉实行，于元年七月，也就是即位不到一年时，就预书皇二子之名，藏于"正大光明"匾后。

由于皇二子早死，乾隆又密立皇十五子，是为仁宗。后来嘉庆、道光也都相继用这个方法立嗣，咸丰只有同治一子，故无须用秘密立储法，同治、光绪都没有儿子，无从采用这个办法了。

从乾、嘉、道、咸诸君的继统来看，秘密立储方法是非常成功的，自雍正以后，历史上不只一次出现的争夺储位的斗争就基本绝迹了。这不得不使人再次回忆并赞美雍正的用心周详！

不管雍正出于何种考虑而立弘历为储君，在宝亲王弘历成为乾隆帝的过程中，父子间的交接班是极为顺利的。而且，乾隆的确也是一位中国历史上不可多得的明主，一句话，雍正没有选错人。当然，这是后话。

乾隆刚刚即位，除如礼发葬父皇外，着实做了一番替父遮丑的工作。诸如替父皇严猛治政曲意开脱，平反雍正一手造成的惨案。等等。这既是他为父皇遮掩罪责，又是在通过这些举措笼络人心。

雍正生前为了洗刷自己"谋父""逼母"尤其是"弑兄""屠弟"等传言罪名，一度写了洋洋万言的自辩书《大义觉迷录》。乾隆即位后不久，就一反雍正所为，将被雍正免罪去四方现身说法的曾静、张熙处死。同时，严令收回一度被用来作为教化臣民的"教材"《大义觉迷录》。

也许，乾隆对父皇欲盖弥彰的自辩，已意识到那是一个巨大的失误，所以，为了遮掩事实真相，才将这一有损父皇形象的御书收回，以作为禁书，成了藏书家的宝贝。

为了纠正雍正残害诸兄弟尤其是允禩、允禟的过激行径，乾隆一登位，就一面替父皇开脱，一面下令恢复允禩、允禟子孙的宗籍。其他诸如对允禟、允禩案中的治罪人员，乾隆也给予了宽大处理。为此，乾隆博得了朝野一致的赞颂声。

附：清世宗雍正大事年表

康熙十七年十月三十日，皇四子胤禛生。母为乌雅氏，护军参领威武女。康熙十六年二月进宫，初为"常在"，晋封"德贵人"，康熙十八年册为德嫔，二十年晋德妃，胤禛即位，尊为皇太后。

康熙六十一年十一月初七日，康熙帝病，自南苑回驻畅春园。初九日，胤禛奉父皇命代行主持郊祀大典。十三日，康熙帝去世。隆科多传遗诏，胤禛即位，改年号"雍正"。

雍正元年（1723年癸卯），实行摊丁入亩；开始除贱为良；八月，罗卜藏丹津起义；重用田文镜，鄂尔泰，李卫；秘密建储。

雍正二年（1724年甲辰），开始耗羡归公制度；镇压罗卜藏丹津起义；颁发《圣谕广训》；授农顶戴；设八旗井田；雍正帝禁矿。

雍正三年（1725年乙巳），诛杀年羹尧；安辑棚民；京畿营田。

雍正四年（1726年丙午），将允禩集团一网打尽，同年九月，允禩死于狱中；整肃吏治清理亏空；开始改土归流政策；推行保甲制；推行耕田法；设观风整俗使。

雍正五年（1727年丁未）五月，幽禁隆科多；签订《清俄订布连斯奇条约》；推行宗族制；设驻藏大臣。

雍正六年（1728年戊申），隆科多死去；签订《清俄签订恰克图条约》。

雍正七年（1729年己酉），设军机处；建立"廷寄"制度。

雍正八年（1730年庚戌），怡亲王允祥病故，雍正帝恢复其名为"胤祥"。

雍正九年（1731年辛亥），设宣谕化导使。

雍正十年（1732年壬子），将军机房改名办理军机处。

雍正十一年（1733年癸丑），颁发《朱批谕旨》。

雍正十二年（1734年甲寅），古州苗变。

雍正十三年（1735年乙卯），雍正帝暴死，葬于清西陵之泰陵，庙号世宗，谥号敬天昌运建中表正文武英明宽仁信毅睿圣大孝至诚宪皇帝。